マス・メディアには載らない本当の情報

ザ・フナイ

VOL. 126 2018 4月

JN164799

マス・メディアには載らない本当の情報

船井幸雄 創刊主幹
船井勝仁 主幹

株式会社 船井本社

WHAT'S THE FUNAI?

マス・メディアには載らない本当の情報

世の中にまだ広く知られていない情報

新たな生き方、世の中の仕組み・事実の発信

今、地球や人類の未来は
素晴らしい世の中になるのか、破滅に向かうのかという
大きな分岐点にさしかかっていると言われています。

特に2010～2025年は、
今まで正しいと信じてきた常識や価値観の変容、変動が起こります。

この大激変の時代を、どのように捉《とら》え、どう考え、
どのように対処していくと、より良い社会となるのでしょうか。
そのことを判断するためには、あらゆる視点から物事を俯瞰《ふかん》することが大切です。

月刊『ザ・フナイ』は
世の中のすべての人が、
その答えをご自身で見出《みいだ》していただくための
ヒントとなる情報をお届けすることを
目的として発刊いたしました。

ご提供する選りすぐりの執筆陣による
偏ることのない多方面からの情報が
一人ひとりのご判断の一助となることが、私たちの願いです。

マス・メディアには載らない本当の情報

ザ・フナイ

VOL. 126 2018 4月

巻頭特集①

朝倉 慶

それでも暴騰する株式市場 —— 16ページ

この本格的な株高の状況は、まだ始まったばかりの可能性があります。ということは、株価の上昇はどこまでいくか、いつまで続くか、わからないということです。だから私は、常識外のことが起こる可能性があると言っています。今、世界的な株価の上げを見ると、異様に思えるでしょう？　この背景をしっかりと知るべきです。供給が一気に減り、その上に需要が爆発的に増えてきています。しかもこの需要はまだまだまだまだ続きます。そうなったら株の天井がわかりません。私が言っていることはシンプルで明快だと思います。株に弱気になっては絶対にいけません。

巻頭特集②

増田 悦佐

資本主義は2027年までに崩壊する —— 32ページ

なぜ2020年代半ばかというと、2020年が超長期、長期、短期の、3つのサイクルがすべて大底に達する特異な年だからです。（中略）2020年に開催される東京オリンピック前後の数年間は、世界史上初めて3つのサイクルが合致する期間になるのです。そこで相当深刻な不況になるのではないかと予想されます。今までは工業生産と軍備中心の経済で羽振りの良かった国々がどんどん没落していくということです。日本の製造業も例外ではありません。

連載

金原 博昭

第三千年紀《その①》近未来予測 —— 194ページ

これまでの章において「地球の大変動」に関する情報をご提供しましたが、この章においては、近未来に具現化すると予測されている他のヴィジョンの中身をお話ししたいと思います。これには地球物理的変動も含まれます。そしてその後に、夢における第三千年紀への特別な旅についての情報をご提供します。この夢において私は、平和で活気に満ちた高次元の地球を見ましたが、それは三次元物質世界の地球とは全く異なるものでした。

2018
4

主幹 船井勝仁から

宇宙はよろこびそのもの

4月21日（土）、22日（日）に「船井フォーラム ザ・ファイナル 宇宙はよろこびそのもの ～どんな人生にも光は当たる～」を開催させていただきます。フナイオープンワールド、船井幸雄オープンワールド、船井☆SAKIGAKEフォーラム、そして船井フォーラムへと続いてきた歴史にピリオドを打つことにしました。

万物は生成発展している。それには、神（サムシンググレート）も含まれており、神は自分が生成発展するために自分の分霊を人間に魂として与え、それぞれが経験する出来事を通じて魂を磨き、発展させることで自分自身である宇宙そのものも発展するようにしている。これが、船井幸雄が持っていた宗教観であり宇宙観です。だから、父の口グセは「マクロには、すべてうまくいっている」だったのです。

株式会社きれい・ねっとの山内尚子さんから、森井啓二著『君が代から神が代へ』を送ってもらいま

船井 勝仁
（ふない かつひと）
1964（昭和39）年、大阪府生まれ。1988年、㈱船井総合研究所入社。1998年、同社常務取締役。2008年、「競争や策略やだましあいのない新しい社会を築く」という父・船井幸雄の思いに共鳴し、㈱船井本社の社長に就任。「有意の人」の集合意識で「ミロクの世」を創る勉強会「にんげんクラブ」を中心に活動を続けている。著書に『未来から考える新しい生き方』（2011年 海竜社）、『チェンジ・マネー』（はせくらみゆき共著 2014年 きれい・ねっと）、『いのちの革命』（柴田久美子共著 2014年 きれい・ねっと）、『失速する世界経済と日本を襲う円安インフレ～恐慌前夜の資産防衛～』（朝倉慶共著 2014年 ビジネス社）、『聖なる約束』（赤塚高仁共著 2014年 きれい・ねっと）、『SAKIGAKE 新時代の扉を開く』（佐野浩一共著 2014年 きれい・ねっと）がある。2014年1月19日、父、船井幸雄が永眠。それにともない、父の志を継いで、本誌の主幹となる。

した。滝沢泰平さんが「天下泰平」ブログで大絶賛されたこともあり、印刷が間に合わないぐらいよく売れているようです。

森井先生は動物の統合診療医であり外科医。趣味は瞑想、ヨガ、山籠《やまごも》り、油絵を描くことだと紹介されていて、ご著書を読ませていただいた感じだと自然に親しみ、またかなりさまざまなことをご存じのようです。

私はまだお会いしたことがないのですが、3月21日に京都で開催される「きれい・ねっと感謝祭2018～響きあういのち～」にご登壇されるそうで、私も出演させていただくことになっているので、いまからお会いできるのが楽しみです。

「船井フォーラム」をザ・ファイナルにするように、父がやってきたことを少しずつ整理していかなければならないと思っています。

にんげんクラブをどうするかもずいぶん迷ったのですが、久しぶりに夢に出てきた父から、「にんげんクラブは、お前のやり方でいいから続けてほしい」と言われたように感じていることもあり、新しいやり方を考えて生成発展させていきたいと思っています。実は、山内さんは父が亡くなった後のにんげんクラブの運営について一番相談に乗ってきてくれた大事な仲間なのです。

山内さんが「きれい・ねっと感謝祭」を、愛知の中山恵美賀さんが「地球への祈りの集《つど》い」を、そして小川雅弘さんが「世界144、000人平和の祈り」を毎年のように続けてくれているのをはじめとして、にんげんクラブからは、いろいろな活動が生まれてきています。そして、それらが有機的につながり合っている様子を見ていると、みんながそれぞれのやり方で活動していながら、人類が進化してすべての人が平和で豊かに文化的に暮らしていけるような理想の世の中を創っていくというベクトルは共通に保っていくというのが、これからのにんげんクラブの在り方になるのだろうという予感がするのです。

さて、話を『君が代から神が代へ』に戻すと、以下のような文章がありました。『聖書』の創世記で、なぜ神はエデンの園の真ん中に食べてはいけない智恵の実が生《な》る善悪の知識の木を植えていたのだろうというお話です。

（引用開始）

知識の木の実は、人間の自由意志の象徴として使われています。

自然界の存在はすべて調和の中に存在しますが、鉱物は地上に物質体だけを表現し、魂はエネルギー領域に存在します。植物は地上に物質体と生命を、心と魂はエネルギー領域にあります。動物は地上に体と生命と心を持ち込み、魂はエネルギー領域にあります。

人は地上に体も生命も心も魂も持ち、エネルギー領域の魂との繋がりも密です。これが人は神の子という理由です。だから、人間だけが、すべてを選択する自由意志を持っているのです。

何故？

人が地上に来た理由は、魂を進化させて、神と合一すること。地球でのあらゆる選択には魂を進化させる大切な意味があります。だから、自然界の存在はすべて選択の意思なく調和の中に存在しますが、人間だけはすべてにおいて自由に選択する意思があるのです。

自分の置かれた環境の中で、光も闇も、創造も破壊も、幸福も不幸も、自由に選択することが出来ます。その選択によって魂が大きく進化できる可能性があります。

光を選択すれば二元性から脱離していき、闇を選択すれば二元性に強く留まることになります。人の選択する二元性には神聖な意味があり、その背後には秩序だった宇宙の摂理が隠れているのです。

（引用終了）

私はかねてから、動物と人間の違いはどこにあるのだろうかということに大変興味がありました。

たとえば我が家の猫を見ていると、かなり感情豊かです。喜怒哀楽の表情がとても豊かで、それが可愛い所以《ゆえん》です。でも、猫には想造力（舩井幸雄は「想像」と「創造」をかけた、想い造る力という意味のこの言葉が大好きでした）はありません。それは、なぜだろうと思っていたのですが、この森井先生の説明で腑《ふ》に落ちました。

そして、これが父の見ていた世界観とぴったり合致することも驚きでした。神は鉱物、植物、動物を創った後、最後に自分と同じように想造力がある人間を創って、魂の生成発展の最終段階に取り組み始めているのかもしれません。そして、人間はいよいよ自らの手で人工知能（ＡＩ）を創りだし、もうしばらくしたらＡＩが想造力を持ち始めて、人間に代わって万物の霊長になる可能性すら感じられる世の中になってきているのです。

神がこの世にいらしたとき、万物を創造されました。日本の神話でもイザナギとイザナミが国土を産み出したのをはじめ、天照大神《あまてらすおおみかみ》を含めてこの世の営みを司るための神々をお産みになってこの世を治めていらっしゃいました。しかし、天孫（天照大神の孫）である瓊瓊杵尊《ににぎのみこと》が地上に遣わされて寿命ができ、神が人間になった話が『古事記』に紹介されています。

この辺りの経緯は、竹田恒泰《たけだつねやす》先生の解説、たとえば最近出版された『天皇は本当にただの象徴に堕ちたのか』(PHP新書) などが分かりやすいので、そちらをご参照いただければと思いますが、神話の中で神が人になった理由が説明されているのには、びっくりさせられます。

そして、それ以降は神の子孫である天皇家が国民の安寧を神に祈ってくださることで日本という国は連綿と続いてきたのですが、どうもついに人間が今度はAIを地上に遣わして統治させる時代になるようです。つまり、人間は魂を進化させて、いままでとは異次元のレベルで神に近づくようになれるのかもしれないということを感じ始めているのです。こう考えるとAIが万物の霊長になることも含めて「宇宙は、よろこびそのもの」であることが感じられるのではないでしょうか。

「船井フォーラム ザ・ファイナル」でご講演いただく清水義久《しみずよしひさ》先生の講演テーマは「人はいつか神になる」です。以下はフライヤーに掲載されているご講演内容の説明です。とても面白いので全文転載させていただきます。

(転載開始)

船井幸雄先生の著書に「人間は本質生命体である超意識存在を成長させ、生成発展させるために心と肉体を持って生まれてきた」とあります。人間のゴールは神仏のような存在へと育つというもの。そして後に、船井先生はすごいことをおっしゃったのです。「本質生命体を爆発させて、その輝きで黒い塊を壊してしまえば良い。私は講演会を通して、そういうことをやっていきたい」と。

本質生命体が光り輝く完全球体になったら、宇宙の波動と共鳴します。それは、キリストやマリアやブッダになることです。まず、自分の手からエネルギーを出して、光り輝くボールを作って感じてみる――無から可能性を創る能力。これが私たちの能力、

「希望」です。

人間の脳はまだまだ進化の余地があります。私たちは発展途上の生命体だけれど、人はいつか神になることが進化の過程の向こうにあるのです。そういう意味でも、人間はこの宇宙で最も希望あふれる存在なのです。

（転載終了）

森井先生や清水先生に見えている、そしておそらく父にも見えていた世界は、人類が進化し、より神に近づいていく世界です。ＡＩはいまのところ物体に過ぎませんが、そのうちに心を、そしてもしかしたら魂までをも持つかもしれない可能性を秘めています。生命はエネルギー領域においてきているのですが、それ以外は地上にあるという不思議なものを人類は作り出そうしているのです。

赤塚高仁さんとの共著『黙示を観る旅』（きれい・ねっと）の中で、私はＡＩが人間の仕事をすべてやってくれるようになるということは、人類はエデンの園に帰れるということになるのではないかという考察をしました。森井先生は『君が代から神が代へ』の中で、『聖書』のヨハネの黙示録に出てくる7つの教会など、7という意味は、人間のチャクラに対応しているというお話を書かれています。『聖書』や『古事記』に私たちの未来はちゃんと予言されていて、その暗喩《あんゆ》を読み解けば未来がどうなるのかが分かるようです。

人間が脳開発や気功などで、その持っているポテンシャルをもっと使うことができるようになれば、いまよりも格段に進歩して私たちが神さまの世界と考えているような領域にジャンプアップすることができるようです。

私たちは皆さまを、父から始まりつながってきた「舩井フォーラム」等で、その入り口まではお連れすることができたのではないかと思います。しかし、ここから新しい世界に飛び込むには皆さまそれぞれの勇気と覚悟が必要です。そして、いまそれを率先してやってくれているのが、山内さんであり、中山さんであり、小川さんであり、そして全国のにんげんクラブの仲間たちなのだと感じるようになってきました。

やはり「船井フォーラム　ザ・ファイナル」で講演していただく岡田多母《たも》先生はフライヤーの説明の中で、以下のように述べておられます。

（転載開始）

２０１６年の地球生命全体の進みは『追い風のチャンス』でした。どのような状況にあっても、チャンスと感じたその直感を信じてチャレンジする。純粋に自らの真実を実行する人々に『追い風』という宇宙的支援が全開した一年でした。自然界にあっても、その生命力の真実を現し、自然界全体の活性化を進ませた一年でもありました。

２０１７年は『飛躍』。まさに垂直ジャンプの一年でした。あらゆる変化を、変容まで突き進ませる『変換の大チャンス』が、創造的に展開して、地球生命全体が飛躍した一年でした。従って、この創造的飛躍によって人類の明暗は、今後確実に顕現することになります。

２０１８年は『創造的飛躍』の明暗の大変換の一年です。あらゆる激動が創造へと変換される『大変換の大チャンス』になります。

ですから、何よりも明確に、自分の真実を実現すると決め、起こりくる現象の明暗全てが『大変換の大チャンス』と信じて、笑顔で自主的に善を行い、楽しみ、光を発信しましょう。

正に『宇宙はよろこびそのもの』。これからの時代に先駆けて、船井フォーラム『ザ・ファイナル』の意義が大いなる希望の光となりますように、精一杯ツトメさせて頂きます。みなさま、どうぞよろしくお願い申し上げます。

（転載終了）

この多母先生のお話をお聞きすると、まさに『いま・ここ』の今年、私たちが何をしなければならないかが、おのずと明らかになります。魂を切磋琢磨《せっさたくま》して磨くことにより、神に近づいていくのが人間の真実だとすると、躊躇《ためらい》なくそれぞれが感じる善をやり切ることが求められているのです。理屈ばかりを言うのではなく、感じる真実を素直にただやり通す、これが今年のテーマなのです。

そして、初日4月21日（土）のトリを務めてくださる飛鳥昭雄先生のご講演テーマは『宇宙の絶対的真理を知る！』。フライヤーの講演内容には、以下のように書かれています。

（転載開始）

光は全ての生命の肉体と心、特に高等生命体ほど精神的に必要なもので、人は光を遮蔽《しゃへい》された世界では精神を正常に保てません。

その意味は光が生命の根源だからで、全宇宙とつながる唯一の方法だからです。

裏を返せば、人の『人生』を豊かにするには、宇宙と一体化する光を物心両面で感じることで、それを人生に応用すれば、闇に陥らずに光の中を歩むことになります。

あの暗黒の宇宙空間でさえ、無数の光の粒と渦を覆い隠せないのは、光が闇に勝つからであり、光を人生に置き換えれば、人の優しさであり、互いに愛を与え合えば与え合うほどに無数に増えて、減ることはありません。これが宇宙の真理とつながっているのです。

（転載終了）

それぞれの先生のお話が「ザ・ファイナル」にふさわしい濃密な内容になっていて、見事にそれがつながっていることが感じられます。

そして、船井ワールドの新しい風を創ってくださっているＫａｎ．さんからは『生命感覚を取り戻す』というお話をいただきます。クンルンネイゴンの実践を通じて『どんな人生にも光は当たる』ことを実感していただける時間となることを確信しています。

船井幸雄が問題提起し、呼びかけてきた、大激変の時代を乗り切るために大難を小難に、小難を無難に、無難を無事にするための素晴らしいメッセージを、船井幸雄の魂を感じながら、皆さまと一緒に体感し、それぞれの実践へとつなげていく「船井フォーラム　ザ・ファイナル　宇宙はよろこびそのもの～どんな人生にも光は当たる～」となります。

船井幸雄の世界観を大きくつくりあげる最後のイベント、大変楽しみです。それと同時に、多くの皆さまに支えていただき、ここまで来ることができたことに感無量の思いです。心より感謝申し上げます。ありがとうございます。

特集

日本と世界に直撃する
近未来からの警告

世の中がいよいよ変わる。
その予兆として、
これから小さな変動から大きな変動まで、
多くの現象が頻繁に起こるだろう。

先行きが見えないうちは、
その一つひとつの変動に怯え、
不安を抱きやすくなる。
しかしそれらに振り回されて
右往左往していては、
疲弊して損をするだけだ。

細かい変動は気にせず、
今後20年以内に起こりうる
大変動を物怖じせず乗り越えるために
今回は、株、為替、経済の
近未来を予測し、
私たちにいま何ができるかを考える。

それでも暴騰する株式市場

朝倉《あさくら》 慶《けい》

経済アナリスト

㈱アセットマネジメントあさくら代表取締役社長

1954年埼玉県生まれ。
1977年明治大学政治経済学部卒業後、証券会社に勤務するも3年で独立。顧客向けに発行する経済レポートで、この数年の経済予測をことごとく的中させる。
船井幸雄が著書の中で「経済予測の超プロ・K氏」として紹介し、一躍注目される。『株、株、株！ もう買うしかない』（徳間書店）など著書多数。近著に『株の暴騰が始まった！』（幻冬舎）がある。

待ち受ける大相場

今年2018年は、間違いなく、大事な年になります。

株価はこれから数年で、我々の予想をはるかに超えた水準で、勢いよくガッガッガッと上がっていくでしょう。

これまで私は一貫して「株は相当高くなっていく」と言い続けてきました。それが今、現実となり、言っていたことが当たっていることが証明され始めています。

もちろん時には様々な予想外の変動も起こります。2月に入ってから米国株の暴落が発端にして世界的な株式市場の急落を起こりました。しかしながらここまでの世界的な株式市場の上げピッチを考えれば当然の調整が生じただけであって下げ率をみれば驚くほどのことではありません。再び株式市場は上昇基調に戻っていくはずです。

私は今、誰もが予想だにしなかったリー

マンショックを予測し的中したときと同じような感覚があります。俄《にわ》かには信じられないかもしれませんが、これから株価は物凄《ものすご》い勢いでもっともっと上がっていきます。その中でも今年は凄《すさ》まじい年になるでしょう。

今回は、その根拠をお伝えします。

まず初めに、なぜ今年が凄まじい年になると予測しているかというと、年初３日間の株価の上昇率が高かったことが一つの理由としてあります。２０１８年年初３日間で日経平均株価は１０００円以上上げ、この間の上昇率は４・８％でした。

年初の動きというのは、株式市場の１年を見る中でとても重要です。

戦後、日本の株式市場が始まってから年初３日間で株価が上昇したケースというのは16回あります。その16回の中で年間上昇したのは13回で、高確率で上昇しているのです。

年初３日間が最も上昇した年は１９８８年です。上昇率は５・７％でした。その次に上昇率が高い年は今年２０１８年の４・８％。３番目に高かったのは２００９年で、４・３％の値上がりでした（表A）。

それぞれの年を見ると、１９８８年はバブル真《ま》っ只中《ただなか》です。１９８９年がバブル天井となった年ですから、１９８８年は最もバブル化してぐんぐん上がり、約40％株価が上がった歴史的な年でした。その１９８８年は年初３日間も凄い上がり方をしていたのです。

２００９年はどうかというと、２００８年というのはリーマンショックで株価が大暴落して、２００９年の年初３日間は株価が上がったけれど、そこから３月にかけてグッと安くなりました。今年

	年	株価	上昇率
1	1988 年	22,790	5.7%
2	2018 年	23,849	4.8%
3	2009 年	9,239	4.3%

【表A】年初３日間上昇のケース。
過去16回中、13回で年間上昇へ

と似た動きですね。けれど、２００９年は3月以降は相当上がっていき、結果的に年間大きく上昇しました。

要するに、株価上昇した年として１９８８年と２００９年は象徴的な年です。それに匹敵する年が、今年、２０１８年です。だから今年は相当株価は上がると考えてください。

日本人は株への異様な警戒心を払拭《ふっしょく》せよ！

さて、これから私は、ここ数年で「株価が暴騰」していく話をします。

ですがその前に苦言を呈したいことがあります。日本人は、株が「暴騰」すると言っても信じず、株に対するイメージというのは「暴落」で、株価は「上がる」のではなく「下がる」ものだというイメージがつきすぎています。

マスコミも暴落報道には力が入ります。読者が興味を持つので余計に大きく報道するのです。例えばNYダウの2月5日の下げ幅１１７５ドルの下げを史上最大と騒いでいますが、下げ率で言えば４・６％と１９８７年のブラックマンデー当時の22・６％の下げ幅に比べて5分の1程度なのです。ブラックマンデーと同じ下げ率を当てはめれば５５００ドルの下げとなるのですが、そのような報道はなくセンセーショナルに下げ幅に焦点を当てています。かような報道から日本人の多くは株のパニック的な暴落基調をイメージしてしまうのです。

今年1月4日と5日の2日間で、海外投資家は日本株を４８５１億円買いました。そのときに日本人投資家はどうしていたと思いますか？

日本人投資家は、現物取引で４５７８億円売り、信用取引でも１１７１億円売りました。

要は、あの株価が上がっている状況で、日本人の個人投資家は2日間で６０００億円近くを売っているんですよ。凄い金額だと思いませんか？

日本人は、今、株価が上がっている状況で、「株が高すぎる」、「このままでは株が下がる」という感覚が抜けず、売り続けているわけです。

どれだけ売っているかというと、日本の個人投資家は２０１５年に４兆９０００億円売り、16年は３兆２０００億円、17年には５兆７０００億円を売っています。この28年間、ずーっと売り続けているのです。日本は株売却ばかりをしていて、異様なまでの株に対する警戒心があります。

ですが、考えてみてください。

20年に渡って株が下がり続けた国など日本だけの特殊な経験で、30年間株が下がり続けた国はありません。世界の歴史を見ればわかりますが、紆余《うよ》曲折はあれども、株式市場は基本的に上がり続けるものなのです。だから今、株価が上がっているのは、普通に戻っているだけのことです。日本の個人投資家は売ってばかりいる傾向は個人投資家だけに留まりません。オピニオンリーダーも弱気です。

日経平均株価がどんどん上がっているときにも、野村證券と大和証券の株価は全然追いついていません（図Ｂ）。普通は、株価が上がると証券会社はそれを凌駕《りょうが》して大きく上がるものです。ところが少ししか上がっていません。これがどういうことかをハッ

【図B】日経平均価格は2017年に約26年ぶりの高値を付けたが、もっとも恩恵を受けるはずの証券業界の動きはさえない。
出典：日本経済新聞 2017年12月29日

キリと言うと、証券会社の営業マンが株のことをわかっておらず、投信を売ることに集中して、株に注力していないということです。証券会社はいわゆる投信販売所みたいになっています。

そして今、大手証券会社のトップは銀行から来た人が多くなり、いわゆる投信を売ってきた株のことがわからない人たちがトップになっているから、株でリードできていない現状があるのです。だから、証券会社も利益が上がらず、上げ相場にもついていけないという状況です。

さらに悪いことに、投資信託を売ったはいいけれど、ＥＴＦ（上場投資信託）という手数料が安価な制度が出てきて、そのＥＴＦにどんどんお金が流れて結果的に利益が出ないという、構造的な欠陥も出始めています。証券会社はこれから厳しくなっていくでしょうね。

下落率を圧倒的に凌駕する昨年の株価上昇率

さて、今の株価傾向を見てみましょう。

昨年の株価上昇率と下落率の30位までのランキン

2017年に動いた株
（対象は全上場企業。2016年末比の株価上昇・下落率を高い順に並べた。▲はマイナス。12月27日時点）

	上昇率（%）		下落率（%）	
1	北の達人	1,025.2	ウェッジＨＤ	▲68.8
2	ペッパー	798.7	昭和ＨＤ	▲60.6
3	アイケイ	765.9	フライト	▲57.5
4	大興電子	654.8	Ｔ・ＳＣＡＴ	▲57.4
5	五洋インテ	568.0	イノベーショ	▲51.8
6	グレイス	536.4	窪田製薬ＨＤ	▲50.3
7	サイステップ	529.6	バリューデザ	▲49.9
8	ジンズメイト	515.3	カルナバイオ	▲47.5
9	ヤマシン－Ｆ	508.4	ヨネックス	▲46.9
10	ＤＭＰ	469.7	ＵＭＮ	▲46.5
11	夢展望	467.1	クレアＨＤ	▲46.3
12	ＲＩＺＡＰ	455.5	アップバンク	▲46.2
13	中村超硬	425.8	Ｇ　Ｗ	▲45.2
14	石川製	414.4	アルデプロ	▲43.9
15	串カツ田中	372.5	パートナーＡ	▲43.7
16	ＳＥＭＴＥＣ	363.4	アイフリーク	▲43.3
17	リミックス	359.2	ぐるなび	▲42.9
18	ラクオリア	354.8	イード	▲42.7
19	アミタＨＤ	334.8	クックパッド	▲42.6
20	ムトー精工	330.1	フェニクスＢ	▲41.5
21	ケアサービス	325.7	イグニス	▲40.0
22	大木ヘルス	324.4	あんしん保証	▲39.8
23	杉村倉	323.3	アスコット	▲39.6
24	オハラ	309.0	ＣＲＩ	▲39.0
25	ＤＤＨＤ	299.4	ストライダズ	▲38.8
26	ｎｍｓ	298.1	安川情報	▲38.6
27	フライングＧ	298.0	メディアＬ	▲38.5
28	イソライト	293.6	大垣共立	▲38.2
29	２１ＬＡＤＹ	291.1	エルテス	▲38.1
30	ＡＳＪ	289.3	Ｇオイスター	▲37.4

出所：日経新聞（2017年12月29日）

【図C】
2017年に動いた株 株価上昇・下落率ランキング

グが書かれた図を見てください（図C）。株価の上昇率がいかに凄い状況になっているかがわかります。

上昇率１位は「北の達人」で上昇率は約１０２５％。2位の「ペッパー」が約７９８％、３位は「アイケイ」で約７６５％です。30位でも約２８９％の上昇率です。驚いたのは下落率です。下落率のトップでさえ約68％で、７割しか下がっていません。30位は約37％です。

こういうときに株を売っていて儲かるわけがないじゃないですか！

これから株価はどんどん上がっていきます。売り買いしているときではなく、買うときです！

上昇はさらに激しくなっていきます。

私が「株が上がる」ということを伝え始めたのは、２０１２年の頃からです。「これからは完全に株だ」と感じました。それからは一度たりとも信念を変えず、株に対して弱気なことは言っていません。大きな相場に入っているという確信があります。

それでは、株価がますます勢いよく上がっていくと確信している根拠をお伝えします。

企業の自社株買いが引き起こす株価の急騰

初めに、この20年間で、日本人の個人の金融資産は８００兆円から１８００兆円まで上がりました。そして企業の資産も大幅に増え、日本企業は史上最高の利益となっています。そのため10年前と比べて、企業も個人も、持っているお金が増えています。

そのような状況なのに、株が上がらないわけはありません。この基本となることをお伝えしたうえで、今回は企業のお金が増えていることにフォーカスして、株価がこれから上がっていく、２つの大きな根拠をお伝えしたいと思います。

１つ目の根拠は、**「企業の自社株買いが増えている」**ことにあります。

いま、日本企業が史上最高の利益になったことで、企業はお金を借りる必要もなく、株式市場でお金を調達する必要もない状況にあるため、持っているお金を自社株買いに使う企業が増えています。そうなると、どうなるでしょうか。

当然、株の発行数が減ります。これは世界的な傾向でもあります。世界全体の株式の発行量をみていくと、2000年の手前は年間約150兆円に上る株式が発行されていたのですが、それが現在では発行数が減ってきて自社株買い付けが増えてきてついにその数が逆転、世界全体の株式の総発行数が減り始めているのです。これは大変なことです（図D）。

例えばアメリカの市場は1996年には約7400社近くの上場企業があったけれど、今はその半分の約3600社しかありません。合併や買収で新陳代謝されてアメリカ市場に株式を上場している会社数が半分にまで減っている状況です。その中で何が起きているかというと、実は現在、株式の売買代金（※1）ないしは売買高（※2）が減りました。

米株の売買代金回転率（※3）は、2009年から2016年は平均で177%で、ある企業が100億円の時価総額があれば177億円の売買が年間を通じて行われたわけです。しかし2017年を例にとると売買が

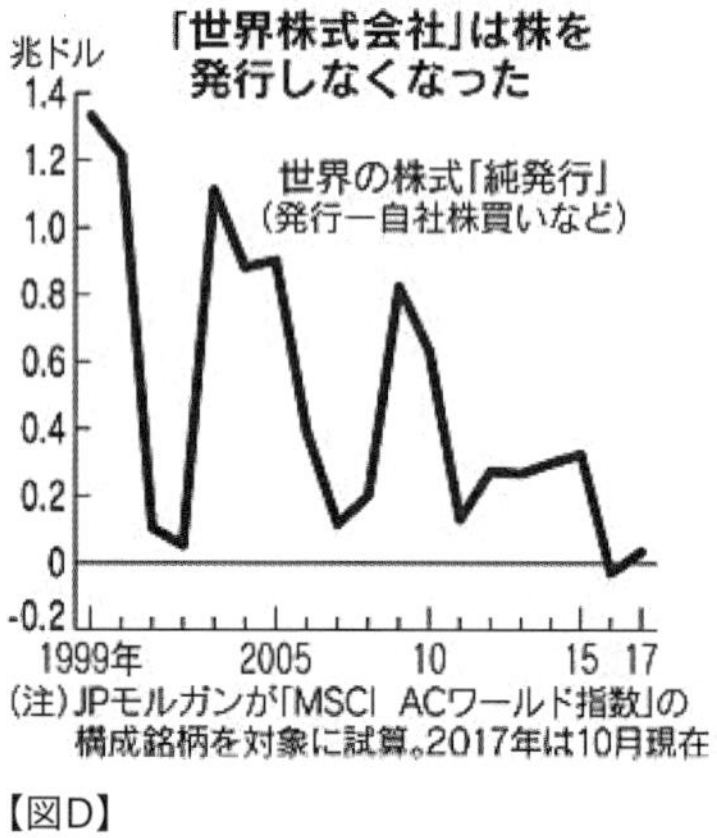

（注）JPモルガンが「MSCI ACワールド指数」の構成銘柄を対象に試算。2017年は10月現在

【図D】

※1 **売買代金**：株式市場で売買が成立した金額のこと。売買代金は東証全体の取引が活発に行われているかどうかの判断基準にもなる。売買代金は大きいということは取引が盛ん、売買代金が小さいということは閑散としているということがわかる数字。

※2 **売買高**：「出来高」とも呼ばれ、金融商品取引所（証券取引所）や商品取引所等で株式・債券・先物・FXなどが売買（取引）された数量のこと。一般に売買高を見る場合、「市場全体の売買高」と「個別銘柄の売買高」の2つの視点がある。前者は、市場エネルギーの大小を測るモノサシとして利用され、例えば、株価が上昇し始めたときに大きな売買高を伴うと、大勢の投資家が積極的に買い始めたことがうかがえ、今後さらに株価が上昇するのではないかと判断することができる。後者は、市場の中での人気を表すバロメーターとして利用され、特に株式の短期売買が中心のデイトレーダーにとって、最重要視する指標の一つとなる。

従来の半分の95億円、売買代金回転率は95％になっています。上場企業全体の株数が減って売買が減り、結果売買の頻度も減っています。株数が半分に減れば、当然、売買金額も売買高も少なくなります。

しかし、世界的に株価はどんどん上がっています。一般的には株価が上がっていたら売買代金は増えるはずなのに、世界の株式の売買代金は２０１５年から２０１７年は減っています（図Ｅ）。この現状が市場では広く指摘されていません。

株価は上がっているのに、なぜ減っているのか。株価の供給が減り、従来のような売買が不可能だからです。

要は、株価というのは価格ですから需要と供給の関係で決まります。しかし供給が減り、需要ばかりが増えている状況だから、株価がどんどん上がっているのです。

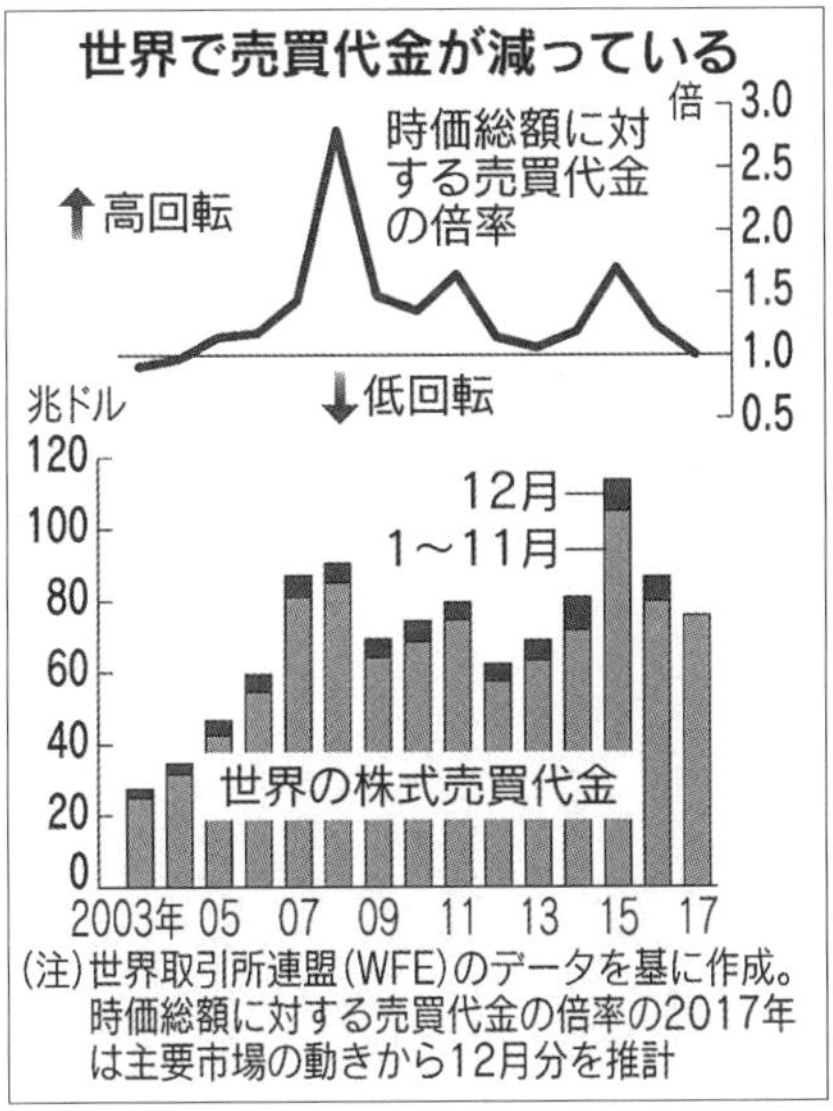

出所：日経新聞（2017年12月28日）

【図E】

典型的な例をあげます。アメリカのTravelersという老舗《しにせ》の損害保険会社があります。この会社の株価はこの10年で3倍近く上がっています。ここまで上がるなんて、収益がすごく上がっているのかと思いますよね。ですが、利益は5年間で3分の2に減っています。10年間をみると収益はほとんど変わっていません。しかしなぜ株が急騰しているのかというと、この会社は

※3 **売買代金回転率**：ある一定期間の売買代金を時価総額で割って算出した指標。株式市場や個別銘柄の取引の活況度合い（取引対象である上場株式の時価総額の何割が実際に売買されたか）を表し、本数値が高ければ、市場全体またはその銘柄が頻繁に売買されていることを示す。例えば、売買代金回転率が年換算で100％になった場合は、１年間に全上場時価総額に相当する規模の売買取引があったことになる。

自社株買いをずっと続けていて株数がこの10年間で6割減ったからです。

企業価値というのは株価×株数で決まります。株数が減り、株価はどんどん上がっているけれど、利益が3分の2に落ちている。ところが株価×株数でみた企業価値は変わっていない。結局このTravelersという会社は、ほぼ時価総額や企業価値は10年間変わっていないという実情があります。企業価値が変わらないのなら株数が減った分だけ株価が上がるのは当たり前です。このように、株価が減少して株価が上がる傾向は米国で、日本で、そして世界で顕著になっています。

こうなれば株価が上がるのは当たり前じゃないですか。株数が減り、株価が上がり続ける、会社が儲かって、その資金を設備投資に使わず自社株買いをさらに行う、さらに株価が上がるという状況が、今起こっているのです。

他にも、HomeDepot（ホームデポ）という世界最大のホームセンターは、約5年で株価が40ドルから200ドルに上がり、5倍になっています。では儲かっているかを見ると、確かに利益が倍になっています。ただ、利益は2倍で、株価が5倍になりました。このように差があるのは、自社株買いで株数が約4割も減っているからです。

このような現状の中、さらにアメリカは、トランプ大統領が「米国本国投資法（※4）」を進めています。アメリカは米国内だけでなく海外での利益に対しても35%の法人税を課しています。ブッシュ政権時の2004年10月に本国投資法が進んだ際は、米国内に資金を還流した場合の法人所得税率を通常の35%から5・25%まで大きく引き下げました。このことで約840社が3620億ドルの海外利益のレパトリ（本国への送還）を促し、2005年のドル指数を大幅に上昇させた一

※4　**米国本国投資法**：アメリカ合衆国において、アメリカ企業が海外で得た利益を米国内に送金し、米国内で投資を行う際に軽減税率を適用する法律。主に多国籍企業が海外で儲けて滞留している利益を米国内にレパトリ（資金還流）させるとともに、米国内での投資活動を促進させるのが目的であり、2004年10月にブッシュ政権下で成立した（2005年限りの時限措置）。

因となりました。そしてその持ち返った資金の79%は自社株買いに使われたと言います。

トランプ政権においても、経済政策の一つ（レパトリ減税）として、この本国投資法が検討されていました。トランプ氏は、法人税を35%から15%に引き下げると主張。米国内だけでなく米国外で得た利益も15%の課税。さらに、海外資金をアメリカに戻す場合、税率を10%に下げるとの考えです。

トランプ大統領はビジネスパーソンですから、このように規制緩和することで、次から次へとビジネスをしやすくしていますが、同時に米国における自社株買いは今回の本国投資法の実現でさらに激しくなっていくでしょう。市場に流通する株はどんどんとこれからも減っていくことが見込まれます。

では日本はどうかというと、2017年の日本の株式市場の売買代金は2016年に比べ5%増えました。2017年を振り返ると日経平均は年間で3650円も上昇して26年ぶりの高値になったわけです。当然売買代金も増加が5%どころでなく50%以上増えるのが普通でしょう。ところが売買代金は5%しか増えず、株数がどのくらい取引されたかという尺度である売買高は、減りに減って13年ぶりの低水準となったのです。何故26年ぶりの高値に躍《おど》り出てきるのに、売買高（株数の取引）は13年ぶりの低さなのでしょうか？

要するに、株がなくなってきているのです！

先ほど申し上げましたが、日本の個人投資家は株を売り続けている状況です。バブル崩壊後約28年に渡って日本の個人は株を売って売って売りまくっています。では誰が日本の株を買っているかというと、日銀が買い、企業が自社株として買い、ＮＩＳＡが買っています。彼らは株を売りません。だからますます株が少なくなっています。さらに今、日本の上場企業は400兆円の内部留保があり、100兆円以上のお金を持っています。その中で過去最高の利益となり、投資する必要もなく、使い道がなかったら、お金をどうしているのかと言ったら、自社株買いです。

日本の自社株買い【2015年】

会社名	単位／億円
トヨタ	7.829
日本郵政	7.310
スズキ	4.605
NTT ドコモ	3.075
ソフトバンク	2.664
三菱東京 UFJ	2.001
りそな HD	1.598
富士フィルム	1.501

【表F】

２０１５年には、トヨタは約７８００億円の自社株買いを行いました（表F）。日本郵政は約７３００億円、スズキは約４６００億円など、めちゃくちゃな自社株買いが２０１５年時点で始まっています。自社で買った株は、一度買ったら、なかなか手放しません。

結果的に２０１６年と２０１７年を比較すると、トヨタは株価が5・8％上昇したけれど、一日当たりの売買代金は34・１％も減っています（表G）。セブン＆アイも株価が上がっているのに、売買代金はどんどん減っています。

この先も、日本の自社株買いは増えていくとゴールドマンサックスは予想しています。２０１７年は５兆７０００億円、２０１８年は４兆９０００億円、２０１９年は6兆８０００億円の自社株買いを日本企業はするだろうと言っています。

このままいくと、株がどんどんなくなり、もういい加減、売るものがなくなります。

供給がどんどんと減っているのに、需要はどんどんと増えている。こんな状況で、株が暴落するわけがないでしょう。暴騰するのです。

誰もが思ってもいないほどの急騰が起こります。

今、こんなことを言っているのは朝倉慶だけですが、でも理

2016年と2017年の比較

会社名	上昇率	1日あたりの売買代金
トヨタ	5.8%	▲34.1%
セブン＆アイ	5.6%	▲22.2%
日本電産	58.7%	▲5.5%
スズキ	59.4%	▲6.5%
コーセー	86.8%	▲8.2%

日経新聞の記事から株式会社アセットマネジメントあさくら作成

【表G】

屈でしょう？

そしてさらに、2つ目の大きな根拠があります。

債券から株へと流れる世界の巨大マネー

2つ目の根拠は、**「巨大な資金が動き出している」**ということです。

今、日米欧の中央銀行が資金供給を拡大していきます（図H）。2008年から国債を買って総資産を拡大してきました。

金利が低下するということは、国債の価格が上がるということです。日銀は国債をずっと買い、民間も国債をそろって買ってきました。金利がどんどん低下してマイナス金利にまでいきましたから、国債の価格はどんどん上がりました。上がっているうちは国債を買えば、利益が出ます。

しかし2016年7月時点で金利がマイナス0・3%までいき、金利の低下がピークとなり、国債の価格の上昇は終わりました。そうなると、金利は上がって（国債の価格は下がっていく）いきますので、国債を買っても利益が出なくなります。国債は、買った時点の金利がずっと続きますので、例えば0%の金利で国債を買った後、金利が1%になり、それがずっと続いたら、0%時点で買った国債というのは価値がなくなるということです。

ですから2016年7月時点までは国債をどこが

2017年は30カ国以上の株価が最高値を更新

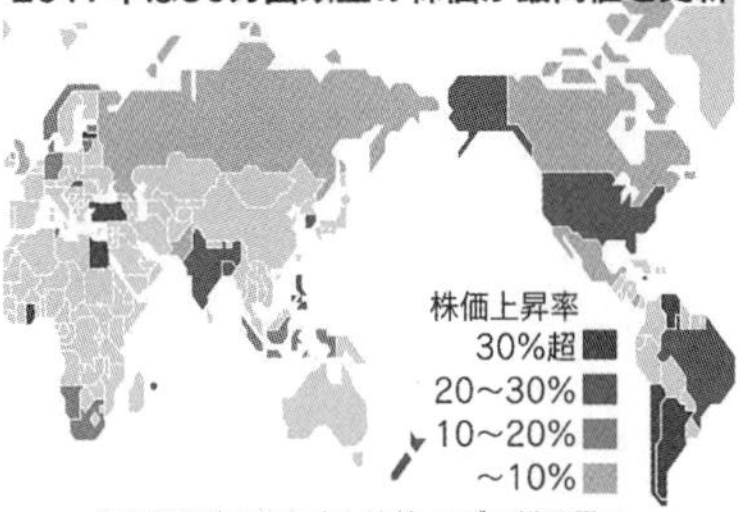

（注）直近値を昨年末と比較、みずほ総研調べ

日米欧の中銀は資金供給を拡大してきた

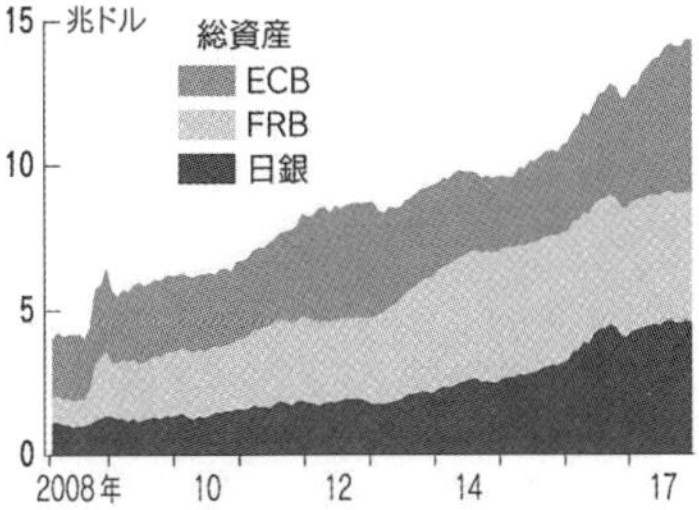

【図H】出典：日経新聞 2017年12月30日

買っても儲かったけれど、それ以降は金利が上がる一方ですから、国債を買っても利益が出ず価値がなくなったということです。

この現象は、日本だけではありません。

米国債の動向を見ると、アメリカも金利が下がり続けていましたが、2016年7月8日に金利低下のピークが来ました。それ以降は金利が上がる展開となり、国債価格が下がっています。ドイツ国債も同じです。2016年7月8日時点はマイナス0・2％の金利で、それが金利低下の限度となり、今は上がってきて約0・56％の金利になっています。

主要国は、2016年7月の時点で、国債価格が天井を打ち、金利低下のピークが終わったのです。

要するに、世界的にも2016年7月以降は国債を買っても利益が出ないから、国債は買いづらくなったのです。下がる物は買えませんよね。

お金を運用する場合、金《きん》や不動産などいろいろとありますが、大きなお金の運用というのは、基本的に「株」か「国債」のどちらかしかありません。例えば皆さんにも大きく関連している日本の年金基金の運用ですが、株を50％、国債を50％となっています。もう少し詳細を書くと、国内株を25％、海外株を25％、日本国債を35％、海外国債を15％です。

かように巨大な資金は株か国債かどちらかの購入しかないのに、2016年7月を契機に、国債が買えなくなってしまったわけですから、そうなると、どうしますか？

株を買うしかありません。

債券から株へとお金が流れるという流れが、2016年7月に確定しました。それから、資金の流れが大きく変わったのです。

日銀は、2016年9月にイールドカーブコントロール（長短金利操作）を実施しました。それはもう量的緩和政策が行き詰まって政策的な限界になってきたからです。このイールドカーブコントロール政策導入によって、国債を中央銀行が積極的に買い続ける量的緩和政策は終了したわけです。２０１６年７月に米国も欧州も金利の下落が止まり、日本でも９月のイールドカーブコントロール政策導入によって、金利の低下傾向は終了しました。こうなると銀行や生損保など日本の機関投資家の国債や外国の国債を購入する姿勢は大きく変わったのです。イールドカーブコントロール政策導入前は、銀行は外債をこれ以前８カ月で５・２兆円買い、生保は９・２兆円買っていました。しかしイールドカーブコントロール政策導入後は国債も買いづらくなり、外国の国債も買いづらくなり、今度は売却するようになっていったのです。イールドカーブコントロール政策導入後、銀行は外国の国債を９兆円も売り越しました。生保も、９・３兆円買っていたのが、導入後は１・３兆円になり、８兆円も買いが減りました。このように資金の流れが変わったのです。

国債が買えないとなった２０１６年７月近辺の、日本、アメリカ、ドイツの動向をみると、２０１６年７月は日経平均が１万５０００円で、それ以降はずっと上がっています。ＮＹダウも２０１６年７月時点では１万８０００ドルありました。それ以降は一直線に上がっています。その傾向はドイツＤＡＸ市場にもあります。これは資金が債券から株に流れた背景があるからだと考えています。

これが世界で株高が止まらない、真の背景だと考えています。

それに加えて、供給が少ないという状況があるから、株高がさらに止まらず、凄い勢いで上がっていく未来が待ち受けているのです。

日銀は国債を今でも年間60兆円買っています。株はその10分の1の年間６兆円ほどです。ですが、日銀の財務状況をみると国債では大きな損失を被《こうむ》っていますが、株の儲けでカバーできているという現実があります。それほど株に価値があり、株を持っているだけで、なんとかなる状況にあります。

この本格的な株高の状況は、まだ始まったばかりの可能性があります。ということは、株価の上昇はどこまでいくか、いつまで続くか、わからないということです。だから私は、常識外のことが起こる可能性があると言っています。

今、世界的な株価の上げを見ると、異様に思えるでしょう？　この背景をしっかりと知るべきです。供給が一気に減り、その上に需要が爆発的に増えてきています。しかもこの需要はまだまだ続きます。そうなったら株の天井がわかりません。

株に弱気になっては絶対にいけません。

現実に２０１２年からの６年間は上げっぱなしです。その中でさらに、今はもっと株価が上がるとしか考えられない事象が起こってきています。それなのに日本には国債は売ったけれど、株をまだ買っていない投資家がたくさんいます。

正直、短期的な見込みというのは変動があり、細かいことを正確に当てることは不可能で難しいわけです。明日、明後日、ないしは1カ月後、1年後のことさえ当てるのは難しいわけです。

ですから私が指摘しているのは大局です。大局の流れを話し続けています。

私は２００８年初頭から株の大暴落を言い続けました。そしてリーマンショックが起こりました。朝倉慶はその時点で世の中に出ることができました。その後、私は金の購入を勧めました。金相場は4年で倍以上となりました。そして私は２０１２年の時点でビジネス社から『２０１３年、株式投資に答えがある』を世に出し、株の本格的な上昇が始まることを誰よりも早く主張し始めたのです。その後一貫して株の上昇を言い続けています。

結果、日本株は２０１２年から昨年まで6年に渡って上がり続けました。もちろん日経平均が２０１５年6月から翌２０１６年初頭にかけて2万952円から1万５０００円割れにまで大きく下がったことはあります。しかしそのときも一貫して株は上がると言い続けて今日に至っています。

大局の見方は決して誤っていません。この大局を知ることこそ一番大事なのです。

2020年、極端なAI時代を生き抜くために

最後に、これからどのような時代に変わっていくかをお伝えします。

昔は経済成長を引っ張っていたのはテレビやクーラーなどの家電でした。そのように見ると、10年単位で相場を引っ張っているものがあります。1990年代はパソコン、2000年代はインターネット、2010年代はスマホです。しかし、スマホももう世界中に行き渡りつつあるから、成長力があるかといったら、需要は減っていくだろうと思います。そのように時代は変わっていきます。

それでは今後、2020年代はどうなっていくかと考えると、伸びていくのは、AI、電気自動車（自動運転）、IoT（モノのインターネット）、5G（第5世代移動通信システム）だと考えています。そのため、これらに付随する産業が上がってくるでしょう。AIも、いわゆる何でもできるオールマイティなAIが出てきて、それが出てきたときに、ほとんどの人の仕事が極端に少なくなっていくという時代になります。

そのときに我々が生き残る術《すべ》は何か。

生き残る技術を持っている会社の、株主になっているということが、生き残る術の1つです。

AI化が進んでも、オンリーワンやオリジナルの技術というのは廃れません。日本企業はそういう企業が多いので、そういう技術などを保有する企業は爆発的な価値が生まれるような時代になっていくでしょう。

来るべき時代の流れや背景を知り、今後の一人ひとりの動き方を考えていただけたらと思います。

特集

資本主義は2027年までに崩壊する

「モノ」から「コト」への大転換期

増田《ますだ》 悦佐《えつすけ》
経済アナリスト
文明評論家

1949年東京都生まれ。一橋大学大学院経済学研究科修了後、ジョンズ・ホプキンス大学大学院で歴史学・経済学の博士課程修了。ニューヨーク州立大学助教授を経て帰国、HSBC証券、JPモルガン等の外資系証券会社で建設・住宅・不動産担当アナリストなどを務める。著書に『最強の資産は円である!』『米中地獄の道行　大国主義の悲惨な末路』(ともにビジネス社)、『戦争と平和の経済学』(PHP研究所)など多数。

84年サイクルの節目に当たる激動期

これまで、何度か世界中で主要産業が入れ替わる大転換期がありましたが、今まさにその時期を迎えています。私は2007年から2027年、つまり、これまでの10年、そして、これからの11年というのが、近代市場経済で観察されてきた、84年サイクルの節目である21年間の激動期に当たると見ています。

これより前を振り返ると、前回のサイクルが1932年をどん底とする1921年の第一次世界大戦後不況から1941年の日米両国の第二次世界大戦参戦までの21年間だというのは誰もが理解しやすい転換点だと思います。ですが、そのさらに前が1848年を軸とする、

1837年から1857年までの21年間だったというのは、一般の経済学者や経済史家からすると、おかしいのではないかという批判が出るでしょう。

なぜなら、経済史の定説としては、1873から96年の近代経済史上最長のデフレ期のことを大不況期という人が多いからです。ではなぜ、それが間違っているかを簡単に説明しましょう。

この時期はアメリカやドイツのような当時の新興国にとっては、株価も順調に上がり、生産活動も急成長していた大繁栄期だったのです。このころすでに成熟しつつあったイギリスの工業や商業の伸びはやや緩やかになっていたものの、最近の10年、20年に比べれば、はるかに堅実なペースで伸びていました。先進諸国ならどこでも勤労者の実質賃金は上昇を続けていました。

ただ、借金を元手にして商売している金融業は、インフレなら借金の元本返済負担が自動的に目減りしていくだけでも儲かっていたのに、デフレになると借金の返済負担が毎年増加するので不況に陥っていました。また、イギリスではすでに主要産業ではなくなっていた農業の伸び率が特に低下しました。イギリスの大貴族はほとんどが大地主です。それまで地代収入で贅沢な暮らしをしていた彼らにとって、これは深刻な不況でした。

というのも、経済活動の中心が農産物から工業製品に移転したので、農民たちから地代をどんなに搾り取っても大した増収にはならない世の中に様変わりしていたためです。先進諸国の金融業者とイギリスの大貴族が嘆くということは、こうした富裕層からおこぼれを頂戴していた知識階級のほとんどが嘆くことになります。さらに、当時すでに活動を開始していた反体制派の知識人たちも「不況は革命のチャンス」であると、勇み立ちました。金融業界、イギリスの貴族、そして知識人の大部分がこの時期を不況と主張したので、今でも不況期だったと思っている人は多いのですが、実際には不況ではなかったのです。

　それに比べて１８４８年を中心とする前後21年というのは、まず１８３７年にアメリカで銀行恐慌が起き、１８４５年にイギリスで鉄道株バブルが突然崩壊し、終盤の１８５７年には、まったく同じような形で今度はアメリカで鉄道株バブルが崩壊するという経済危機の連続でした。こちらのほうがほんものの不況期だったのです。

　それはダウ平均の推移を見ても明らかです。この株価指数が算出され始めたのは１８８４年ですが、それ以前からダウ平均の構成銘柄がどんな値動きをしていたかをさかのぼって確認できます。１８７０年代から90年代は全然問題なく伸び続けているのに、それより前のあたりに深刻な落ち込みがあり、その後の１９３０年代の落ち込みよりずっと深刻でした。も

ダウジョーンズ工業平均株価と84年サイクルの金融危機 1802～2045年（予測）

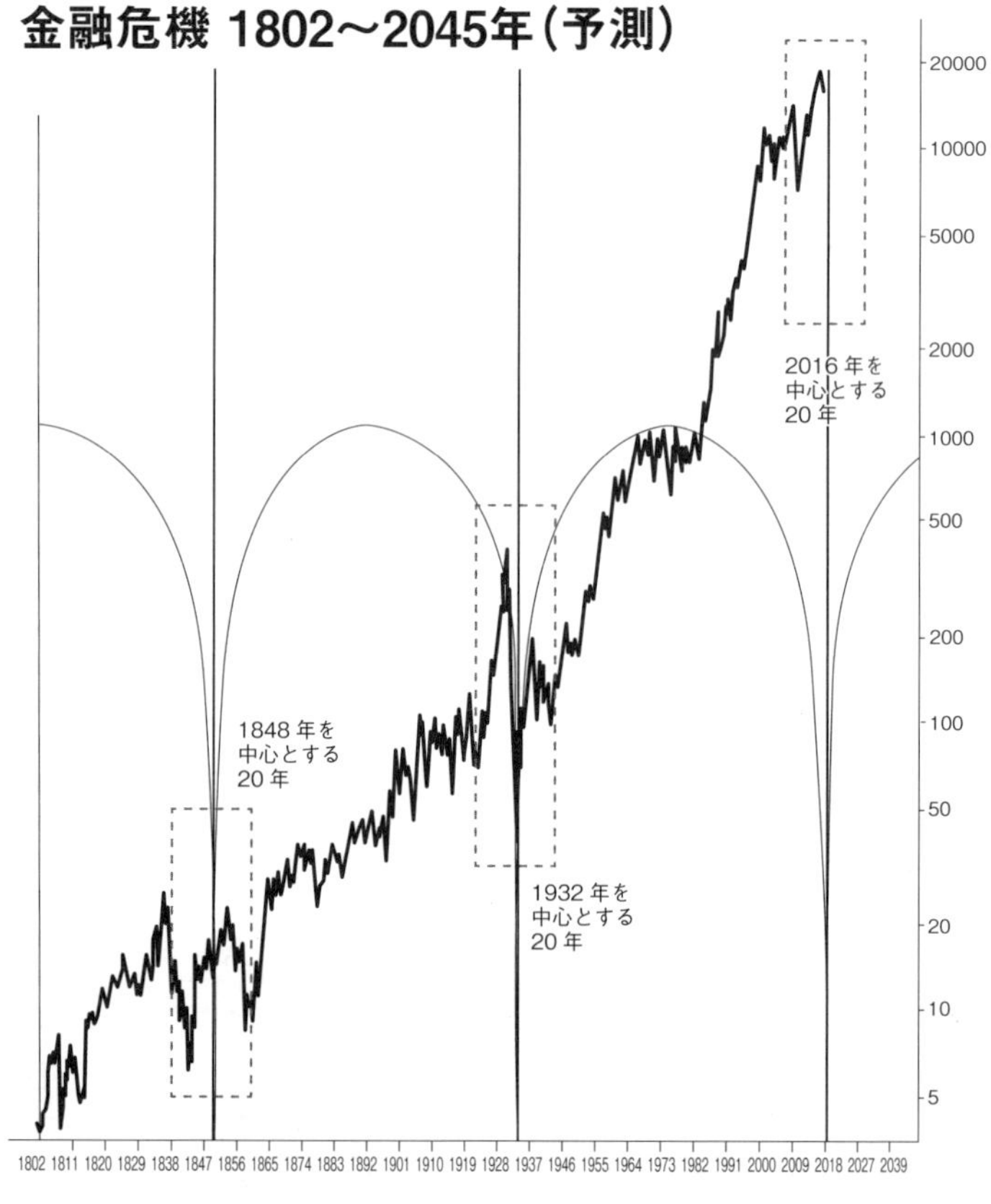

出所：ウェブサイト『Safe Haven』、2016年8月30日のエントリーより引用

ともと上げ幅、下げ幅が現代より小さかった中で、かなり落ち込んだわけです。

製造業からサービス業の世の中に転換

では、２００７年の国際金融危機勃発以来続き、今後も約10年間続く激動期のあとには、世界はどう変わっているでしょうか。

いま、現実世界は製造業中心の世界からサービス業中心の世界へと完全に移行しているのに、人間の意識は未だに製造業中心の時代のように見ています。その現実と意識のギャップが解消されていくと私は確信しています。これは実際の経済統計を見れば、とっくの昔に数字として表れていることです。消費の8割程度がサービスで工業製品は2割に過ぎない時代になってから、もう約半世紀が過ぎていま す。それを人間が実感を伴ってリアルに認識するまでに時間がかかっているということなのです。

例えば、産業革命があり、農林漁業生産物中心の社会から工業生産物中心の社会への移行が、だいたい18世紀半ばごろ——１７５０年ぐらいから何十年か続き、農林漁業生産物の消費に占める比率は1割未満になりました。しかし、人間の意識は「食えなければ生きていけないから、いちばん大事な産業は農林漁業だ」という固定観念から脱却できませんでした。

それが実際に認知されて、その固定観念が非常に大きな社会変動を引き起こしたのが、１８７０～90年代の長期デフレと、それまでの人類の想像を絶する総力戦となった第一次世界大戦でした。第一次世界大戦での英米を中心とする連合国側の勝利によって、さまざまな国の盛衰を決するのは、工業力だという認識が世界各国の庶民にまで浸透したのです。

現代世界でも、経済の実態は完全にサービス主導になっているのに、人間の意識が追いついていないので、さまざまな経済危機が次々に起きているのです。

ここで、第一次世界大戦が終わってからの1世紀がどんな時代だったかを、改めて振り返ってみましょう。

資本と軍事力の強大化が無意味に

人力や畜力ではなく、蒸気機関やガソリンエンジン、電動モーターを動力源とした機械制工業生産では、規模の経済が働くことが多いのです。つまり、生産規模が大きくなればなるほど、1個の商品を製造するコストは下がっていきます。特に、製造業全盛期に花形だった重化学工業でこの傾向は顕著でした。

とにかく大規模な生産設備を持てば、他社より低価格で販売しても利益を確保しながら、他社のシェアを奪うことができる。そのため、製造業各社は、慢性的に過剰な投資傾向に陥りがちでした。

2つの要因が、この重厚長大型製造業が自分のつくり出した過剰設備に埋没してしまうことを防いでいました。

1つが、投資バブルの崩壊によって起こる生産設備のスリム化です。市場経済と機械制工業生産の双方が先進国に定着して以来、こうしたスリム化が周期的に起こり、これが近代資本主義経済に特有の好況と不況からなる景気循環をもたらしていたのです。

もう1つは、戦争を想定した軍備拡大競争であり、ときおり本当に戦争が起きていたことです。通常の経済行動では、一定の目的達成のためにかける時間、労力、資本は少なければ少ないほどいいとされています。

しかし、軍備拡大競争は、コスト最小化という経済合理性を後退させてしまいます。

「敵は我々より強大な軍事力をすでに蓄積している」、あるいは「すぐにも蓄積する」などという、権力者や軍需産業と軍人による我田引水の宣伝扇動が、そうさせているからです。敵の脅威がなくならない限り、どんなに強大な軍事力も過剰ではないというわけです。あらゆる時代を通じてこうした軍事力の肥大化は、軍人階級に属する人々が自分の立場を有利にするために唱え続けてきた理屈でした。

不幸にも、近代機械制工業生産は、侵略主義的な国家の支配者の強大な軍事力の構築という夢を、地球上の全人類を何十回も絶滅させられるほどの威力を持つ核兵器の備蓄というところまで肥大化させた形で、実現させてしまったのです。

製造業主導経済の中で規模の経済を追い求める傾向と、多大な人命と資産を奪う大規模な戦争の続発は、偶然同じ時期に起きたわけではありません。どちらも「巨大化こそ力なり」の発想が支配的だという、論理的にも密接な関係を持っているのです。

こうした資本と軍事力の巨大化を追い求める「資本主義」は、アメリカが覇権国となった第一次世界大戦以降に完成した経済・社会思想です。世界経済の覇権国がイギリスだったころには、まだその萌芽にとどまっていました。イギリス経済の最盛期でさえ、主要産業で独占が形成されるとか、寡占化（特定の産業の中で、一握りの巨大企業の市場シェアが非常に高くなること）といった問題はあまり起きていません。

もともとアメリカとは、かつてのイギリス領十三植民地がほとんど近代兵器を持たない先住民の土地や命を奪い、さらにフランスやスペインの植民地も奪って、巨大化していった国です。その経緯もあって、国家も主要産業の大手企業も、富裕層も自分たちの蓄積した富をさらに巨大化させるのは、実行可能だし、倫理的にも正しいという異常な信念が浸透していた国です。

現代に話を戻すと、似たような話として、工業生産中心の時代からサービス生産中心の時代に移ったという経済的な事実そのものは、もう１９８０年代ごろにはほぼ完了していた変化です。しかし、それが人間の認識の中に入り込んでくるのが、ちょうど1990年代末から2000年代初めにかけてのITバブルの崩壊の時期でした。あの時期にすでに見え始めていたのは、あまりに知識産業が発展しすぎると、人間の出る幕のない社会になってしまうという一昔前ならSF的な恐怖が、かなり現実味を帯びてきたという事実でした。

そういうことが人間の認識の中に芽生えてきたのが、2000年代初めのITバブル崩壊のときから、2007～08年の国際金融危機の時代までで、これらの決着がつくのがたぶん2020年代半ばごろになるでしょう。

アメリカの株高は「閉店セール」

リーマンショックといわれる国際金融危機以降、世界的に好況感なき株価回復が続いています。特に、近代機械制工業生産時代の覇権国家であるアメリカでは、非常に不思議な現象が起こっています。

株式市場が2009年3月の底打ち以来、8年以上にわたる大ブル（強気）相場が続いているものの、実体経済は設備稼働率が慢性的に低下しています。また、低賃金の不定期労働ばかり増えたため、失業率こそ低下していますが、典型的な勤労世帯の年収はもう20年近く横ばいが続いているのです。庶民の感覚としては「自分たちの懐具合はこんなに悪いのに、なんで株価ばかり上がるんだ」というのが本音だと思います。

自己増殖を続けるアメリカの資本は、今や自国内に適切な投資機会が存在しないという事実に苦しみながら、株高によって資金はますます潤沢になるという一見贅沢な悩みを抱えています。

実は今、アメリカの株式市場は「閉店セール」に入っています。どういうことかというと、大企業がこれまで蓄積してきた内部留保だけでなく、借金をしてまで増配や自社株買いなどを行っているのです。こうした株主へのバラマキによる実体なき株高が２００９年以来のアメリカ株ブル相場最大の特徴なのです。

今、世界を覆っている閉塞感は、金融政策や財政出動で企業活動を刺激したからといって、打ち破れるものではありません。そもそも、世界的な過剰投資で設備が余っている状態なのに投資を刺激したところで、それは何も生むことはなく、閉塞感を高めるだけなのです。

アメリカの大企業は例外なく、すでに蓄積してきた自己資本の使い道に困り、株主に解散価値の前払いをし始めている状態です。これは、個々の企業にとっては規模縮小への道です。だから、この増配や自社株買いを「閉店セール」にたとえているのです。もちろん、これは株主還元なので、機関投資家であれ、個人投資家であれ、投資家にとっては大満足な状況です。ところが、これによって将来起こりうる事態、つまり、世界経済が縮小均衡に入り、国際金融市場が危機に陥るリスクには目をつぶったままの「好況」なのです。

これまで製造業で回っていた世の中が現在、サービス、情報産業に移行する経済の転換点はとっくの昔に過ぎ去っているのに、未だに株式市場の参加者やエコノミストたちが製造業全盛期の思考様式を脱却できないことが問題の核心です。サービスや情報産業が世界経済を主導していく中で、経済の顔つき自体もかなり変わってきました。

この変化の中ではっきりしているのは、広い意味でのサービス業の中でどんな部門が花形になろうと、製造業ほど規模の経済が顕著ではないため、巨額の設備投資も、莫大な資本も必要としなくなることです。その結果、過剰設備への衝動も、軍備拡大競争への衝動も、製造業主導経済の時代に比べれば、はるかに穏やかなものになるでしょう。

国家でいえば軍備を他国より肥大化させればさせるほど安全だし、個別企業でいえば同業他社より設備を巨大化させればさせるほど有利だ、という固定観念を持っている人たちから見れば、「もう世も末、末期症状だ」でしょう。しかし、経済・軍事両面での覇権国以外の国々、各産業での中小零細企業にとっては、ずっと望ましい方向への変化です。この「覇権型」発想をする人たちにとっての末期症状も、2020年代半ばごろには、ご臨終を迎えることになるでしょう。

3つのサイクルがピタリと重なる2020年

なぜ2020年代半ばかというと、2020年が超長期、長期、短期の、3つのサイクルがすべて大底に達する特異な年だからです。

いちばん長いものからいうと、冒頭でお話しした84年サイクルの2007～27年の不況期の終末に近い時期に当たる。それがいちばん重要なサイクルです。

その次に大きいのが、アメリカで政治・社会的な暴力活動が50年ごとにピークを迎えるというサイクルがあります。最初が1720年前後で、独立革命戦争勃発直前の1770年、1820年、そして南北戦争直後の1870年、第一次世界大戦直後の1920年、アメリカとしては珍しく若い人たちのベトナム反戦・反体制運動が盛り上がった1970年と続いて起こったので、次のピークが2020年と推測されるわけです。

最後は少し小さい話ですが、オリンピックサイクルです。

オリンピックが開催される年からその直後の1～2年は、必ず開催国で不況になっています。これもまた延々と続いていることで、しかも単なるジンクスではありません。

そもそも、どういう国がオリンピックをやるかというと、まず経済大国がやる。もう1つは新興国がやるわけです。どちらにしても、「こんなに経済的に豊かな国なんだ」、あるいは「こんなに豊かになりつつあるんだ」ということを世界に見せびらかすために、財政的にどうしても背伸びをしてしまう。

もともと国民が熱中してきたもの、例えばアメリカであればバスケットボールや野球、イギリスであればサッカー、日本であれば野球や相撲などは、公的資金に頼らずほとんど民営です。オリンピックはスポーツ競技全部揃っているものの、そのうちのほとんどは自国民にとって大しておもしろくないものです。

当然、こうしたあらゆるスポーツで使われる競技場を整備するのにお金がたくさんかかります。莫大な公共投資によって一時的に潤うけれども、その後、全然使い道がないのです。そのため、オリンピック用の施設のかなりの部分は立ち腐れ状態になることが必ず起こっています。

これら3つのサイクルが、同時期にすべてがピタリと一致することが今まであったかどうかを調べてみると、まったくありません。

そもそも、最初の近代オリンピックが１８９６年にギリシャで始まるので、それ以前にオリンピックサイクルは存在しません。また、アメリカで政治的、社会的暴力サイクルが始まったのが、そろそろ植民地から独立しようという機運が少しずつ出てきた１７２０年ごろなので、それ以前には存在していなかったサイクルです。

近代市場経済とともに始まった84年サイクルも、１５０３～23年から始まった１５１２年を中心とする１５０３～23年から始まっています。84年サイクルとオリンピックの4年サイクルがぴったりと合致する可能性が出てくるのは、19世紀末からです。ということは、84年サイクルで候補となるのは１９２１～41年だけになり、１９３２年のロサンゼルスも、１９３６年のベルリンも、そして１９４０年に開催されるはずだった東京も、かなり悲惨な経済状態に転落していました。ただ、アメリカ独自の政治暴力の50年サイクルとはニアミスにとどまっていました。

だから、2020年に開催される東京オリンピック前後の数年間は、世界史上初めて3つのサイクルが合致する期間になるのです。そこで相当深刻な不況になるのではないかと予想されます。

今までは工業生産と軍備中心の経済で羽振りの良かった国々がどんどん没落していくということです。日本の製造業も例外ではありません。

金融産業の終焉、情緒産業が台頭

今後、サービス業主導の経済で花形産業となっていくのは、いったいどの部門でしょうか。

1970年代初頭に一世を風靡《ふうび》した未来学者たちは、期待をこめて知識産業の時代になると予測をしていました。製造業主導時代の後半には、大型機械を造る重厚長大産業から、軽薄短小で付加価値の高いソフトコンテンツが主役の製造業への花形産業の移行が起きていました。

今はAI（人工知能）でできることがあまりにも高度化しているので、知識産業自体もほとんど人手をかける必要のない産業に育ちつつあります。しかし、人間をほとんど雇用しなくていい産業は、どんなに経済に果たす役割が大きく重要でも、主導産業にはなりません。経済を導く産業になるには、そこで働く人々の消費が大きなシェアを占めなければならないからです。しかし、知識産業で必要とし続ける人材は、ごく少数の高給取りと、あまり高い知的能力も要求されないけど賃金給与も低いという人たちに分断されています。つまり、知識産業は有力ではないといえます。

このままいくと、アメリカを中心に形成された寡占投資銀行が牛耳る金融業が花形産業になるのではないか、と心配される方もいるでしょう。幅広いサービス産業のほとんどが低賃金のまま置かれて、金融業のほかに、弁護士、公認会計士、企業コンサルタントといった専門サービスだけが高給取りとして君臨していく……。それは杞憂に過ぎません。

金融業とその周辺業務がこんなにもてはやされるのは、製造業主導の経済では投資が異常に重視されているからです。しかし、サービス業主導の経済に転換していけば、設備投資や研究開発投資の重要性も低下し、金融業の地位も下がっていくでしょう。

これから、食べ物、衣類、住宅といったモノづくりだけでなく、その管理もほとんどオートメーション、ITですんでしまう世界になります。それでも人間が稼いでいける道は何かといったら、これはおそらく「情緒産業」だろうと推測できます。

日本ではカウンターカルチャーとか、サブカルチャー的なものが、欧米のような知的エリートの特権的な趣味としてではなく、広範な大衆の支持を受けて独自に発展してきました。漫画やアニメはその典型でしょう。今後、情緒産業が導く世の中になったとき、真っ先にスポットライトが当たるのは、まさに日本だといえます。

そのため、2020年という時期に、3つのサイクルによる直接的な被害が最も大きいのはオリンピック開催国である日本となる可能性は高いけれども、向かう方向さえ誤らなければ、日本は強く、被害は比較的軽微にとどまると考えています。その後の日本経済の発展に関してはまったく心配していません。その考えに関しては、世界経済の分析を含めて『最強の資産は円である！』（ビジネス社刊）に詳しく書いていますので、ご興味のある方はご一読ください。

『最強の資産は円である！』
ビジネス社　価格：1,500円＋税

覇権主義の時代の次に訪れるのは感化力の時代

最後にまとめますと、2020年以降の世界がどういう世の中になるかというと、経済覇権や軍事覇権などが意味をなさない世の中になります。軍事力が強大だとか、企業規模が大きいとかが、ほとんど優位性を持たない世の中になるのです。

覇権の代わりに何が国力の指標になるかというと、私は「感化力」だと考えています。

覇権と感化力はどこがいちばん違うかというと、覇権は一方通行の概念です。強い国が弱い国にあれをしろ、これをしろと命令するための力。それに対して、感化力は一方通行ではなく双方向通行です。感化する力であり、感化される力でもあるわけです。日本は、世界中からいろんなものに感化される力においては突出しています。

卑近な例からいうと、料理のバラエティです。東京や大阪では、世界中のさまざまな民族料理、お国料理と呼ばれるものが、その国から来た人たちが集まる場所だけにあるとか、ものすごく高いお金を払わないと食べられないのではなく、ごくふつうにサラリーマンやＯＬでもお昼に食べられます。これは、日本の大都市圏以外では、世界中を探しても見当たらない現象です。また、かなり珍しい民族音楽や民族舞踊、民族楽器でも、演奏できる日本人が必ずといっていいほどいます。これもまた世界的にものすごく珍しいことなのです。その一方で、江戸時代から連綿と続いている都々逸《どどいつ》とか、常磐津《ときわづ》とか、清元《きよもと》といった文化の担い手が頑張っていますが、別に文化遺産として継承しなさいと、政府にいわれて義務的にやっているわけではないのです。

私は、今後の世界はこうした情緒産業が導いていく世の中になると考えています。

特集

黄金分割で読み解く神意の相場の行方

2022年に1ドル65円となる理由

若《わか》林《ばやし》栄《えい》四《し》

(株)ワカバヤシ エフエックス アソシエイツ
代表取締役

1966年京都大学法学部卒業。東京銀行(現三菱東京UFJ銀行)入行。同行シンガポール支店為替課長、本店為替資金部課長、ニューヨーク支店為替課長を経て、1985年よりニューヨーク支店次長。1987年、勧角証券(アメリカ)執行副社長。1996年末退職。現在、米国(ニューヨーク)在住。日本では外国為替コンサルタント会社である㈱ワカバヤシ エフエックス アソシエイツの代表取締役を務める。歴史観に裏づけされた洞察力から生み出される相場大局観で、国内外の機関投資家、個人投資家に絶大な人気を誇る。著書に『世界経済の破断界』『2014年日本再浮上』(いずれもビジネス社)、『不連続の日本経済』『富の不均衡バブル』『覚醒する大円高』(いずれも日本実業出版社)、『異次元経済　金利0の世界』(集英社)などがある。

黄金分割とは何か

私は約30年前から、黄金分割と正五角形《ペンタゴン》を活用した手法を相場分析に用いている。黄金分割をご存じない読者のために、まずその基本的な考え方をお知らせしたい。

相場をグラフにすると、価格が縦軸(y軸)、時間が横軸(x軸)になる。価格yは時間xの函数《かんすう》と見ることができるわけである。この見方に従って分析を重ねた結果、相場は波動であり、その波動の周期や振幅(価格変動)を示唆してくれるのは黄金分割以外にないという結論に至った。

多くの人は価格(y)を当てることに集中するあまり、時間すなわち日柄の重要性を見落としがちである。しかし、相場が波動であるなら、日柄の分析なしに価格を予測しようとしても無意味である。

投資において価格が重要なのは当然だが、日柄もまた重要である。

たとえば、ITバブルのときには暴落を予測してIT関連株をショートしたものの、予測よりも相場上昇が続いたために、大損した投資家がいた。「下がる」という予測は正しくても、「いつ下がるか」まで予測しなければ、相場で儲けることはできないのである。そして、その「いつ」を示してくれる唯一の手法が黄金分割なのである（図A）。

黄金分割とは黄金比で長さを分けることで、黄金比とは、長さa＋bの線分が、a：b＝b：（a＋b）となる比のことである（具体的には0・618：1＝1：1・618）。

この比は、いわゆるフィボナッチ数からも導かれる。フィボナッチ数とは、前項と前々項の和から得

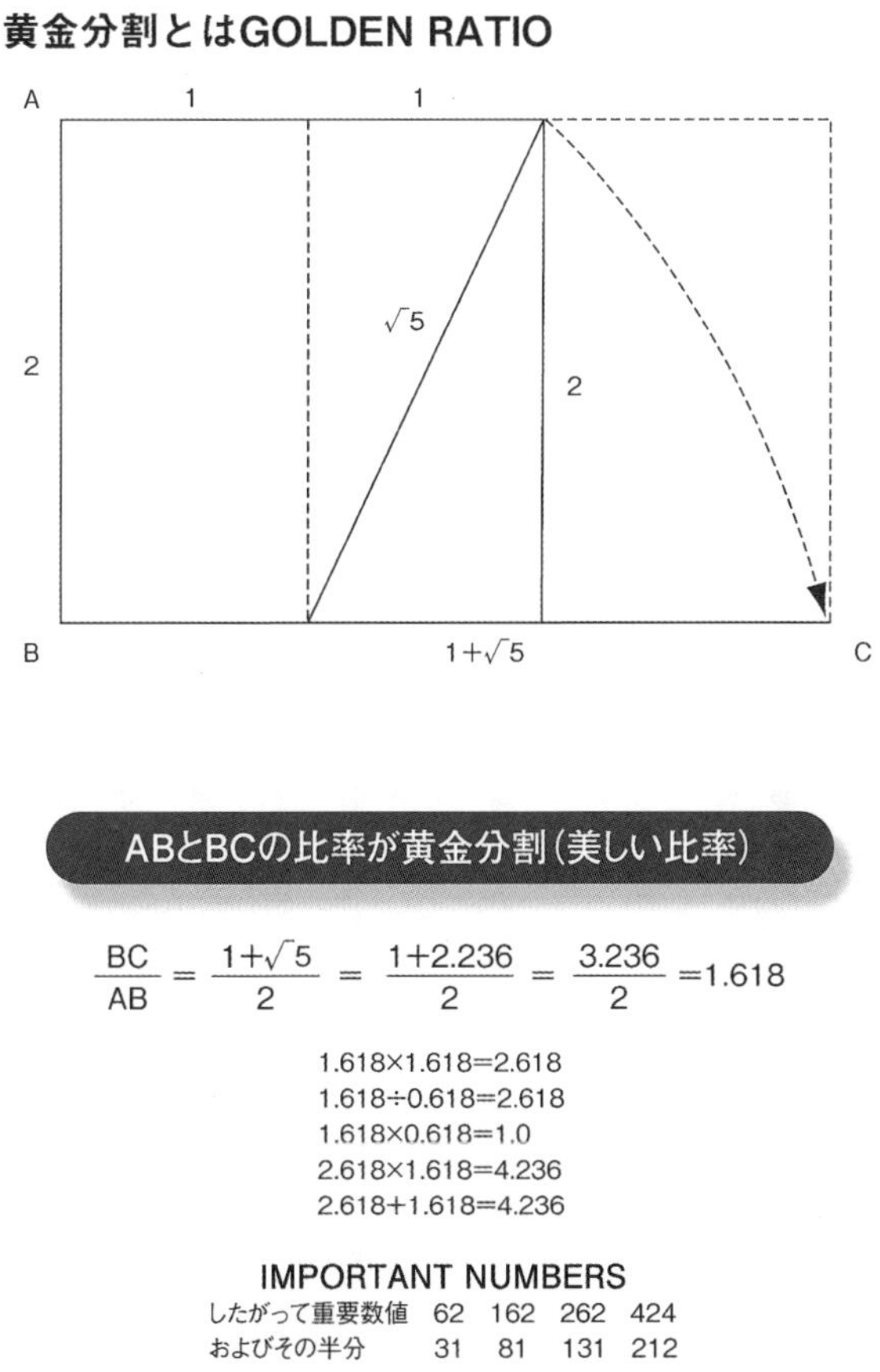

（図A）

られる数列で、具体的には左記のとおりである（最初の二項は0と1）。

0、1、1、2、3、5、8、13、21、34、55、89、144、233

この特徴は、前項との比が黄金比に収束することである。第四項以降では、

2、1・5、1・667、1・6、1・625、1・615、1・619、1・618……と、急速に黄金比に収束していることがわかる。

このフィボナッチ数は、植物の葉の付き方など、自然界に数多く出現する。そして、黄金比は人間がもっとも美しく感じる比でもある。詳しい理由はわからないが、宇宙には黄金比・黄金分割が満ちあふれているということであろう。

黄金分割が与えてくれる指針とは何か

私は相場も宇宙の動きだと思っている。もちろん、それは説明できないが、1年がなぜ365日なのか、地球の自転はなぜ24時間で1回転なのか、月はなぜ28日周期で形を変えるのか、誰も説明できないのも同じである。相場で起こっていることは観測できても、その根本ルールは誰にもわからない。エコノミストたちはいろいろと勉強しているのだが、未来予測のための方法論を見つけられていない。

だが、エンジンの仕組みを知らなくても自動車を運転することはできる。同じように根本ルールがわからなくても、有効なルールと思われるのが黄金分割なのである。問題は、黄金分割は複数の可能性を指し示すので、その複数の指針のどれを取るかというところに分析者の恣意性が入り込み、そこで間違えるわけである。

黄金分割の方法論は正しいが、いくつかの指針を与えてくれるだけで、「これだ」という指針をくれるわけではない。ただ、この3つくらいのうちのどれかだという指針はくれる。選択の幅を非常に狭めて

くれるわけである。もっと欲張る人は「ピンポイントでひとつの指針が欲しい」と言うわけだが、そこまでいくと「もう神様になれ」ということと同義である。

しかし、基本的に方法論は正しいので、間違えるときもあるが、間違え続けることはあまりない。方法論が間違っていれば外れ続けるわけだが、方法論が合っていればきっと波動で当たるときが来るはずである。当たり・外れも、自分のバイオリズムと相場が合っているかどうかということである。

生き物のように振る舞う相場のフシギ

この黄金分割という方法論を絶対的にこれしかないと思い、信用しているので、当たらないときには「自分の読みが間違っていた」と考える。選択肢からピックアップしたものが間違っている。そういう間違いがあるときには、必ず何かの思い込みがあるものである。

インデックスがひとつの生き物のように振る舞うことも、相場の不思議である。たとえば、ニューヨークダウ工業株30種平均は30銘柄から構成されるが、算出が開始された1928年からいままで残っているのはGEただひとつであり、残り29銘柄は入れ替わっている。誰がどう考えても、30銘柄のうち29も入れ替わったインデックスが黄金分割のルールと整合的に時空を超えて動くというのはあり得ないと思われるだろう。しかし違うのである。インデックスは90年の時空を超えて一つのいきものとしての主体性を連綿と継続しているのである。

これは生物学者である福岡伸一氏の「動的平衡論」の体現である。細胞は毎日入れ替わっているが、生命体としてはひとつのバランスを取って同一性を維持している。一体生命とは何だという考えである。

本当に不思議だが、ニューヨークダウもS＆P

500も動的平衡を体現しているのである。ブルーチップが30銘柄のうちひとつしか残っていないというのに、それが全部チャートで、きれいに黄金分割で描けるところが不思議な世界である。

日経平均株価もそれほど大幅ではないが、結構入れ替わっている。わかっていない人は、中身が変わって全然違うものだから、連続性はないはずだと考える。しかし、それは相場を知らない人である。細胞がすべて入れ替わっても人間は変わらないように、インデックスも動的平衡の不思議を体現しているのである。

正五角形《ペンタゴン》の重要な数字

黄金比の1・618と0・618からは次の数値が算出できる。

1・618×1・618＝2・618
1・618÷0・618＝2・618
1・618×0・618＝1
2・618×1・618＝4・236
2・618＋1・618＝4・236
0・618≒0・62、1・618≒1・62、
2・618≒2・62、4・236≒4・24

黄金分割を用いた相場の日柄分析では、この「62、162、262、424」とその半分の「31、81、131、212」を重要な数字として適用している。たとえば、162週、62ヵ月、262四半期などである。一辺の長さ1の正五角形の対角線の長さは黄金比の1・618になる。図に示したように、「59、36、23、14」も相場の日柄のタイミングと価格を示す重要な数字である。

また、ペンタゴンを2つ組み合わせたダブルペンタゴンから導出される「95、69、50、31、19」も重要である。59日、38週、31ヵ月などの日柄が相場の転換を示すタイミングとなる。

相場のトレンドを教えてくれるのが正五角形の対

角線である。水平線に対して36度のCEが黄金分割のサポート線になる（マイナー黄金分割）。メジャーなトレンドラインはその半分の18度、2倍の72度のCAは急上昇のスティープなサポートになる。これら18度、36度、72度線を上向き・下向きに延ばしたものが、相場のトレンドやサポート、あるいはレジスタンスのラインになる（図B、C）。

ペンタゴン

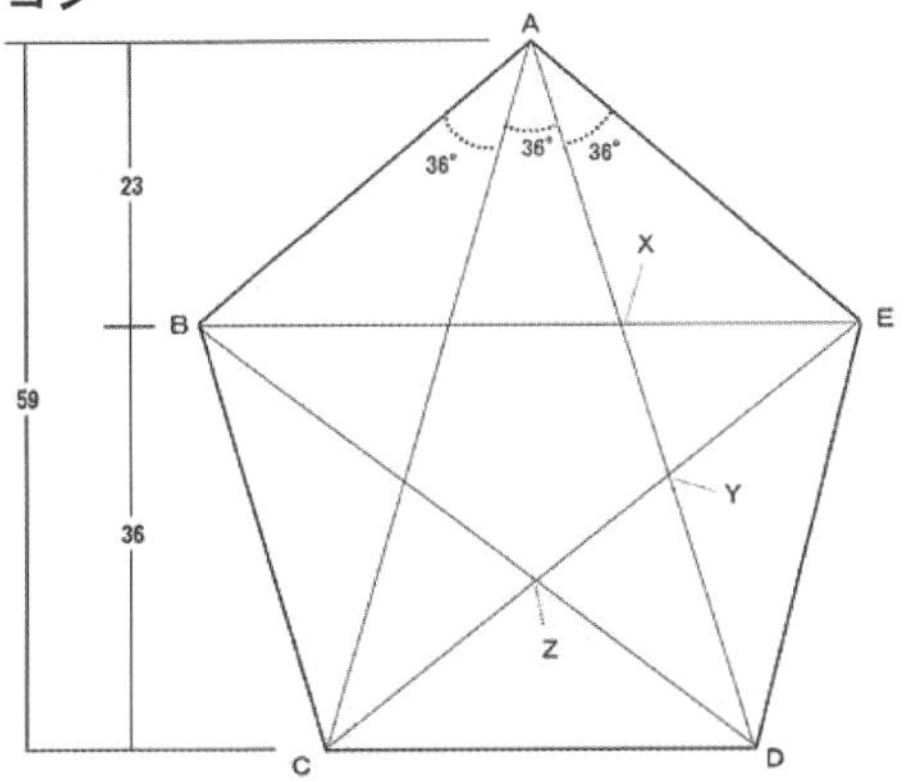

対角線　AC　AD　BD　BE　CE＝61.8
一辺　　AB　BC　CD　DE　EA＝38.2

値頃

CA：水平線　CDから72°で上昇する線（スティープなサポート）
CE：水平線　CDから36°で上昇する線（マイナー黄金分割）
ACを垂線に置いた場合のCD：水平線と18°の角度を保って上昇する線
（メジャー黄金分割トレンドライン）

TIMING		DAYS	W/KS	M/S	
日柄	CDからA CD X Y Z	59日 38日 26日 31日 19日	59周 38週 26週 31週 19週	59カ月 38カ月 26カ月 31カ月 19カ月	その2倍の118

HEIGHT
CとAの高さ（値段）　59　2倍の118も重要
CとXの高さ（値段）　36
CとYの高さ（値段）　23
CとZの高さ（値段）　14

（図B）

ダブルペンタゴンによるタイミングパターン

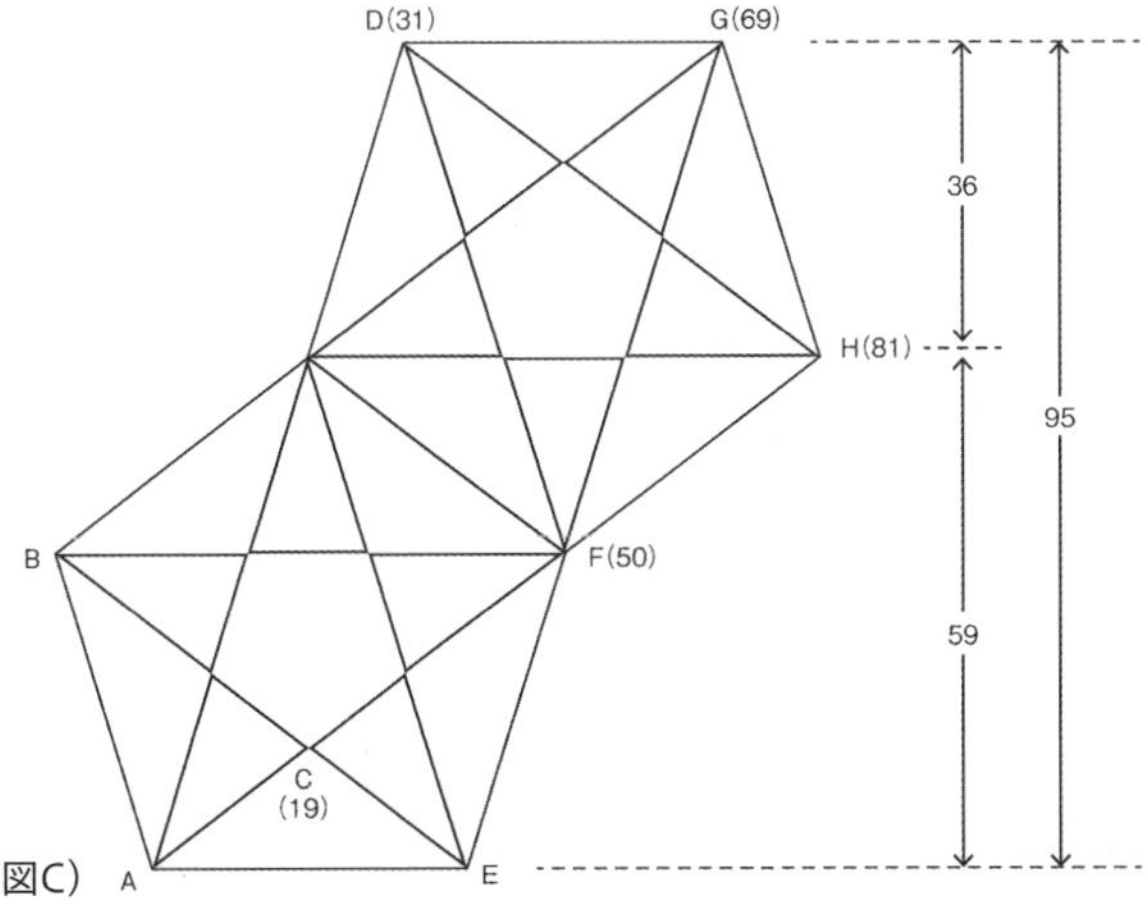

（図C）

過剰レバレッジ相場が逆回転する日

それでは今後の相場をどのように読み解けばいいのか。アベノミクスとは日銀の過剰介入がつくり出した幻想、幻影にすぎない。確たる実体が伴っていないことを従来より私は主張してきた。

では、これから幻想、幻影にすぎない日本経済はどうなるのか？ 間違いなく神意がその幻を潰しにかかってくる。その第1弾は、アベノミクスで歪められた為替相場を潰しにかかることだろう。つまり、円高だ。2018年からアメリカ経済が崩壊の道をたどるため、必然的に円高相場が訪れる。

ドル円相場はアメリカの長期金利次第である。これからそれがどっと下がることで、円高が進行する。とりあえず、2018年7月から2019年7月に向けて円高のピークを迎える。少なくとも1ドル90円には到達すると私は見ている。為替の潮流として円高ドル安が進むのは確実だ。

円高がどの程度進むかのモノサシになるのは、アメリカ株の崩れかたである。それがどの程度なのかによる。

2000年のITバブル破裂時のナスダックのごとく、地獄に突き落とされるほどの破壊力には至らないだろうが、私としては2018年7月に向けて、NYダウ、ナスダックともにとりあえず30％程度の暴落を予測している。その先はもっと破壊的な安値がやってくるのではないかと考えている。

アメリカ株が30％下がるのは衝撃だが、ここまで上昇したものがいったん下落し始めたら、中途半端なところではまず止まらない。

なぜか。NYダウ2万3000ドル超（2017年12月時点）の相場には途方もないレバレッジが入っている、過剰レバレッジ相場であるからだ。

相場が上昇している分にはいいのだが、下げ始めると、どこかの時点からレバレッジが猛烈な勢いで〝逆回転〟し始めてしまう。これが過剰レバレッジ・

マーケットの怖《おそろ》しさなのだ。

過剰レバレッジがたっぷりとかけられている代表格は自社株買いである。アメリカでは借金して自社株買いに励んでいる上場企業の経営者が異常に多い。自社株買いを行い、株価が上がると、とんでもないボーナスをもらえるからである。彼らは経営する企業のことなど毛頭考えず、自分のボーナスをどう増やすかにしか関心がない、強欲資本主義の権化のような存在である。

日本の場合、どんなに稼ぐ企業経営者にしたって、年に5億円ももらえば、みな満足している。その点、アメリカは桁が違う。自社株買いで100億円単位のボーナスを狙っており、それが別に異常でもなんでもないのがいまのアメリカなのだ。

なぜそんなにカネが要るのかと思うのだけれど、アメリカの企業経営者はみな自社株買いに御執心である。これはアメリカがとんでもないことになっている証左でもある。

ETFも過剰レバレッジの主役を担っている。相場が1ポイント上昇すると、3倍上昇するような仕組みになっている。こうした過剰レバレッジ相場の破綻は、資産市場がおかしくなってくると、どんどん加速度的に増えてくるはずである。

ところが、いまの高値状況において、アメリカの投資家や市場関係者はそれをまったく想像できない。夢想だにしない。

だが実際には、彼らが買い進んで史上最高値まできた市場そのものが、過剰レバレッジにより中身が腐ってしまっているわけである。企業の業績が良いから株価が上がるのだと主張する連中もいるだろうが、当然ながら、レバレッジを与えるクレジットそのものには限度がある。

また、FRBは金利については1％上げたが、今度はボリュームについても信用を縮小する方向に舵を切っている。こうしたレバレッジを崩すしかないという状況下、87歳になったウォーレン・バフェットのような投資家がNYダウについて超楽観的な予測を披露している。バフェット自身、投資家として資源バブルのいちばん良い時代を送ってきたとする自己認識を持っていないはずだ。いくら株価が上がるといっても、770ドルが2万ドルになる世界など滅多にない。これだけの大暴騰を見るときに、バフェットがたまたま、もっともメリットを受ける立場にあった。それだけの話である。

　たしかに原油価格がすぐに持ち直すと主張する人たちがいる。そう希望している人たちのことである。ところがそうは問屋が卸さない。40年半ひたすら上げ続けてきたものが暴落し始めている最中なのだから。これがもっと下がるという議論ならば、理解できるのだが――。2014年に暴落し始めたものが4年後に元に戻るわけがない。

　したがって、資源価格の復活を望む人たちは、そう望むこと自体、世界経済をつくる大きな構造の〝原点〟のところを見誤っていると言わざるをえない。

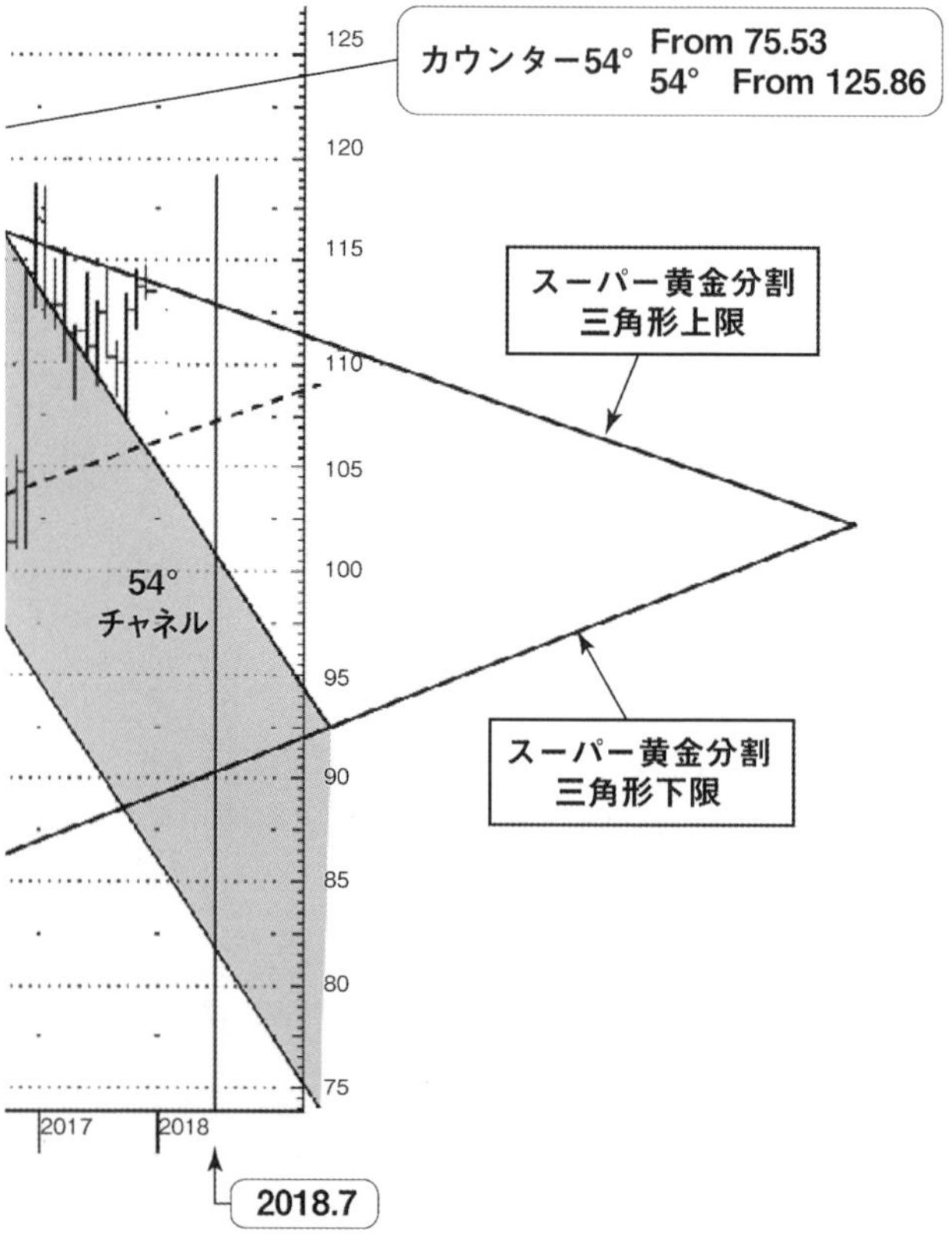

これから4年は超円高へと向かう日本

神意で大幅な株安・円高のトレンドに突入したのに、それを人為そのものであるマイナス金利などで止めようなど見当違いも甚だしい。ここ2、3年、日本経済を牽引してきたのは間違いなく輸出型企業で、特に好調なのがアジア向けの半導体製造装置や電子部品デバイス、中国向け自動車部品などである。

　けれども、それは円安環境であったからこその果実であった。今後もそこそこの円安ならば、日本の景気はそう悪化することはないのだが、2018年7月さらには2019年7月に向けて円高が進行することになる。その神意をチャート（ドル円月足　2017年11月9日）（図D）が〝代弁〟しているわけである。

円高トレンドに入っていけば、当然ながら、デフレ

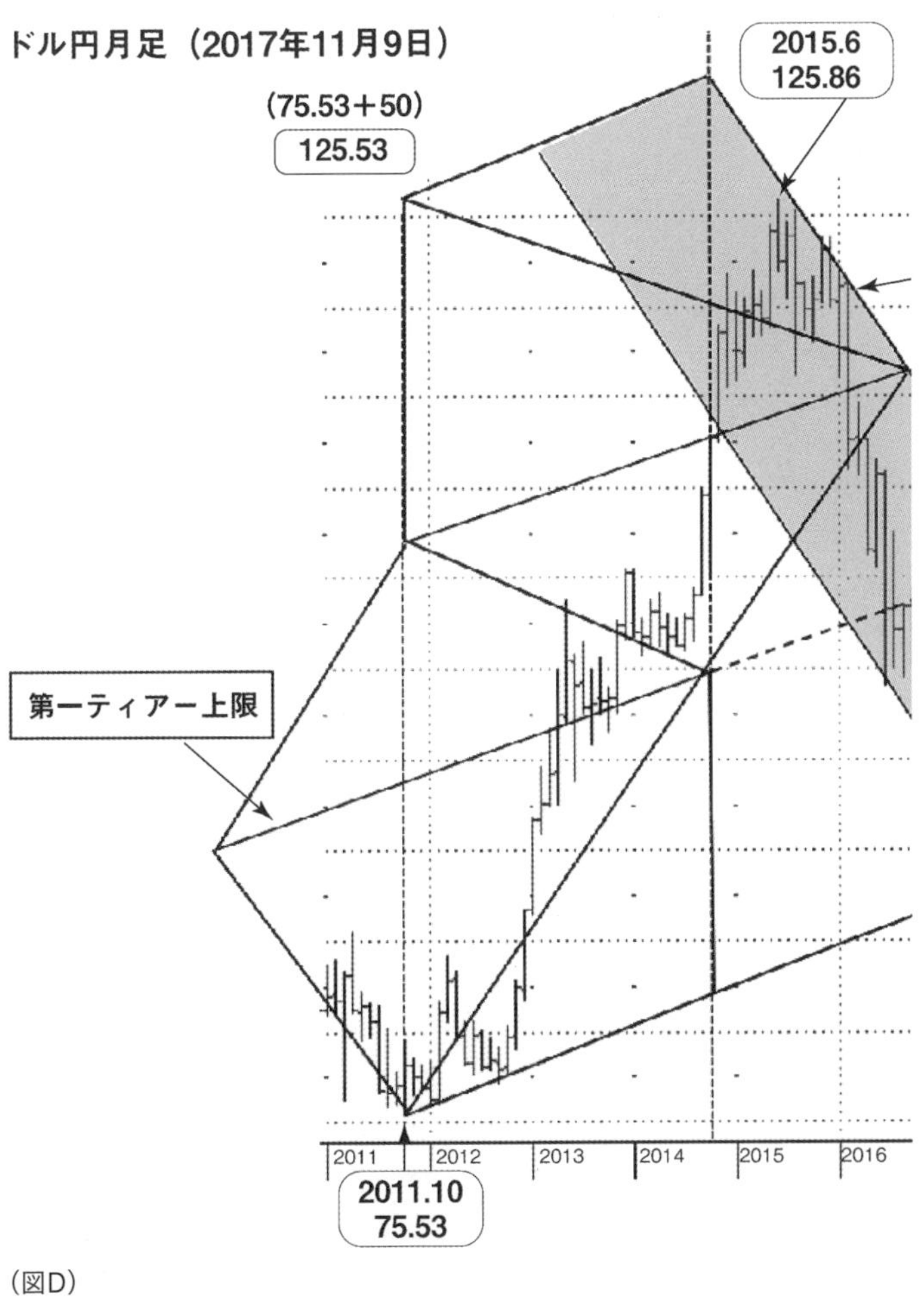

（図D）

状況が強まってくる。本来ならば旺盛な消費が景気を引っ張らなければならないのに、何とも力強さに欠ける。

なぜこんなことになってしまったのか。すべては2014年4月に消費税を8％に上げたことに収斂《しゅうれん》する。内需が精彩に欠けるので、外需（輸出）に頼るしかない。だからこそ円安でなければならないわけである。

FRBによる短期金利上げにも拘わらず低迷する長期金利が示唆するものは、アメリカの景気には黄色信号が灯っており、2018年にはかなり悪化する兆候が見えているということである。ひとことで言うと、アメリカ経済にもデフレの波が襲いかかろうとしているのだ。いま高所恐怖症に陥っているアメリカ株の急落は必至であろう。

そうなると何が起こるのか。

円キャリートレードの巻き戻しが起こって、強烈な円高を招いてしまう。

2018年から4年かけて、日本は超円高、株安、デフレに難儀する運命にある。

その背景として、2015年6月5日のドル高値125円86銭が時間と価格の両面で、これ以上ない美しいポイントを達成したことがあげられる。特に時間面では際立っていた。1998年8月の147円62銭のドル高値からの16年10ヵ月目にこの高値を達成しているからだ。

この16年10ヵ月とは黄金分割270年を16で割った数字で、マーケットでは頻出の天井、底の日柄である。言ってみれば、さらに16年10ヵ月後にドル高値を出す可能性があるということである。

16年10ヵ月後に高値を出すということは、通常の場合その半分の8年前後は相場が下がり続けることを意味している。あるいはその下げサイクルの底までに8年を要するといってもよいだろう。もし8年を要せずしてドルの底を見る場合は、その底はそれ相応に深くなるはずである。時間で来るか、値幅で来るかの違いである。

歴史を振り返ると、16年11ヵ月のインターバルの安値を付けたユーロはその後10年上昇して、上昇率は158％であったケースなども見られている。

私は1ドル125円86銭だった円が、1ドル65円まで円高になると予測している。それが2022年とすると、6年9ヵ月で93・6％の円高になる。上記のユーロの例と比べてもそれほどの乖離はなく達成可能である。

為替相場がそれだけ動く背景には、ゼロ金利の存在がある。

金利の調節が世界中ゼロ金利で意味をなさなくなったとき、ひたすら為替相場が世界経済の〝安定剤〟として働くことになるはずだ。世界経済を安定させるために為替相場の安定が破壊される。そんな皮肉な現象が起きつつある。

ここからは2018年7月から2019年7月に向けての円高進行マーケットの話に踏み込んでいきたい。

まずは為替のドル円についてチャートをみると、ドルは2011年10月に75円のボトムを打ち、2015年6月には125円まで上昇した。その後下落し、99円まで行ってから118円まで上がった。

結論から述べると、ドル円相場はすべて黄金分割の日柄を踏んでいるわけである。75円53銭のボトムが2011年10月31日。ここから黄金分割の14・5四半期とは約44ヵ月後、3年8ヵ月後の2015年6月5日に125円86銭の高値を付け、8月12日に125円29銭のダブルトップを付けた。

そこからズドンと落ちた。99円までドルが下がったのが2016年6月。ちょうどブレグジットで世界が騒がしかった頃である。これは2011年10月の75円のボトムから56ヵ月後、1ヵ月だけ早まったものの、19四半期後にあたる（黄金分割38四半期の半分）。その後トランプラリーでドル高に転じて

118円まで上げ、このところは108円と115円のレンジのなかでジグザグに推移している。

ここで留意しておきたいのは、2016年6月の99円が大事で、その後は戻り相場をウダウダとやっていることだ。この状況はいつまで続くのか。

前々回の高値が14・5四半期後、前回の高値が19四半期後であることから、黄金分割で次に意識すべきは22・5四半期であり、その次は27四半期となる。22・5四半期目は2017年6月から7月のタイミングであり、そのポイントから何度か114円台へのドル高に挑戦している。しかし、それ以上は円安にならない。

そのあとに来る2011年10月の大底からの27四半期目は81ヵ月、すなわち6年9ヵ月後、2018年7月ということになる。

以上から見て、私自身はとりあえず27四半期目の2018年の7月に向けて相場は円高が進行する、と考えている。しかし27四半期よりも31四半期の方が相場にかかわるケースが多く、その意味でこの相場はとりあえず2019年7月までの強烈な円高進行ということになりそうである。

もちろん相場は上がったり下がったりするわけだが、次の大きなポイントは、もうこれ以上FEDが金利を上げられなくなる場面が訪れるということである。

結局、金融関係者の円安相場観は、FEDのアクションにかかっており、FEDが利上げしないことがハッキリしたら、どっと円高に振れるはずである。FEDがどんどん利上げできない方向に追い込まれていくのではないか。これが私のいまの見方である。

なぜ5回もFRBは金利を上げたのか?

そして当然ながら、FRBは1945年以降の過去14回の引き締め局面うちの11回が金融危機を引き起こしたことを自覚している。当然ながらイエレン議長も意識していた。

したがって、ＦＲＢとしては15回目の引き締め循環に入っている現在の局面が金融危機になったときに備えて金利を上げておきたい。いざとなったら金利を下げられるように、である。

ＦＲＢはいずれもう1回バランスシートのネジを緩める、あるいは金利を下げる事態になると予測している。つまり、ＦＲＢはいまのマーケットが不変などとは、さらさら考えていないのだ。

ＦＲＢがこの先ずっと金利を上げていくと想定して、円安がさらに強まると主張している自称金融専門家なる人たちがいるのだが、そういう連中はまったく歴史を勉強していないし、ＦＲＢの思惑をまったくわかっていない。

ＦＲＢはそのうちにアメリカ株がガタッと落ち込むのを確信している。そのときのために、これまで5回も金利を上げてきた。金利を5回上げたということは、裏返せば5回下げられるということだ。

ＦＲＢの予測通りアメリカ株が暴落したとき、ドル円はどうなるのかといえば、円高になる以外にない。アメリカ株の落ちかたのスピードによるけれど、超円高になる可能性は否定できない。

以上のような論旨から、２０１８年7月から２０１９年夏には90円を切る円高になっている可能性がある。

4年後にデフレの極致を迎える日本

そして現実には日本の経常収支の黒字、対外純資産残高がものすごいことになっている。つまり、実際には超円高になる体制になっているにもかかわらず、ファイナンスの世界で無理矢理に日銀が捻じ曲げて、円ショートに持っていっている。その円ショートの圧力で何とかして経常黒字から来る円高を止めているという構図なのだ。

したがって円キャリートレードの環境が壊れたら、猛烈な勢いで円高が始まるのは火を見るよりも明らかといえる。なぜなら、日本の際立った経常黒字がそのまま為替相場に反映されるからである。

それはいつなのか。幾度も述べてきたように、アメリカのアセットインフレが崩れたときにほかならない。

「ドル円四半期足」を見ると、２０１６年６月のブレグジットのときの99円よりも当然下に行く。悪くても90円台、下手をすると80円台というような流れになるであろう。

その先について、私はかねがね２０２２年に1ドル65円になると言っている。このとき日本はデフレの極致を迎える。

２０１８年から２０２２年にかけての5年間で、本来潰れるべき企業が、日銀の大規模介入や円安政策、あるいは政府のゾンビ企業救済で生きながらえてきたところがみな死に絶える。

株も1万円割れの水準まで下落してお先真っ暗になったときが、実は今後の見通しとしていちばん明るいのだと思う。とにかく日本は１９８９年のあの大バブルとその後の崩壊という凄まじい経験をしているのだ。そうは簡単に復活できない。

デフレの極致を迎えるとき、ゾンビ企業で働いてきた労働資源は人材マーケットにあふれて出てくる。彼らが人手を必要とするところに回っていく。あとで考えてみれば、それが為替による大デフレの最大の効果になるのではないか。そして、その後は日本に絶好の風が吹き、円安株高の絶頂期が訪れると、私は予測している。

２０１７年、日本株が史上最高の16営業日連騰したと盛り上がったけれど、それはアメリカのまやかしの株高にすがってのものでしかなかった。

株は神意で動く

株は神意で動いている。これが私の基本スタンスである。

したがって、人為でマーケットに対してどんどん強気な発言が出てくるときには、株は危ないと思わなければいけない。2万2000~2万3000円レベルで推移している日本株については、「まあ、よくやったよな」みたいな感じでいいのであろう。けれども、それ以上の上昇はしんどい。

日本の金利はすでに2016年7月28日にマイナス0・3%という底をつけており、今後はどういう軌跡を描いて金利が上昇していくか、そこに注目すべきである。

円が暴落して金利が急騰すると何年も言い続けている某参議院議員がいる。世界ではこれからデフレに突入する国もあるので、1000兆円の国債残高を抱えている日本はもうボロボロだとおっしゃるわけである。

だが、日本の企業や個人は349兆円（3兆2000億ドル）を超える海外純資産を持っており、円安になれば大儲けする企業がいっぱいある。10円円安になっただけで32兆円、100円の円安になると320兆円も儲かってしまう。

そんな企業や個人が片方にいて、日本がボロボロになってしまうのかというと、やっぱりならないだろう。国だって1兆2000億ドルの外貨準備を持っている。1円の円安で1・2兆円、10円で12兆円、100円で120兆円のお金ができてしまう。

それを考えると、そう簡単に円安にはならないのではないか。円安になる前に超円高でひどい目に遭う、というのが日本経済の大きな流れではないかと私は見ている。

私は2022年に65円まで円高になるとずっと前から言っているのだが、それは私が決めているのではなくて、チャートがそう示しているからである。

その通りになると、さすがの日本政府もどうしようもなくなる。株価は先刻述べたように１万２０００円にまで落ちる。ドル円は65円になる。

　そうなったときに日銀にどんどんお金を刷らせ、ヘリコプターマネーで世の中に回すしかない。そこから日本はインフレ経済に突入し、株価は暴騰していく。

　われわれはあと5年程度、辛抱しなければならない。だが、その後の日本にはかつてないほどの好景気が訪れるはずである。

　以上のようなことを最新の著書『人為バブルの終わり～２０１８年、日本を襲う超円高・株安・デフレの正体』（ビジネス社刊）の中でも詳しく論述している。原油などの資源バブルが崩壊し、それが資産バブルにいかに連鎖するのかなども論じている。ゴールドや円以外の通貨についても触れている。ご一読いただければ幸いである。

『人為バブルの終わり
～2018年、日本を襲う超円高・株安・デフレの正体～』
ビジネス社
価格：1,500 円＋税

マンガで読む船井幸雄の名言⑨

心の声である良心に従おう

作・赤池キョウコ

赤池キョウコ（あかいけ きょうこ）
イラスト作家。『船井幸雄のツキを呼ぶコツ』（共著・グラフ社）など著書多数。
HP : www3.tokai.or.jp/kyontan/

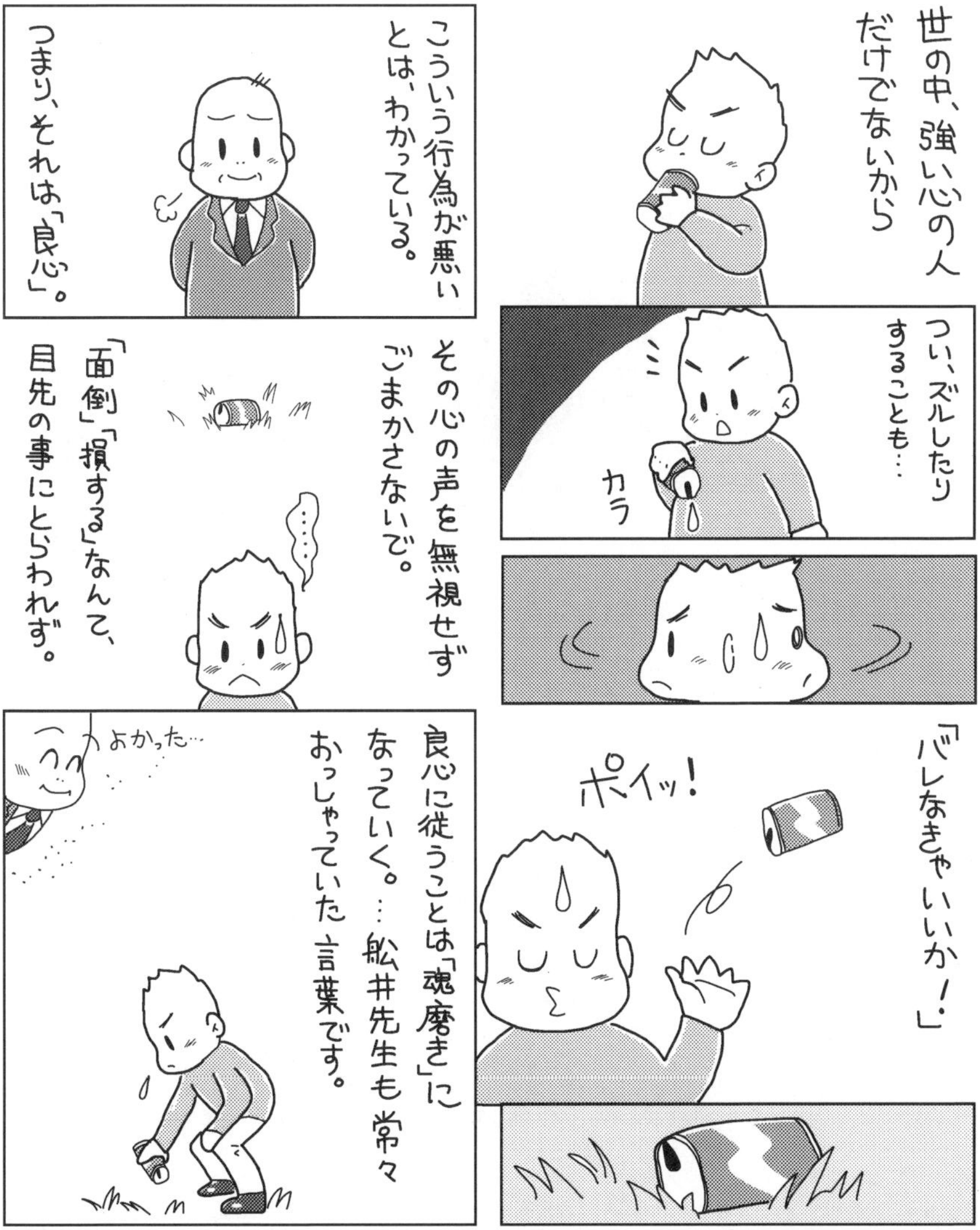

世の中、強い心の人だけでないから
つい、ズルしたりすることも…

カラ
「バレなきゃいいか！」

ポイッ！

こういう行為が悪いとは、わかっている。

つまり、それは「良心」。

その心の声を無視せずごまかさないで。

……

「面倒」「損する」なんて、目先の事にとらわれず。

良心に従うことは「魂磨き」になっていく。…船井先生も常々おっしゃっていた言葉です。

よかった…

今、始まる「大豆革命《ソイビーン》」

特別鼎談　後編

船瀬《ふなせ》 俊介《しゅんすけ》 × 神津《こうづ》 健一《けんいち》 × 舩井《ふない》 勝仁《かつひと》

医療ジャーナリスト
医療法人社団一友会
ナチュラルクリニック代々木会長
医学博士
本誌主幹

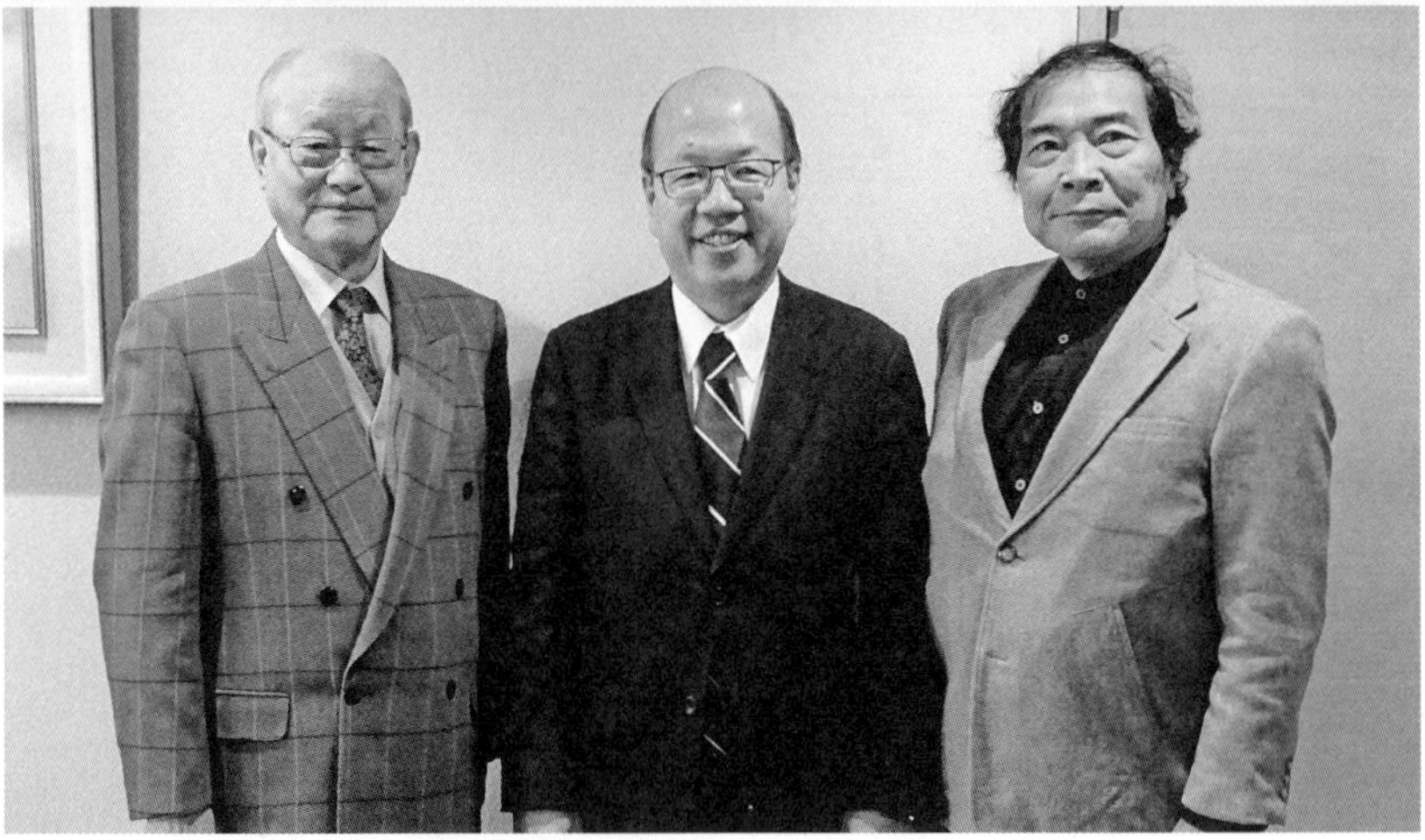

(左から) 神津 健一氏、舩井 勝仁、船瀬 俊介氏。

船瀬 俊介 (ふなせ しゅんすけ)：医療ジャーナリスト

1950年、福岡県生まれ。九州大学理学部を経て、早稲田大学文学部、社会学科卒業。日本消費者連盟スタッフとして活動の後、1985年、独立。以来、消費・環境問題を中心に執筆、評論、講演活動を行う。主なテーマは「医・食・住」から文明批評にまで及ぶ。近代の虚妄の根源すなわち近代主義(モダニズム)の正体は、帝国主義(インペリアリズム)であったと指摘。近代における医学・栄養学・農学・物理学・化学・建築学さらには哲学・歴史学・経済学まで、あらゆる学問が"狂育"として帝国主義に奉仕し、人類支配の"道具"として使われてきたと告発。近代以降の約200年を「闇(やみ)の勢力」が支配し石炭・石油・ウランなどで栄えた「火の文明」と定義し、人類の生き残りと共生のために新たな「緑の文明」の創造を訴え続けている。有為の同志を募り月一度、「船瀬塾」主宰。未来創世の端緒として、「新医学宣言」を提唱、多くの人々の参加を呼び掛けている。

神津 健一 (こうづ けんいち)：医療法人社団一友会 ナチュラルクリニック代々木会長 医学博士

1940年長野県生まれ。医学博士。早稲田大学を経て米国APIU大学院博士課程修了。〈NPO法人〉予防医学・代替医療振興協会理事長。日本医学交流協会理事。〈一般社団法人〉認知症予防改善医療団理事長。テレビ、ラジオ、新聞、雑誌など出演多数。1960年代、当時医薬品であった顆粒(かりゅう)レシチンが欧米ではサプリメントとしても販売が認められていることを知り、1975年に日本の厚生労働省にサプリメントとして販売許可を申請し、認可を取得。1982年に日本で初めてのレシチンに関する著書を毎日新聞より出版。1998年に低分子の改造型「K・リゾレシチン」(グミタイプと生ゼリータイプ)を開発。米国のMITおよび日本の幾つかの大学に於いて、その有効性を立証し今日に至る。著書『驚異の頭脳食品"レシチン"』『心の病を癒す脳内食品』『医者が心の病に無力なワケ』『食べるだけでIQ・EQが高まる』『九〇歳まで現役』『中高年夫婦の不道徳健康読本』『4Q学入門』『脳内汚染・心の病を治す栄養療法』他多数。

舩井 勝仁 (ふない かつひと)：本誌主幹

1964年、大阪府生まれ。1988年、㈱船井総合研究所入社。1998年、同社常務取締役。2008年、㈱船井本社の社長に就任、「ミロクの世」を創る勉強会「にんげんクラブ」を中心に活動を続ける。2014年1月19日、父、船井幸雄が永眠。父の志を継いで本誌の主幹となる。著書多数。

「低分子のリン脂質、糖鎖、腸内細菌、この三つのコントロールがうまくいった場合、ほとんどの病気が改善されると考えています」（神津）

船井：前号では、私たち日本人は、アメリカから押し付けられた戦後の食生活の急激な変化の影響で、体が蝕《むしば》まれているという話になりました。

船瀬：食生活が急激に変わったことで、私たちの体の細胞は病んでしまっています。細胞の表面にはアンテナの役割をする「糖鎖《とうさ》」が10～20万本もあって、生体にとっての善悪など、さまざまな情報をキャッチして細胞内部に伝えています。糖鎖は異物や細菌、ウィルスなどの識別と排除、ホルモン代謝、免疫反応など、生命現象の鍵というべき重要な働きを担っていますが、細胞が病むとその大切な糖鎖が折れたり切れたり、なくなったりします。すると細胞は正しい情報が得られず狂ってしまうのです。

神津：現代人は、すでに40％もの糖鎖を失っていると言われていますね。アンテナの役割をする糖鎖が少ないとどうなるかと言いますと、あらゆる病気にかかりやすくなります。

例えば、がん細胞が悪さをしてきても、アンテナの受信能力が乏しいと察知できません。私たちの体では、毎日5000個くらいのがん細胞が生まれては消えています。がん細胞を消してくれているのは、免疫細胞のNK（ナチュラルキラー）細胞です。「なんとかしてくれ」という指令を免疫細胞やNK細胞に出せないから、ディフェンスのないままに、がん細胞が育ってしまいます。

船井：今、糖鎖とレシチン（リン脂質）が、体内で少なくなっているのですよね。

神津：そうです。レシチンというのは、細胞内部を守る細胞膜の成分です。細胞膜の内側に細胞核があり、外側に糖鎖があるわけです（図A）。だから内側と外側の両方がセットで正しく機能していなければなりません。ところが今はレシチンも糖鎖も両方とも減ってしまっていますので、細胞一つひとつのかみ合わせやバランスが崩れていて、体の均衡が取れなくなってきているのです。

今、世の中にはいろいろな健康食品が出ており、あれが良い、これが良いといっていますが、レシチンは生命の基礎物質であり、体の構成成分です。ほかの栄養素とは異なり、すべての栄養素の受け皿となっていますので、レシチンが不足している場合はどれだけ栄養を補給しても、ほぼ意味をなさない可能性があります。糖鎖の善悪の指令もうまくいっているか分からない状況ですから。

逆に、まずベースを整えて、アンテナを機能させるようになれば、ほかに補った栄養素も本来の効き目が発揮されていきます。だからまずレシチンをとり入れて細胞膜を修復し、同時に有害なものはデトックスして、必要な栄養をとり込んでバランスを取ることが大切です。こうした背景がありますので、抗がん食品のトップが、レシチンが多く含まれる大豆になったのでしょう。

そして、レシチンと糖鎖は、水戸黄門の助さん格さんのような、夫と内助の功で夫を支える妻のような関係です。レシチンも糖鎖もどちらもセットで必要なのです。

舩井：乱れた食生活や環境、ストレス過多な社会で生きて、細胞までボロボロになってきている私たちにとっては、細胞を守る膜の成

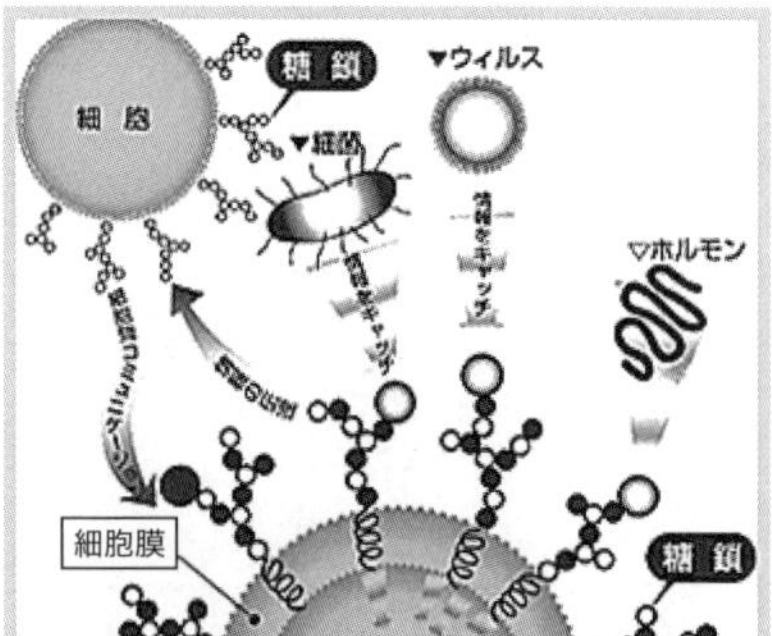

（図A）糖鎖、細胞膜の構造

分であるレシチンを補うことが大切だということですね。そしてアンテナが機能すれば免疫機能が通常の働きをするわけだから、糖鎖というアンテナをしっかりと働かせていくことによって、さまざまな病気にかかりにくくなるのでしょうね。

船瀬：正しい情報が送られず、細胞自体がズタボロになっていますからね。

神津：結局のところ、健康を保つためには、恒常性《ホメオスタシス》を維持する免疫と内分泌と自律神経系、この三つがうまくコントロールされてバランスがいいということだけなんですよ。それをコントロールするのは何かというと、低分子のリン脂質、糖鎖、腸内細菌の三つのコントロールです。それがうまくいった場合は、ほとんどの病気が改善されると考えています。

でも、現代人の体はバランスが崩れているために、今、生まれる子どもたちに先天性の障害が増えています。遺伝性ではなくて、食品添加物や残留農薬などに汚染されて先天性のものになっているんです。

船瀬：発達障害も増えていますよね。胎児のときに環境ホルモンや重金属などで影響が出てしまうんですよ。精子の異常も増えていますしね。それは食生活が影響しているし、糖鎖が機能していないからですね。糖鎖が卵子にきっちりとあった場合、不完全な精子はちゃんと拒否をしますから。

神津：最近、不妊や先天的な障害が多くなるのは、これらが理由です。中国では年間２５０万人、アメリカが50万人、日本では20万人が先天的な障害、あるいは精神的疾患を持って生まれてくると言われています。だから、生まれた後にうつ病や自閉症や発達障害になってしまうのです。でもその症状を薬で治そうとしているので、分かっていないですね。

薬では99パーセント治らないです。１パーセントが治るというのは、例えばうつになったときに、薬を少し与えて1週間でやめた場合などは治ります。ですが（薬を）続けてしまうんですよ。医者も、「続けなさい、ちゃんと飲んでいますか」という具合になり、もう引けなくなってしまいます。

船瀬：彼らはテスト秀才、記憶ロボットです。現代医学の悲劇は、医者たちが近代医学の祖、ルドルフ・ウィルヒョウ（※1）の誤った理論をいまだに盲信していることです。

ウィルヒョウ！　こいつも生きていたら「このやろー」って引っぱたいてやりたいね！

ウィルヒョウがつくった近代医学と、フォイトの栄養学がつくった現代医学がめちゃくちゃで、医者も含めて私たちは間違った理論が正しいと洗脳されていたんですよ。

ルドルフ・ウィルヒョウは、約200年前に「人間の体はしょせんは精巧な物体、機械に過ぎないんだ。自然に治るような、自然治癒力は存在しない。だから、病気や怪我を治すのはわれわれ医者であり、医薬、医学であり、医術だ」と言ったんです。

それを良しとしたのが、石油王・ロックフェラーです。だって国際製薬利権のトップはロックフェラーですよ。薬を通して石油が売れる。1万トン単位で掘っている石油が、1ミリグラム単位の医薬品で売れるんです。そこから、薬物療法中心の時代になりました。

調べてみると、約2世紀にわたってアメリカの医師会は完全にロックフェラーが押さえています。医学教育、医学行政、医療産業、国際的な医療ネットワーク、アカデミズムなど、すべてをロックフェラーが押さえています。それなのに自分の一族は薬を決して飲まない。本当に悪魔です。

私は『ロックフェラーに学ぶ悪の不老長寿』（ビジネス社）という本を出していますが、ロックフェラー家のトップだったデイヴィッド・ロックフェ

※1 ルドルフ・ウィルヒョウ（1821～1902）：ドイツの病理学者、政治家

ラーは2017年3月の101歳まで生きていましたが、デイヴィッドは薬を飲まない、医者は近づけさせないということで有名でした。

船井：このような状況を鑑《かんが》みて、神津先生のナチュラルクリニック代々木では薬は出さないのですか？

神津：まったく出しません。薬を出したら、治らないです。だから確実に皆さん良くなっていきます。

船瀬：要するに「食を薬とせよ」ということですね。

神津：そうです。それこそまさに「医食同源」です。

「そもそも病気の原因は体毒《たいどく》です」（船瀬）

神津：私は漢方薬も認めていないです。

船瀬：そうなんですか？　私は薬でも、漢方系は良いと思っています。つまりは「生薬」ですね。自然な天然のものから薬効成分をとるというのは良くて、薬草茶も勧めています。

神津：2017年9月14日に発売された『週刊新潮』で、漢方製剤メーカーのツムラが叩かれていましたよね。本来、漢方薬は一人ひとりの患者に対して生薬をさじ加減してオーダーメイドで作るべきなのに、自社が普及させたエキス製剤に健康保険が適用されるように働きかけ、副作用が出て甚大な健康被害が起きたという声が寄せられている、とありました。漢方といえどもしょせん薬で、危ないんですよ。葛根湯《かっこんとう》だって、「風邪に良い」なんて言っていますが、副作用がたくさん出ています。ですから私は漢方薬も認めていません。あの中国でさえ、最近は漢方薬からサプリメントに切り替えているくらいですから。

船瀬：そういう意味ですね。確かに、まず錠剤になっていては駄目ですね。生薬でなきゃ。そして漢方医は顔を見て、例えば陽性体質、陰性体質、痩《や》せ型、肥満型、腸が弱いタイプなどを判断して、その人に合ったものを選ぶものです。これが、いわゆる漢方でいう「証《しょう》」です。でもツムラみたいに全部混ぜて加工して錠剤にしているようなものは、確かに違いますし、駄目ですね。

神津：そういうところが多くあるんですよね。だから応急処置として使う場合はやむを得ませんが、それ以外は、薬は認めていません。西洋医学は特に。意味がないし、苦しみが多いと思っています。

船瀬：まったく同意しますね。

そもそも病気の原因は何かと言ったら、ヒポクラテスや東洋医学でも言っているけれど、「体毒《たいどく》」なんですよ。西洋医学は「病気の原因は永遠に謎だ」と言い続けているけれど、東洋医学のトータルな結論は体毒だと言っています。森下敬一先生（※2）たちは、「血液の汚れという毒が体にたまって病気になる」と言っていました。なぜ毒がたまるかといったら、私は口から入る毒と心の毒があると考えています。

口から入る毒は、食べ間違いと食べ過ぎです。私の哲学の原点はヨガで、25歳のときから沖正弘先生（※3）の道場で指導を受けているけれど、沖先生は黒板に「イン・アウト」と書いて、「これが命だ。命は流れだ。入れたら出せ。出したら入れろ」と言っていました。新陳代謝能力を超えて食べ過ぎたり、変なものを食べたりすると出し切れない。それを老廃物として全身の細胞にためこんでしまうから体中が汚れて、汚れた細胞が生命力を奪うのです。結局のところ食べ過ぎです。

だからファスティング（断食）をして、口か

※2 **森下敬一**（1928〜）：医学博士。お茶の水クリニック院長。1950年東京医科大学卒業後、血液生理学専攻。新しい血液生理学を土台にした自然医学を提唱している。

※3 **沖正弘**（1921〜1985）：思想家、ヨガ健康法指導家。戦後日本におけるヨガの草分け的指導者。

らいったんモノを入れるのをストップすれば、自然にアウトしていって、自己浄化、セルフクリーニングが行われると思っています。

「薬を出さない医者が名医。」（神津）

船井：もう一つは心の毒、いわゆるストレスですね。

船瀬：苦悩、ストレス、アドレナリン。非常に有害なホルモンが出てくるからムカムカとするわけです。だからそのような体毒をとにかく分解するか出すかをしなければいけません。デトックスが大事です。ところが現代医学は、病気は薬で治すものだとかんちがいしている。

つまり、「体毒」プラス「薬毒」。毒をまた足すんですよ。毒プラス毒で、毒が2倍になる!!

そんなことで病気が治るわけがない。ひどくなるのは当たり前で、子どもでも分かります。

神津：70歳過ぎて薬を飲んでいる人は、病気の事情、内容に関係なく、薬をやめた方がいい。薬をやめた人の場合、ほとんど良くなっています。劇的に。やめたらいいだけで、とても単純なことなんです。

船瀬：老人の死亡原因の半分以上は、実は薬毒ですね。だから、薬をやめると病気は治る！　皮肉というか、まさに、現代の悲劇であり、喜劇ですよ。

神津：その通りです。薬を処方しない医者はやぶ医者だと思われているけれど、それは逆です。薬を出さない医者が、私は名医だと言っています。あるいは、「病名が分からない」と言ったら、すごい先生だなと思いますよ。

船井：ただ、経済的には薬を出さなかったら病院は儲《もう》からずやっていけない。そう考えると、どんどん異常な医療になってきていることがよく分かります。

船瀬：クレイジーですよ。私は医療告発を山ほどやっているけれど、点滴一つとったっておかしいです。注射を10本打たれたらみんな嫌がるけれど、点滴は1本で東名高速みたいに大量の薬剤をどんどん入れられるし、おとなしくしてくれるから、やっている。「点滴」を医学辞典でひいてみてください。「経口で水分を補給できない患者に対して行う緊急的措置」と書いています。

ところが病院に行ってみてください。みんな点滴をガラガラと引きずりながらトイレへ行ったり、自販機で缶コーヒーを買って飲んだりしている。どういう状況ですか、これは!?　患者も医者もアタマが麻痺《まひ》してしまっていて、それが当たり前になってしまっているんですよ。みんな目覚めなきゃ駄目だよ。

病院給食もめちゃくちゃ。牛乳を飲ませますしね。もっと病院に長く入院していろ、ということだよ、あれは。卵や牛乳があると栄養バランスが良いからと言うけれど、そもそも、その栄養学が間違っているから、バランス崩れまくりだよ！

もう、私は怒り疲れました（笑）。

船井：日本の医療を信じて行動すると早死にしてしまうし、もし長生きしても健康寿命を保つのはとても厳しいということですね。

船瀬：だから私は、「病院と暴力団事務所の100メートル以内に近づくな」と言っているんです（笑）。「病院に行くなら温泉に行け！」とも言っています。

神津：私も賛成ですね。講演会では「病院や医者を信じるな。あなた自身を信じなさい。そのために勉強しなさい」とよく言います。何かあったらすぐに医者に行くというのは、とても危険です。

船瀬：洗脳されているんですよ。だから「金は医者に払うな、芸者に払え！」ですよ。

船井：なるほど（笑）。

船瀬：現代医療は悪魔に魅入られています。ロバート・メンデルソン（※4）は「現代医学で評価できるのは救急救命医療のみであり、それは1割である。現代医学の残り9割は慢性病に対してはまったく無力である。だから、私はここで断言する。現代医学の神は死神であり、現代医学の病院は死の教会だ」と、ここまで明確に言っています。現代の病院は治すためではなく殺すためにあるということですよ。

神津：早い話が、北海道の夕張市が破産したけれど、破産したらほとんどの人が健康的になったという話がありますよ。病院がなくなってしまったら途端に死亡率が下がったって。

船瀬：そうですよ。1970年代にイスラエル全土で病院が1カ月間ストライキしたら、死亡率が半減したんですよ。そして病院の給料をベースアップして病院が再開したら、また（死亡率が）元に戻りました。

病院に行っても、ロクなことがないということを、まず知ってほしいことです。ロバート・メンデルソンが書籍で書いていましたけれど、要するに現代医療の9割が地球上から消え失せたら人類は間違いなく健康になれる。そして長寿で楽しく生きることができる。すると1000兆円と言われる世界の医療費の900兆円はいらなくなる。

日本でも50兆円といわれる医療費の45兆円がないほうが、日本人は健康になるのです。だから病院に行く患者がいなくなればいいんですよ。そして、食に関して言いたいことは、洋から「和」ですよ。「カタカナ食からひらがな食に変えなさい」そういうことです。

船井：そうはいっても、一般の人は食生活もすぐ

※4　**ロバート・メンデルソン**（1926〜1988）：アメリカの医師。専門は小児科、予防医学、地域保健学。啓蒙（けいもう）活動にも尽力し「民衆のための医師」と呼ばれ敬愛された。

には変えられないだろうし、経皮毒《けいひどく》と言われているシャンプーなどの化学物質も取り続けてしまうでしょうね。

船瀬：そういうときは小食するなり断食するなりして、時々デトックスしたほうがいいですね。

船井：病院へ行き、薬を飲んでしまうでしょうし。

船瀬：それは論外ですよ。私がなぜ67歳になってもこれほど元気かというと、基本は「検査を受けない、薬を飲まない、病院に行かない、医者を見たら張り倒す」っていう、この4拍子です。最後のは冗談ですけどね(笑)。

船井：船瀬先生はお風呂に入られないそうですね。

船瀬：いやいや、お風呂には入りますよ。ただ、40年間体を洗った記憶がないし、頭は年に4回しか洗いません。シャンプーなんて毒のエキスだと思っているから、シャボン玉石鹸でくるくると髪を洗って、私は終わりです。皆さん驚かれるけれど、見てみてくださいよ。白髪なんてないし、髪もふさふさでしょ？　ヘアケアなんてしないし、使うとすれば大島椿油《つばきあぶら》オンリーです。シンプルでしょ？　シンプル・アンド・ナチュラルが私のキーワードです。

船井：最後にまとめると、最近、「欧米の医学はおかしい」と欧米人たちも気付き始め、代替医療にシフトし始めました。ところが日本だけは、いまだにウィルヒョウとフォイトの現代医療と栄養学を追いかけている。完全に遅れていますね。

神津：厚生労働省が薬を後押ししていますからね。利権の巣窟《そうくつ》なんですよ。

船瀬：アメリカから食の欧米化を押し込まれたのは１９５５年くらいからで、そこから学校給食も変わって、コッペパンに牛乳に、トランス脂肪酸のマーガリンを乗せて、とんでもないものをみんな食べさせられていました。その影響で、私たちの体はボロボロになっています。でも、私は子どもたちを救わなければいけないと考えています。生物兵器のワクチンもどんどん打たれていますしね。

だからどうしたらいいか？

それは、自分で自分を守ることです。私は消費者運動をやってきたから分かるけれど、消費者は最大の武器を持っています。それはボイコットです。「買わない」という最大の権利を私たちは持っています。消費者が「病院に行かない」という選択をすれば、一瞬にして医療が崩壊する。だから消費者は自らが持っている最大の権力、買わない、行かないというボイコットの権利を行使したらいいのです。

船井：やはり自分の身を守るのは自分。当たり前だと思っていることに疑いを持って、あらゆる情報を得て、勉強することが大切ですね。

船瀬：だから講演会でいつも私は「月刊『ザ・フナイ』を読みなさい」と言っていますよ。タブーのない、日本で唯一の雑誌ですからね。

船井：船瀬先生の本や『ザ・フナイ』を、神津先生のつくられたＫ・リゾレシチンや大豆食品をとりながら、読むと良いでしょうね（笑）。過敏に神経質になる必要はありませんが、世界の動きにアンテナを張り、自分の身の回りにあるものを見直すヒントにしていただけたらと思います。

連載
第124回

誰も書かない世の中の裏側〈118〉
トランプのエルサレム首都承認問題から世界史が分かる（続編）

評論家・副島国家戦略研究所〈SNSI《エスエヌエスアイ》〉主宰
副島《そえじま》 隆彦《たかひこ》

副島 隆彦（そえじま たかひこ）
1953(昭和28)年5月、福岡市生まれ。早稲田大学法学部卒業。銀行員、代々木ゼミナール講師、常葉学園大学教授を歴任。政治思想、経済分析、社会時事評論などの分野で評論家として活動。日米の政財界、シンクタンクなどに独自の情報源を持つ副島国家戦略研究所（SNSI）主宰。主著『世界覇権国アメリカを動かす政治家と知識人たち』（講談社・1999年）『世界権力者人物図鑑―世界と日本を動かす本当の支配者たち』（日本文芸社）をはじめ著書多数。
【副島隆彦の学問道場　http://snsi.jp/】

バビロン捕囚

前月号（前編）で説明したとおり、イスラエル（＝ユダヤ民族）が最も栄えたのは、ダビデ王の世（BC1000～961年）だ。それはちょうどBC1000年代の39年間である（※1）。

西暦でBC1000年は覚えやすいので覚えましょう。そして、それよりたった250年前の、BC1250年が、「出《しゅつ》エジプト」した、モーセだ。この2つの年号を覚えれば、あなたも世界史が分かる。大きく分かってくる。

あとはBC333年の、アレキサンダー大王の「イッソスの戦い」だろう。この数字も333で覚えやすい。

ダビデ王の、その次のソロモン王も

※1 **イスラエル（ユダヤ）繁栄の時代**：モーセの時代（BC1250年～）から約200年後、BC10世紀頃に3代にわたって栄えた。
①サウル王の時代（BC1079年生～1012年没）。イスラエル王国の最初の王とされる。
②ダビデ王の時代（王位BC1000年～ＢＣ961年）。
③ソロモン王の時代（王位BC971年～BC931年）。

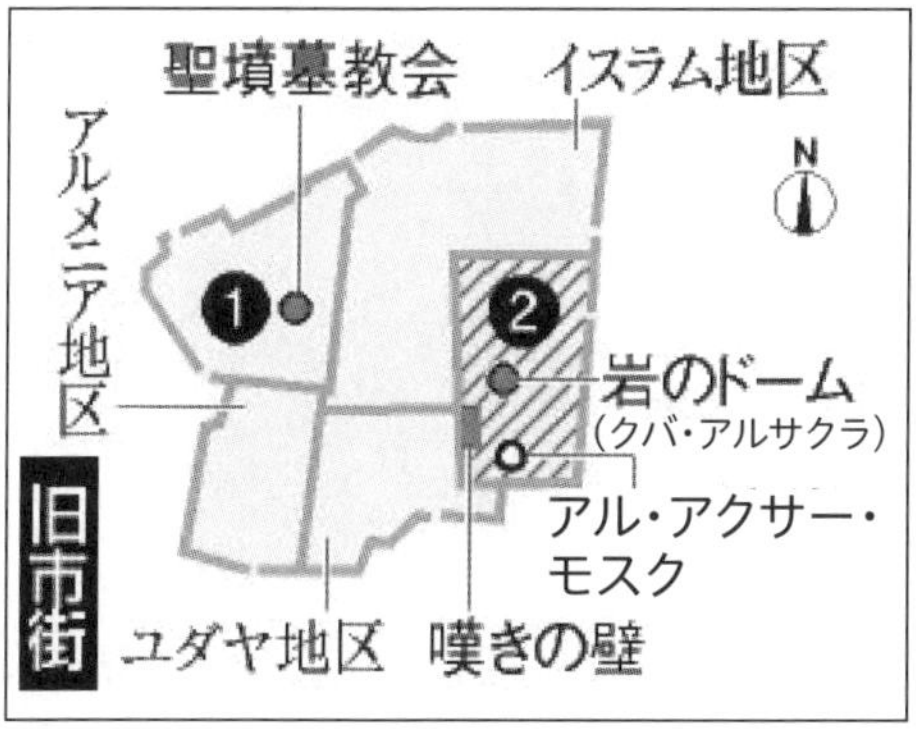

聖地エルサレムの東側には高い処《ところ》があって（MAP②のエリア）、そこを「神殿の丘」、アラビア語では、アルハラム・アルシャリーフ（ al-Haram al-Sharif ）という。この中央にユダヤ教の最も神聖な至聖所（しせいじょ。Synagogue《シナゴーグ》 英語ではシナガグ）という。ここが今は岩のドーム（クバ・アルサクラ　Qubba al-sakhra ）というイスラム教のモスクになっている。もともとユダヤ教の最も聖なる礼拝所だ。ここに至聖所ができたのは、BC1200年ぐらいだ。

【神殿の丘】
縦300メートル、横100メートルぐらいの長方形をしている。周りは高さ30メートルぐらい城壁で囲まれている。ここが神殿であり、古代からユダヤ人の王宮でもある。今はイスラム教の寺院《モスク》が2つ建っている。

【岩のドーム】
中央の金ピカの「岩のドーム（ Dome of the Rock ）」は、AD690年に預言者ムハンマドの娘婿アリーの後継者によって造られたらしい。壁には青いタイルが張られ、丸屋根《ドーム》は、黄金できらきら輝いている。この岩のドームから、預言者（イスラム教の創業者）ムハンマドが昇天（ ascension《アセンション》 ）した、とされる。

【アル・アクサー・モスク】
「岩のドーム」の南側に、アル・アクサー・モスクがある。「岩のドーム」が造られた20年後ぐらい（710年）に造られた。昔は、ソロモン王の神殿だった。

偉大で立派な王だった。そのソロモン王の死（ＢＣ９３１年）の後、衰退が始まった。イスラエルは、北のイスラエル国と、南のユダ（ヤ）国に分裂した。

このユダ（ヤ）国がエルサレムとその周りだ。ユダヤ族とベニヤミン族から成る。北のイスラエル国が、ＢＣ７２１年に滅んだ。西の方の大国、アッシリア帝国のサルゴン2世によって滅された。そこにいた、「ユダヤ民族12部族《トライブ》のうちの10部族」は、その後どうなったか分からない。消えてしまった。そのひとつが日本にまで来たという説がある。

南のユダ（ヤ）国もまた、１４０年後のＢＣ５８７年、新バビロニア帝国のネブカドネザル2世王によって、攻められて滅んだ。イスラエル（ユダヤ人の王国）は、こうして帝国（大国）に併合された。首都エルサレムとその周辺も併呑《へいどん》された（※2）。だが、民衆はそのまま生き残って生き続けたのだ。このとき、民族の神を祭った、例の神殿は徹底的に壊された。そして、王族と官僚、技術者たちは、バビロン捕囚《ほしゅう》（ＢＣ５８７年）の目に遭った。ユダヤ人の王家（当時は宗教指導者のラビ《Ｒａｂｂｉ》たちとその家族）は、帝都バビロン（図2）に捕虜として連れて行かれた。部族長たちも2万人ぐらいが強制移住させられたようだ。バビロンの都というのは、今のイラクの首都バグダッドの南１００キロぐらいの所にある。チグリス川とユーフラテス川が接近し合った所だ。その遺跡は発掘されている。

人類の歴史（＝世界史）は５０００年である。この５０００年のうち、前の方の３０００年間は、バビロニア（メソポタミア）が中心である。その真《しん》の中心はバグダッド（＝バビロン）すなわちメソポタミア文明なのである。「エデンの園（ガーデン）」も「バベルの塔」も、世界の中心の都市（バビロン）の近くだ。郊外だ。今ではその場所もはっきりしていて、遺跡が発掘されている。

ＢＣ27年のアウグストゥス（オクタビアヌス）の帝政（初代ローマ皇帝になった）の始まりから後が

※**2 併呑**：他国を自分の勢力下に取り込むこと。

西洋白人中心の文明だ。それが今の２０１８年まで続いている。このように、５０００年を３０００年（前）と２０００年（後）に大きく切り分けて考えるようにしましょう。

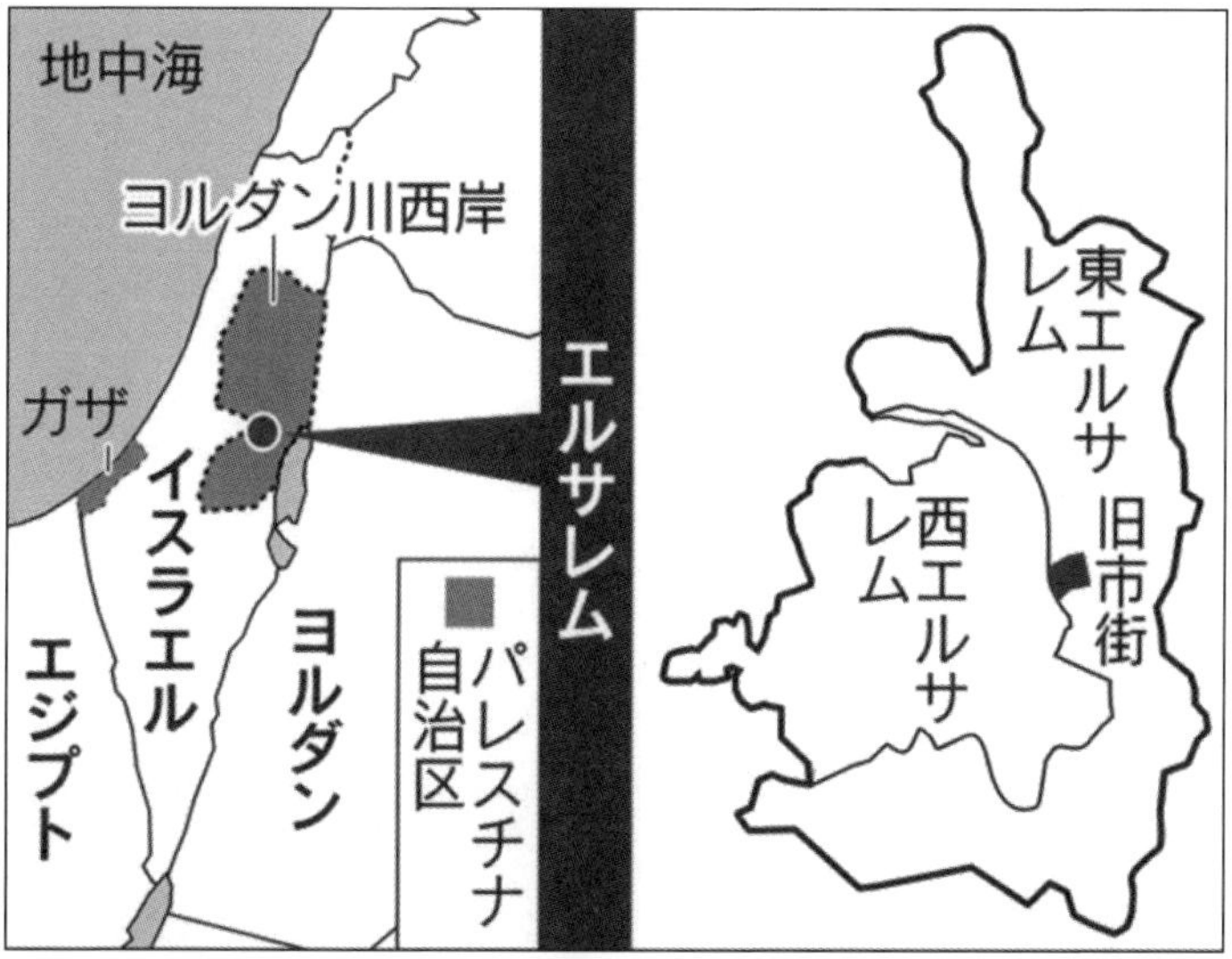

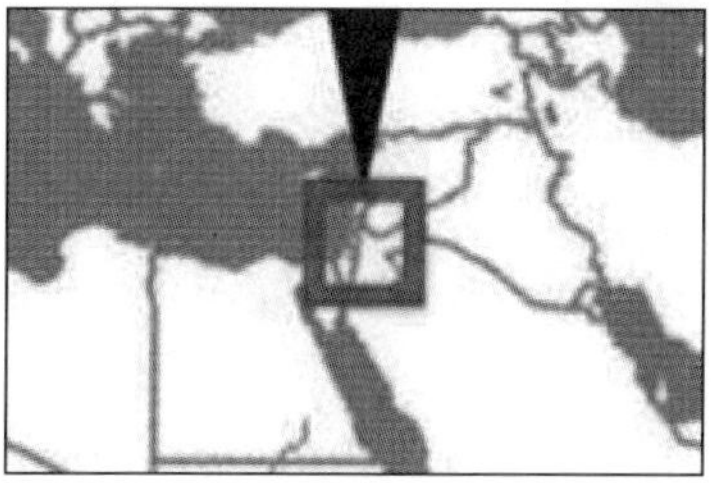

1967年の第3次中東戦争以降、イスラエル国は、ユダヤ教、イスラム教、キリスト教の聖地がある東エルサレムを占領して、西側と併せたエルサレムを「不可分の首都」と位置づけてきた。東エルサレムにはイスラエルの占領に反発するパレスチナ人が多く住む。

（図1）

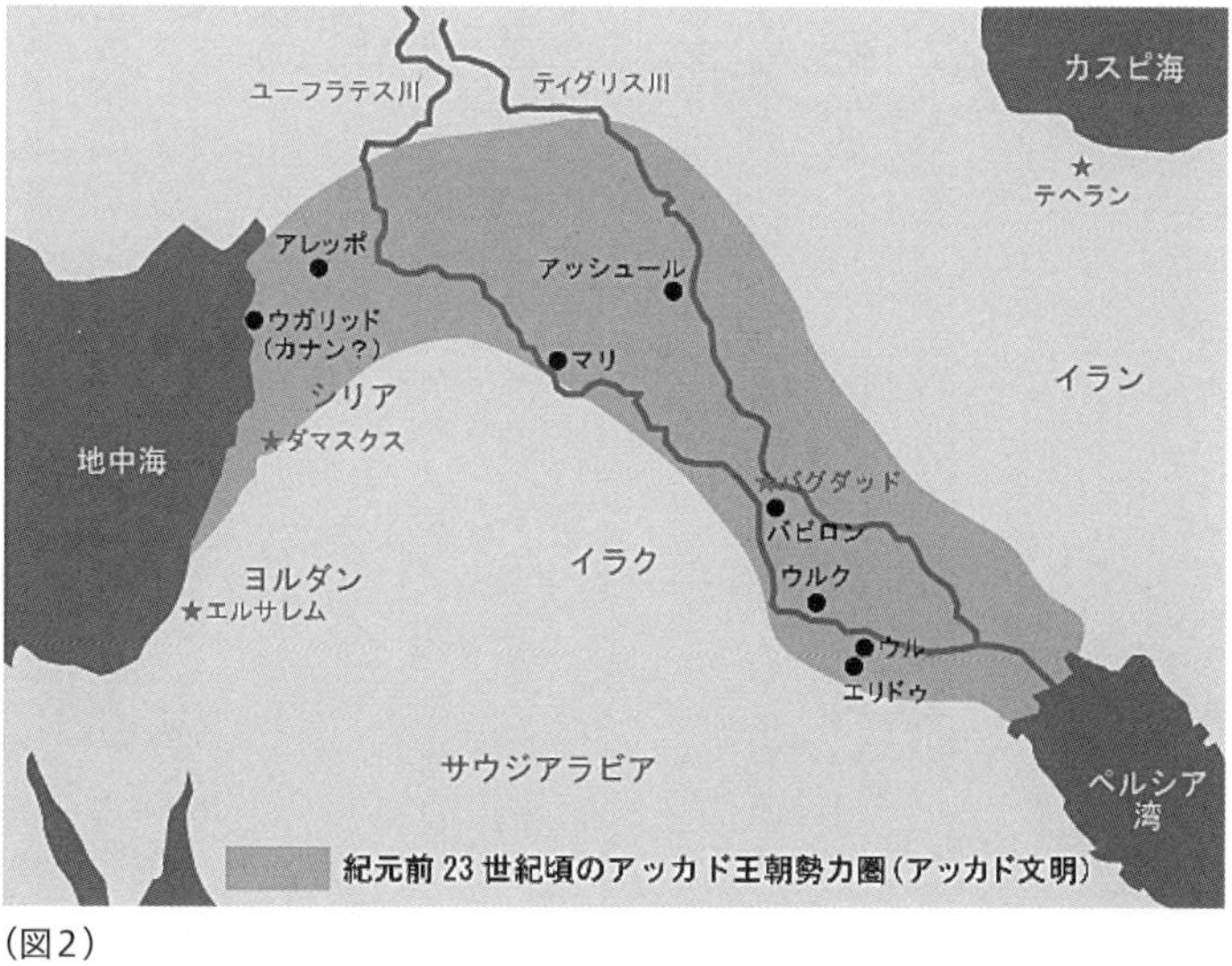

（図2）

この後《あと》、ユダヤ人は、捕われて行った先の強国の国王や皇帝たちに、べったりとくっつく特異な習性を身につけた。アッシリアや新バビロニア帝国や、その後のペルシア帝国（アケメネス朝）の、高官や財務大臣、銀行家、両替商になって、うまく帝国の上層部に入り込んでいく。ここからユダヤ人の優れた頭脳、ずば抜けた能力が開発され、国家経営の財政家、金融業者（宮廷ユダヤ人）の伝統になった。このBC587年からユダヤ思想が成長したと考えるべきであろう。その思想が生まれた根本は、前号で書いたとおりBC1250年のモーセである。

ペルシア支配の時代

この「バビロン捕囚 Babylonian《バビロニアン》 Captivity《キャプティヴィティ》」から、ちょうど50年後に、「もう帰っていいぞ」と、言われてユダヤ人はぞろぞろとバビロンからエルサレムに戻った。

イスラエルを攻め取ったはずの新バビロニア帝国は、自分が世界帝国だと思っていたのに、突如、東の大高原からドドドっと馬の大軍（おそらく50万頭ぐらい）に攻め込まれて、あっけなく滅んでしまった。帝都バビロンは陥落した（BC537年）。

滅ぼしたのは、ペルシア（アケメネス朝。キュロス2世）の遊牧民（nomad《ノウマド》）の帝国だ。大草原地帯にいて、強大になったペルシア人（今のイラン人）が東の方から攻め込んできて、新バビロニア帝国を打ち負かしたのだ。ペルシアとは、今のイラン高原のことだ。今のイランという国そのものだ。首都はペルセポリスで、やがて大王のダリウス1世が出てくる。

大軍の騎馬軍が西の方にドドドッと攻め下って、世界の中心であるバビロン（バグダッド）を攻め取った。この、「遊牧民による、もの凄《すご》い勢いの攻め下《くだ》り」を理解すると、世界史（＝人類史）が一番大きいところで分かる。ヨーロッパ（ゲルマン民族の大移動）も中央アジアと北インドも、中国の歴史も、モンゴル族の攻め下りも、すべて、大きくは同じことだと分かるのである。人類史を、この「馬の大軍によるドドド」で理解すると、大きくピンとくる。

こうして、都バビロンに強制移住させられていたユダヤ人は、ペルシアの皇帝から、「もうお前たちは自分の国（イスラエル）に帰っていいぞ」となった。そして、エルサレムに戻ったユダヤ人たちは、預言者ダニエルやエゼキエルたちを中心にして、「よかった、よかった」と、再び至聖所《しせいじょ》（シナゴーグ＝礼拝所）とソロモン神殿を再建した。

ギリシア支配の時代

強大になったペルシア帝国は、この後、ＢＣ４９０年（マラソンの戦い）とＢＣ４８０年（テルモピレイの戦い）の２回、にギリシアに攻め込んだ。これを「ペルシア戦争」と言う。しかし本当は、「ペルシア・ギリシア戦争」と呼ぶべきだ。なぜなら、例えば日露戦争（１９０４～５年）は、英語ではRusso《ルソ》 - Japanese War《ウォー》 であって、大国ロシアの方が前に来る。

ギリシア同盟はかろうじて負けなかった。ペルシアはＢＣ４７９年にも再度攻めて来たが、それでもギリシア人たちは負けなかった。この「ペルシア戦争」で、ギリシアが負けなかったものだから、この時から今の欧米白人たちは、自分たちの「ヨーロッパ中心の世界史」をつくったのである。

自分たち西欧白人さまが、東洋（アジア）の専制独裁政治に負けなかったという神話（myth《ミス》）をつくって現在につながっている。人類史（＝世界史）の５０００年史の中心は、バビロン（バグダッド）である。ギリシア・ローマではない。ここを中心に考え直す（つくり直す、元に戻す）と、本当の世界史（人類史）が見えてくる。

ペルシア・ギリシア戦争の後、ギリシア人は内紛を始める。どうもこのとき、勝ったはずのペルシア帝国に服従していたようなのだ。その証拠の文献がたくさんある。そしてBC450年頃に、アテネに〝賢帝〟ペリクレスが現れた。それより26歳下のソクラテスが現れる。その弟子がプラトンで、さらにその弟子がアリストテレスであり、この人はアレキサンダー大王の先生である。

ペルシア・ギリシア戦争から約150年後の、BC333年に、ギリシアの大逆襲が起きた。すなわち22歳のアレキサンダー大王が、ペルシアに攻め込んで大勝（「イッソスの戦い」）した。歴史には、あっと驚く逆転劇がある。

この後ちょうど10年間、アレキサンダーは「大遠征」といって、ウロウロ、グルグル、ずっとペルシア帝国の版図《はんと》（国の領域。領土）を進軍して死んだ（32歳）。自分の幕僚たちに「もう故郷《くに》に帰りたい」と暗殺されたらしい。神がかりの、本当の英雄だった。

ペルシア帝国の次にイスラエル（パレスチナ）を支配者したのは、だから、このギリシアだった。このギリシア人のイスラエル支配が160年間続いている。その後がローマ人だ。実に目まぐるしい。

ローマ支配の時代

地中海世界で次第に強大になったローマ帝国がギリシアを攻めて、その中心都市であるアテネを陥落させた（BC168年）。ローマ軍は、憎きカルタゴだけでなく、その本国のフェニキアだけでなく、なんとその同盟国のギリシア本国までをも攻撃して、ギリシアを制圧した（図3）。それまでのギリシアの地中海覇権《はけん》は、新興国のローマによって奪い取られたのだ。

このローマ軍によるアテネの陥落、そしてあの有名な観光地のパルテノン神殿の破壊（BC168年）の史実は、なぜか「世界史年表」（岩波書店刊）にも載っていない。欧米の歴史年表にもなぜか載せ

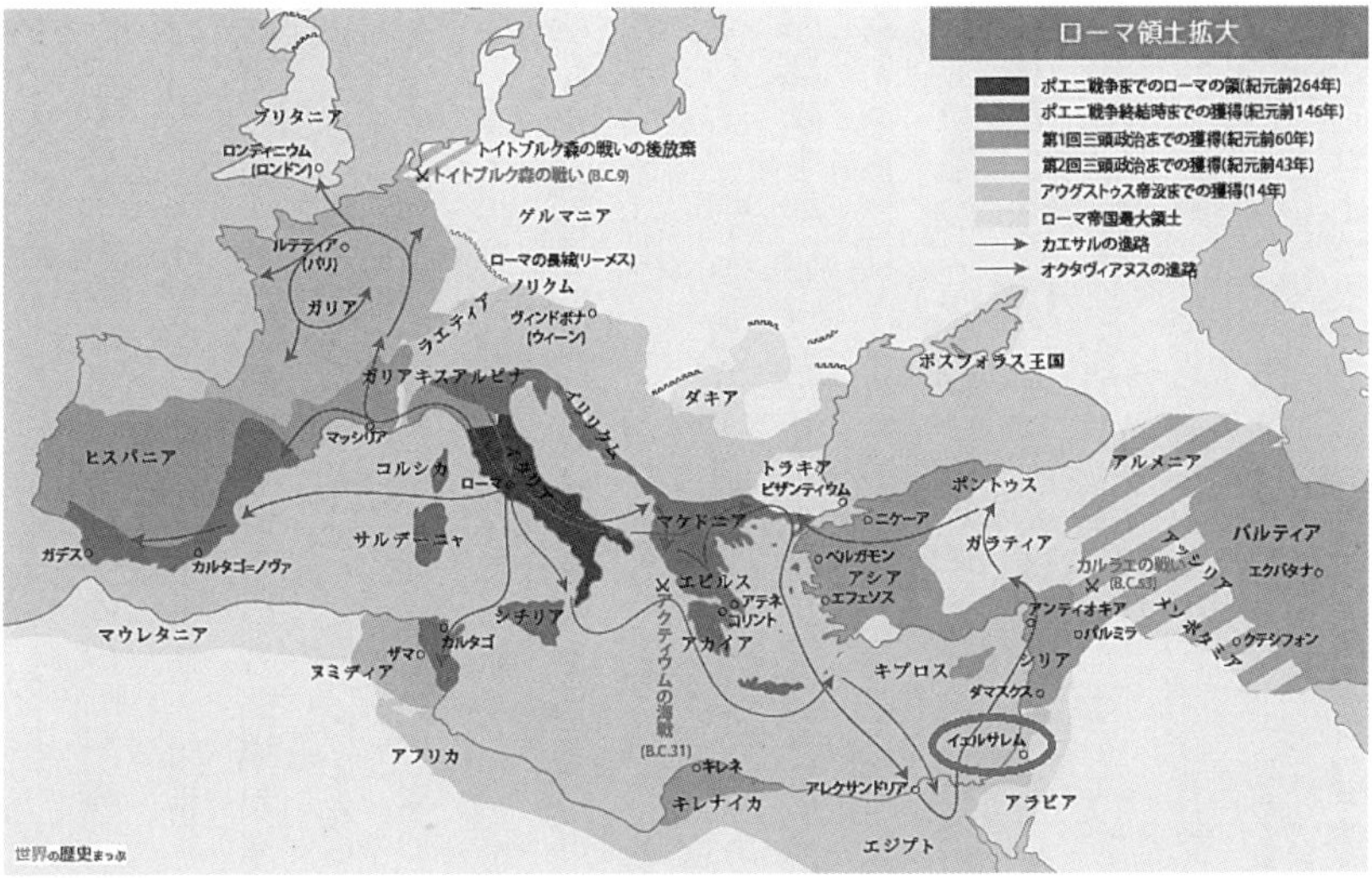

（図3）

ようとしない。私はこの奇妙な事実に気づいて、かなり前から気にしていた。

欧米白人（ヨーロッパと北アメリカ）にとっては、〝民主政治《デモクラシー》の元祖〟で、立派な先輩であるギリシアを攻めて、焼き打ちしたのは、〝後輩〟のローマ帝国なのだという事実を、あまり公表したくないらしいのだ。何しろ、「ギリシア・ローマ文明」の正統な後継者（嫡《ちゃく》子《し》）であると自任しているのが、今の「ヨーロッパ・アメリカ文明」である。だから、「ギリシアを滅ぼしたのはローマだ」と、大きな声で言いたくないのだ。

この後、ローマの貴族たちは、ギリシア貴族を大勢ローマに連行した。そして自分の子供たちの家庭教師にしてギリシア語とギリシア芸術を習わせた。ローマ人のギリシア人への劣等感と憧《あこが》れはすごいものだった。

当時、ギリシアはフェニキア（今のレバノン国）と同盟を結んでいて、仲良く地中海全体に植民地《コロニー》を各々つくっていた。ギリシア式の円形劇場を造った。それを全部まるごとローマ帝国が奪い取ったのだ。地中海旅行をしたことのある人は皆、この事実に出くわす。ただの物見遊山《ものみゆさん》の外国観光旅行で、景色と食べ物と高級ホテルにしか関心のない人々は、もう少しは世界史を勉強しないといけない。

日本人の歴史好きは、ポエニ戦争（Phoenician《フェニシアン》・War《ウォー》　3回あった）をよく知っている。北アフリカのカルタゴ国とローマの死に物狂いの戦争だと知っている。そしてカルタゴの〝猛将〟ハンニバルが、象の部隊を率いてグルリとフランスの方からアルプス越えをしてローマ軍に大勝した。そして、首都ローマまで迫った（BC216年、カンナエの戦い）と。この英雄物語ばかり日本人は知っている。

ところがローマの敵の中心は、フェニキア（今のレバノン国）だったのだ。カルタゴはその属領なのだ。ポエニ《Phoenicia》という語は、まさしくフェニキアなのだ。だからローマ人はフェニキア人とギリシア人の同盟軍（連合国）と戦い続けたのだ。

そして、フェニキア人（航海が上手で、ほとんどユダヤ商人と同じで金儲《かねもう》けがうまい）がもうひとつつくった都市が、あの〝水の都〟ベネチアだ。ベネチアはフェニキア人がつくった都市だ。そして後のビザンチン帝国（東ローマ帝国の帝都）、コンスタンチノープル（現イスタンブール）にもフェニキア人の大きな地区と港があった。

カルタゴの大英雄ハンニバルは、生き延びた。BC183年にシリア（当時はパルティア帝国）に逃げて、追い詰められてそこで自殺している。パルティア帝国とローマ帝国はその後もずっと戦争を続けた。憎きハンニバルをかくまったパルティアを攻めに行ったローマの将軍が、帰り際にイスラエル（パレスチナ）に進軍してきて、このときからローマによる支配が始まった。

イスラエル（パレスチナ）は、アテネ陥落の4年後、すなわちBC164年にギリシアの支配から脱出した。自治権を獲得した。ギリシアが急に滅んだものだから、「ワーイ、ワーイ、やった、やった」と、自分たちだけで、勝手に独立したぞと大喜びした。が、そんなうまい話はないから、翌年、ＢＣ１６３年からイスラエルは、ローマ帝国の属国《トリビュータリー・ステイト》（＝朝貢国）、属州《ぞくしゅう》（プロヴァンキア）にさせられた。当たり前だ。そんな甘い話はないのだ。ローマ帝国はイスラエルを直轄地である植民地《コロニー》にしたのではなくて、一応属州という、国として認めた。

この後、１２０年たってＢＣ40年頃、イスラエル（パレスチナ）を治めていたのはヘロデ王《King Herdes》だった。この、ヘロデ王は、「大王」と言っていいくらい優れた王だった。この人はローマ帝国のお世話になりながら、イスラエル（パレスチナ）を立派な国に立て直した。

彼は、ローマ帝国の初代皇帝アウグストゥスから、ものすごく仲良くしてもらって、へこへこしながら言うことを聞き、上手に取り入った。それで、ローマ帝国は大変なお金をかけて、エルサレムにきれいな神殿（例の至聖所と、１０００年前のソロモン神殿の再建）を建て直してくれた。この時代はローマ式だから、バジリカと言う。

イスラエルは、ローマ帝国の属州（属国）に甘んじながらも、大規模な国土開発を行い、国の繁栄を実現した（図４）。今、イスラエルを旅行すると、あちこちに、このヘロデ王による大規模土木工事の跡が残っている。

それなのに、どうして、この後すぐに現れる、イエス・キリスト（ＢＣ６年生）や、他のユダヤ人たちは、ローマ帝国の支配が大嫌いだったのか。それで反抗して、大反乱まで起こしてエルサレムは焼け野原にされた。都市は破壊されつくした。今のシリア内戦と同じようなその激しさで何十万人もの難民が出ただろう。これほどの「第一次、第二次ユダヤ戦争」を、なぜユダヤ人たちは戦ったのか。今も謎である。

ヘロデ王は、名家のハスモン家の娘と結婚することでイスラエル王を名乗った。ローマ帝国がこれを後押しした。ヘロデは帝国ローマで育てられて、ローマ語を喋《しゃべ》り、操られ人形（puppet《パペット》　傀儡《かいらい》）としてローマから送り返された人だ。

今の北朝鮮の金《キム》王家も、ソビエト・ロシアが育ててつくった王朝だと皆、知っている。日本の戦後の首相たちもアメリカ帝国の言いなりになるように育てられ、抜擢《ばってき》された民族指導者（ナショナリスト）たちだ。『属国・日本論』（１９９７年刊）は、私、副島隆彦が書いた本だ。

ＢＣ４年にヘロデ王が死んで、ヘロデ王の息子の、Herodes《ヘロデ》 Antipas《アンティパス》 が王になった。このときが、まさしくイエスがいた時代だ。ヘロデ王の息子で、ちょっと気弱な王の時代にイエスが登場して、殺されて、キリスト教が生まれた。

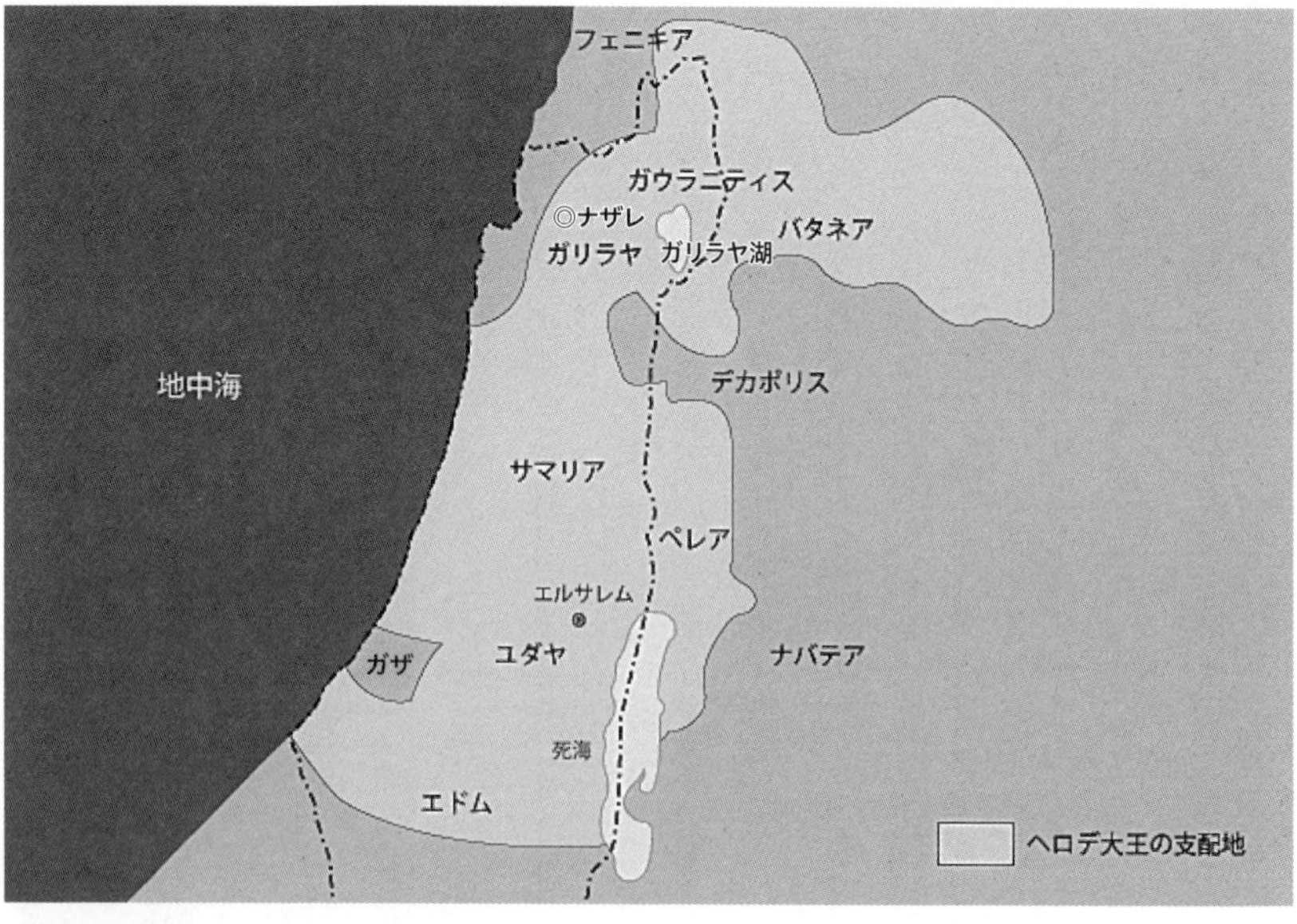

（図4）
ヘロデ王の時代、イスラエル全土のあちこちに大土木事業（灌漑《かんがい》や水道橋）が建設された。多くの要《よう》塞《さい》が造られたのもこの時代。立派な業績の跡が今もたくさん残っている。これらはイスラエルを本当に研究する人たちのディープな観光名所だ。

キリスト教の誕生

イエスはＡＤ６年に、エルサレムのずっと北の方のナザレの町で生まれた（図４参照）。まあまあ良い家の出だっただろう。ただの大工の息子ではない。30歳で「人類への愛の思想」を堅《かた》く思い立って布教の旅に出た。ガリラヤ湖のほとり、マグダラの町でマリアと出会い、結婚する。このマグダラのマリア（Maria Maddarena《マリア・マグダレーナ》）がイエスの奥様であり同時に弟子（使徒《アポストル》）の１人だ。この真実をローマ・カトリック教会は今も絶対に認めようとしない。

イエスは弟子たち12人を連れて、ヨルダン川沿いに南下して、35歳のとき、エルサレムの都（旧市街）に入った。そして抗議の演説（布教）などをしていたら、「こいつは危険分子だ」ということで、軍事総督《プロコンサル》のローマ軍人Pirat《ピラト》（パイラト）の命令で逮捕された。「最後の晩餐《ばんさん》」の、その夜のことだ。そしてローマ軍の司令部に連行された。そして、その翌日にはさっさと処刑されたのだ（36歳で死）。これが真実だ。エルサレムに入ってたった１年後、思い立って布教を始めてわずか６年後だ。

エルサレム旧市街の北側（キリスト教徒地区）にある、「ヴィア・ドロローサ」Via Dolorosa《哀しみの道》という１㎞ぐらいの道が一番の観光名所になっている。イエス自身が重い十字架を背負わされて、躓《つまず》いてばたっと倒れ込んだりしながら、歩かされたという例の有名な道である。今もゾロゾロと観光客（現代の巡礼者《プリメッジ》）が大勢歩いている（図５）。

イエスは、神殿の丘の北側にあった（今は学校の建物）ローマ軍の司令部に連れて行かれた後、死刑を言い渡されて、その後、イエスの支持者（支援者）であった金持ちの家まで引き連れて行かれた。その道が哀しみの道《ヴィア・ドロローサ》だ。そしてその金持ちの家の庭で処刑されたのだ。このイエスの支持者の金持ちの家の土地のことを、ゴルゴタの丘と言う。そして、このイエスが処刑された場所が、今の聖墳墓教《せいふんぼきょう》会《かい》 Church《チャーチ》 of《オブ》 the《ザ》 Holy《ホウリー》 Sepulchre《セパルカー》である（図6）。

もう1人別の金持ちで支援者のアリマタヤのヨセフが、総督ピラトに大金を払ってイエスの死体を貰《もら》い受けて、棺に入れてあげた。周りには弟子や信者（支持者）たちが集まった。その中には妻のマリアもいる。お母さんのマリア（聖母《せいぼ》マリア）はナザレにいたはずだから来ていない。処刑から4日目に、奥さんのマクダラのマリアが1人で見に来た。そうしたら、その棺の中からイエスの死体が消えていた。

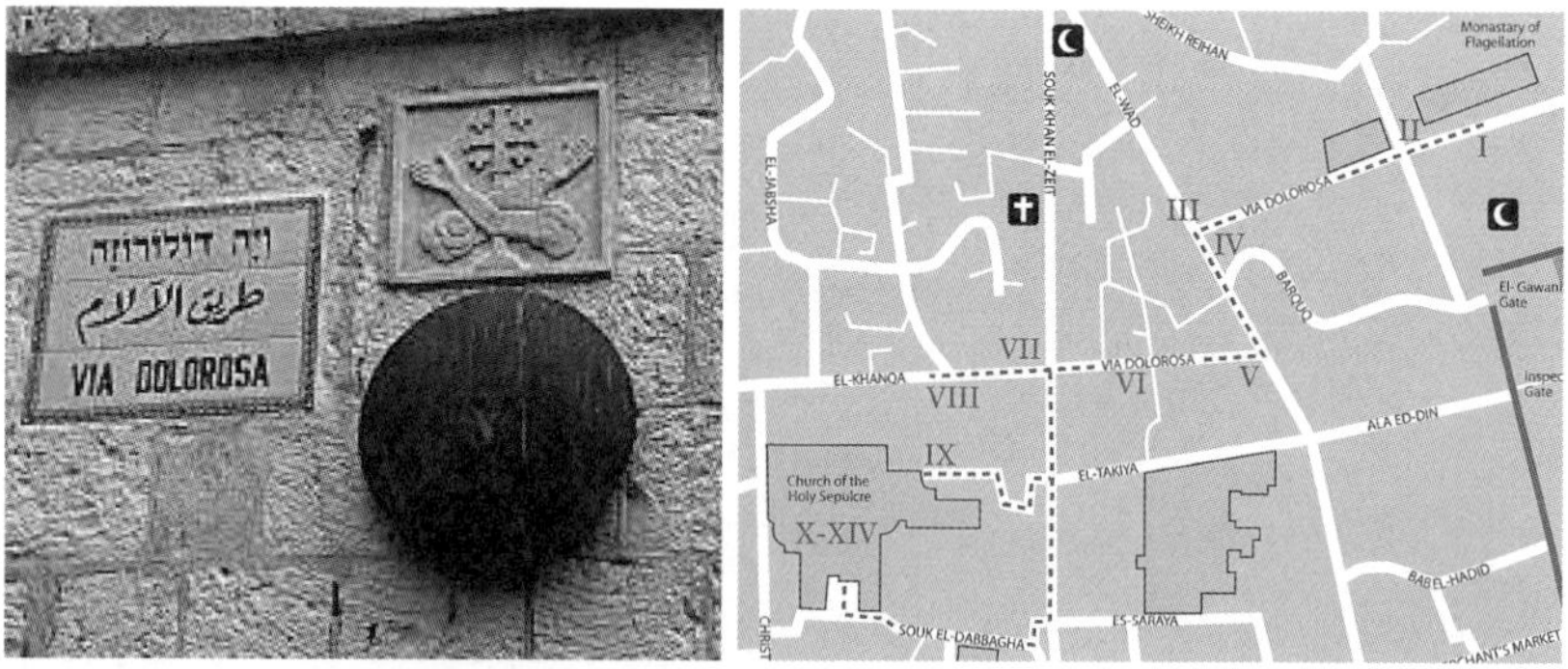

（図5）エルサレム旧市街の北側（キリスト教徒地区）にある「ヴィア・ドロローサ」Via Dolorosa《哀しみの道》。イエスが自分で十字架を背負って1キロぐらいをずっと歩かされた、とする。当時、そんなことをするのは不可能だ。イエスは夜の間に連れて行かれて、翌朝にはさっさと磔《はりつけ》の刑にされたのだ。

（図6）聖墳墓教会《せいふんぼきょうかい》。イエスが処刑されたすぐそばに穴を掘って、支援者が買って来た棺《ひつぎ》にイエスの死体を入れた。そこが聖墳墓教会の祭壇の場所だ。4日目に復活《レザーレクション》した。おそらくまだ土をかぶせていなかっただろう。ここから10メートルぐらいの所が、ゴルゴタ（の丘）で、イエスはそこで十字架に架けられた。

死んで4日目にイエスの死体が消えて、その魂が復活したのだ。そしてイエスは霊魂となった。そして辺りをさ迷い、あちこちの知人や弟子（使徒《しと》）たちの所に、ボーッ、ボーッと出没した。これを復活（resurrection《レザーレクション》）と言うのだ。イエスの霊があちこちに出たことを、主《しゅ》イエスの復活というのだ。

そしてイエスは復活から40日目に、ようやく天に昇天（ascension《アセンション》）した。これがキリストの復活《レザーレクション》のドラマだ。復活、そして昇天《アセンション》とはこのことなのだ。日本人は、キリスト教徒（信者）以外の人たちでもみんな、しっかりと、はっきりと、そろそろこのことを分かるべきなのだ。

ところがなんと、このイエスの死に方は、日本の仏教の仏式の死者の弔《とむら》い方とまったく同じだ。葬式の後の、「初七日と四十九日」は、まさしくここから来ているのである。イエスの死に方の感覚と制度が遠く遠く流れて来て、日本にまで伝わった。イエスの死後すぐに爆発的に世界に広がったキリスト教は、それぐらい世界中に強く強く広がったのだ。人類史には時々、このような、大爆発のような共感《きょうかん》現象が起きて、熱病やインフルエンザのような早さで、思想（宗教）が広がることがある

ユダヤ人の流出「大離散《ディアスポラ》」

前述した、ダビデ・ソロモン王より５００年後、そしてイエスよりも５００年前の、ＢＣ５３８年に、ユダヤ人の王家（といっても Rabbi《ラビ》、士師《しし》の一族）と指導者たちがバビロン捕囚から帰ってきて、壊された神殿を造り直した。エルサレムは、ペルシア帝国の後はギリシア（アレキサンダーのヘレニズム）に、それからローマ帝国に支配された。

そして５００年がたって、イエスの時代が来た。そのイエスも殺されて（ＡＤ30年）、その36年後のＡＤ66年に、「（第1次）ユダヤ戦争」が起きた。ユダヤ人たちが激しく怒って、暴動を起こしてローマ軍

に立ち向かった。激しい民族解放戦争だ。

ユダヤ人が立てこもった神殿の丘（至聖所とソロモン神殿）はこの戦争で陥落して、またしても丸焼けになり、ローマ軍によって徹底的に破壊された。このときに捕虜になった、フラウィウス・ヨセフスという、1人の秀才ユダヤ人が、『ユダヤ戦記』を書いた。これが今に伝わっている。超一級の歴史資料だ。ギリシア語で書かれているようだ。

この戦争が終わった年の、AD70年からを、「ディアスポラ」Diaspora（大離散《だいりさん》）と言う。ユダヤ人の有力者たちは全員が外国の地に逃れ出て行った。この、ユダヤ人の大離散《ディアスポラ》は、有名な事件である。

ところが、ユダヤ人たちはその後再び蜂起《ほうき》した。それがAD132年の「第2次ユダヤ戦争」だ。これは、指導者の名から、「Bar Kochoba《バル・コクバ》の反乱」とも呼ばれる。ローマ人が、「私たちの神を崇《おが》め」と強制したので、ユダヤ人たちが怒って反乱を起こしたようだ。ギリシア・ローマが押し付けたHellenism《ヘレニズム》に強く反発、対抗して、Judaism《ユダイズム》（ユダヤ教、ユダヤ思想とも訳せる）が生まれたとされる。

ユダイズムはHebraism（ヘブライズム）とも言う。2つはほとんど同義で、双方の使い方をする。だからユダヤ人＝ヘブライ人＝イスラエル人である。今のイスラエルのユダヤ人は、現代ヘブライ語（Hebrew《ヘブリュー》、ブリュー語）を話す。この現代ヘブライ語はE・ベン・イエフダという言語学者が作った。

このほかに、Idesh《イーディッシュ》（くずれドイツ語）を話す東欧系の1世のユダヤ人たちもいる。エルサレムの旧市街よりも北の方にまとまって居住している。第1次ユダヤ戦争終結のAD70年、あるいは、第2次ユダヤ戦争終結のAD135年からのユダヤ人の世界各地への移住のどちらを「大離散《ディアスポラ》」と言うのか、私には分からない。

この時期から、世界中にユダヤ人が流れ出していったとするのが歴史の通説だ。だが、そんな大離散などなかった、とする学説がどんどん出ている

（※3）。有力者たちは逃げただろうが、一般庶民たちは、そのままずっと残っていたのだ。

ユダヤ人はエルサレム周辺からほとんど消えた、とされる。抵抗するユダヤ人は、ローマ軍に皆殺しにされるからだ。それでもおそらく、10万人か20万人の平民たちは、ずっとひっそりと現地にとどまっていたはずだ。そう考えないと理屈が合わない。その人々が、その後もずっとイスラエルに残ったユダヤ人たちだ。

そして同時に、古くからの原住民で現地人であるパレスチナ人（＝ペリシテ人、＝パリサイ人）もずっとずっとパレスチナ（イスラエル）で生きている。今もいる。そして、ユダヤ人と混住、共存している。

カナーンの地とパレスチナ人

このようにイスラエル（パレスチナ）には、ずっと前からパレスチナ人が住んでいて、ユダヤ人と共存していたのだ。パレスチナ人は、BC２０００年（４０００年前）ぐらいにエジプトからやって来た先住民である。

だからユダヤ人（モーセを信じる人々）たちよりも古くから入植して来ていたのだ。このパレスチナ人たちもモーセたちと同じくエジプトから開拓農民としてやってきた人たちだ。だから人種的にユダヤ人とまったく変わらない。同じセム族（Semaite《セマイト》）である。

ところがモーセがつくった強烈に強い自意識のユダヤ教（Judaism《ジュダイズム》）の人たちは、「自分たちは（もうエジプト人ではない）ユダヤ人（＝ユダヤ教徒）だと言い張って、「ユダヤ人」というのを新しくつくったのである。彼らは、強固な意志を持ってユダヤ教を作り、その神（Yahweh《ヤハウエ》）によって自分たちは造られたのだ、と聖書《バイブル》（＝モーセ五書。神との契約の書）で宣言した。そして自分たち

※3　そんなものはなかった、という有力な説の一つにアーサー・ケストラー著の『13支族』“The Thirteenth Tribe”がある。ここから尾ヒレがついて、失われた13氏族（The Lost 13th Tribe《ザ ロスト サーティーンズ トライブ》）という話が生まれて、このユダヤの支族が日本までやって来たという説になった。

ユダヤ人を創造した。そして彼らはユダヤになった。自分たちは特別な人間であり、神《ヤハウェ》によって選ばれた民族（chosen people《チョーズン ピープル》。選民思想）だと、強烈に自覚した。こうやってユダヤ人は発明《インヴェンション》されたのだ。そして今に至っている。

このほかに古くから、バビロニア（今のイラク）からパレスチナまでやって来ていた、アッカド人という人々もいた。彼らは、「世界の中心」のバビロン辺りにいたバビロニア人のことで、彼らも植民者として来ていたようだ。シュメール人がアッカド帝国（BC２２５０年が最盛期）という古代帝国をつくった。だからアッカド人がその勢いで周りにも広がったのだ。

この後、エジプトからやって来たパレスチナ人は、このアッカド人たちを追い払い、土着の民としてずっと住んで百姓（農業）をやってきた。それがそのまま、今のパレスチナ人である。

ところが、同じエジプト系のくせに、「自分たちは

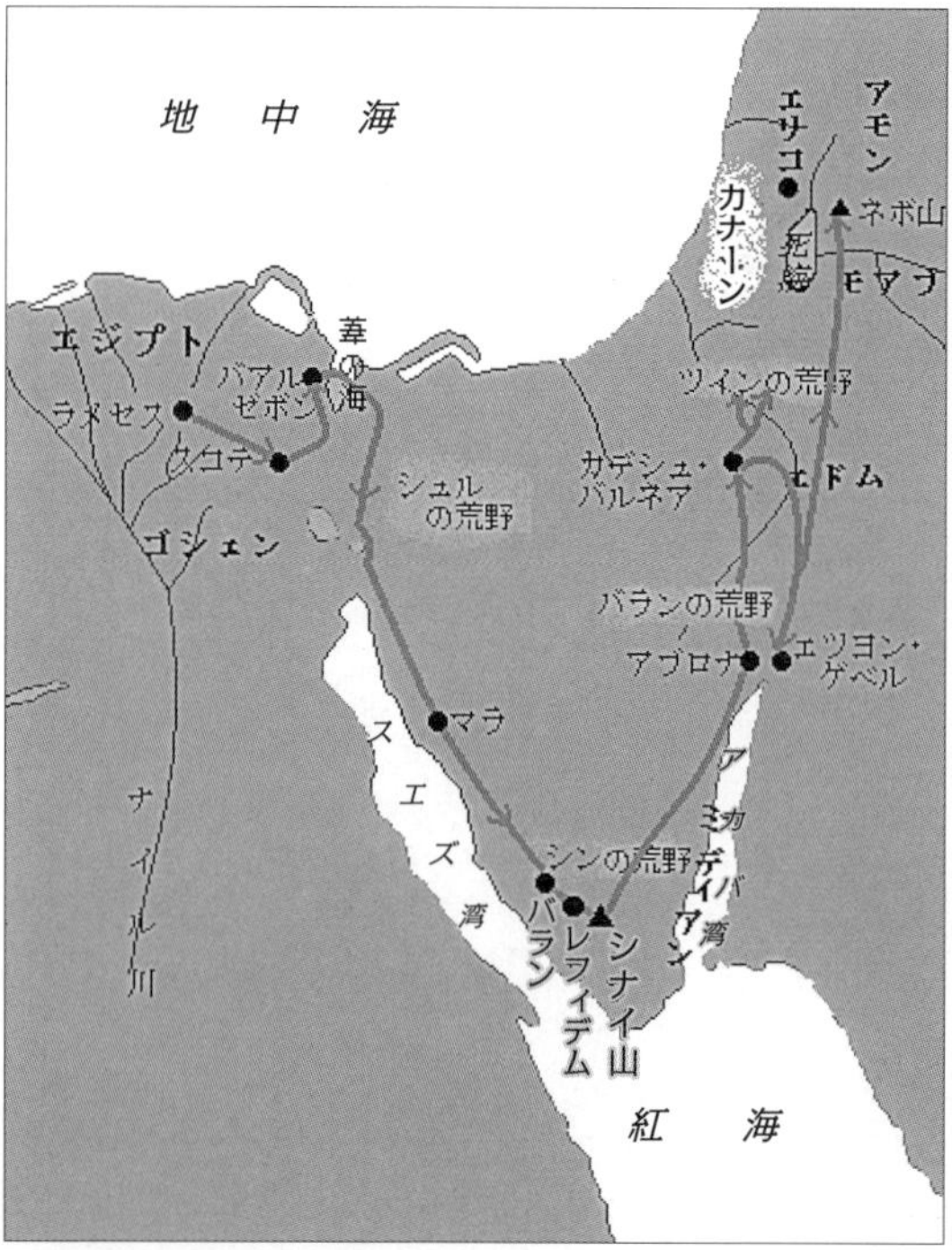

（図7）
大離散《ディアスポラ》よりも1100年前のBC1250年、モーセたちがエジプトから、「今から私たちは、ヤハウェ（Yahwae、Jehovah）の神に約束してもらった、豊かな恵みの、緑あふれる土地＝約束の地（Promised Land《プロミスド・ランド》）に行く」と移動した。着いた所がパレスチナ（カナーンの地）だ。そこにはパレスチナ人が先に来て住んでいた。旧約聖書に出てくる「ペリシテ人」（Philistines《フィリスタイン》）、新約聖書に出てくる「パリサイ人」（Pharisee《ファラシー》）とは、どちらも「パレスチナ（Palestein《パレスタイン》の人）、（Palestinians《パレスティニアンズ》）」のことだ。

まったく別のユダヤ人（ヘブライ人）だ」と言い出して、まったく新しい宗教、新しいユダヤ人という民族をつくったモーセが、パレスチナに後から進出（侵入、侵略）してきた。それがBC1200年前、今から3200年前だ。

だから、どうしても土地の奪い合い、土地争いの戦争になった。パレスチナ人は、モーセたちが到着する1000年前からずっと、カナーンの地（パレスチナ）の住民として住んでいた。そして今もいる。

（次号「完結編」に続く）

【新刊のご案内】

『米軍の北朝鮮爆撃は6月！米、中が金正恩体制破壊を決行する日』
光文社
価格：1,512円（税込）

連 載
第126回

新しい時代への突入〈126〉
人民元の世界的台頭と終焉《しゅうえん》が近づく石油ドル体制

フリージャーナリスト
古歩道《フルフォード》 ベンジャミン

古歩道《フルフォード》 ベンジャミン
1961年、カナダ・オタワ生まれ。外交官の父親の仕事の関係で、8歳までキューバ、メキシコで過ごす。17〜19歳まで、カナダや南米アマゾンの大自然を放浪、文明を離れ、自給自足の生活を体験する。その後、来日、上智大学比較文化学科を経て、カナダのブリティッシュ・コロンビア大を卒業。『日経ウィークリー』記者、米経済誌『フォーブス』アジア太平洋支局長などを経て、現在はフリージャーナリスト。著書に『ヤクザ・リセッション―さらに失われる10年』（光文社ペーパーバックス）、『9.11テロ―捏造日本と世界を騙し続ける独裁国家アメリカ』（徳間書店）など多数。近年、日本に帰化した。
http://www.benjaminfulford.com

世界の未来を占う「金本位制人民元の国際決済システム」の誕生

近い将来、世界が進む未来の方向性が決まる可能性が高まっている。その未来とは「全面核戦争が勃《ぼっ》発《ぱつ》して地球が破滅へと向かうか」、あるいは「各国（特に欧米とアジア）が妥協案を模索して新たな世界体制を誕生させるか」の2つに1つである。そのどちらになるのかを占うには「金兌換《きんだかん》が可能な人民元建て原油先物取引が、近く中国で開始されるのかどうか」、それから「アメリカの破綻《はたん》問題」が依然として重要なポイントになってくる。

まず注目したいのが、近く上海《シャンハイ》国際エネルギー取引所（ＩＮＥ）で「人民元建て原油先物取引」が開始されるにあたり、実際に香港《ホンコン》や上海の取引所で人民元を金（ゴールド）と交換することが可能になるのかどうか。つまりは、「金本位制人民元の国際決済システムが誕生するのか否か」である。これについては、昨年から多くのメディアが報じており、また現在では既存の「石油ドル体制」の終焉を窺《うかが》わせる兆候も数多く見受けられるようになってきている。

例えば、1月7日にアメリカの同盟国であるはずのパキスタンが「中国との貿易決済の通貨を米ドルから人民元へ変更する」と発表している。さらには、年明け早々にロシアが新しく完成したパイプラインを開通させ、中国への原油輸出能力を倍増させた。周知の通り、近年ロシアと中国も原油取引の決済をドル以外（ルーブルや人民元、金など）で行っている。また、世界の主要産油国であるベネズエラやイラン、カタールなどもドル以外の通貨で原油の取引を始めていて、世界最大の原油輸入国である中国も人民元で原油代金を決済するよう、それぞれ輸出元の産油国と契約を交わしている。そして何より、世界中の金の大部分を保有している国々（ロシア、中国、スイス、インドネシア、タイ……など）は、以前から連携をして「金本位制の国際決済システム」の構築をずっと目指してきた。

この状況下で、実際に「金・原油・人民元」が連動すれば、1971〜1973年以降、欧米の権力基盤として維持されてきた「石油本位制ドル」の国際的地位は確実に脅かされる。

石油覇権を維持しようと画策し世界から孤立しつつあるアメリカ

また、それに関連する動きとしてドナルド・トランプを広告塔とするアメリカの軍事政権が、ロシアとの約束を破って「シリアからの米軍撤退」を中止。さらには昨年末から1月の初旬にかけて、米当局と思われる勢力が無人攻撃機でロシア軍が駐留するシリアの空軍基地を攻撃した。

シリアの空軍基地が攻撃されたことについてはロ

シアの国防省も1月9日に声明を出し、「的確に攻撃が行えるようになるには先進国における訓練が必要」と発言、また「攻撃があった同じ頃、アメリカの偵察機が基地の周辺を4時間以上にわたって飛行していた」と米当局の関与を仄《ほの》めかしている。

おそらく、昨年末に米当局が暗躍した「イラン政府打倒に向けた大型反政府デモ（12月28日発生）」の工作が失敗したことを受け、今度は米軍が武力を用いて中近東でのアメリカの石油覇権を維持しようと動いたのだろう。

しかし実際問題として、アメリカが中近東における従来の地位や影響力を取り戻すのは難しい。例えば、NATOの中でアメリカに次ぐ軍事力を誇るトルコは、実質的にアメリカとの同盟関係を断ち切って近年ではロシアやイランに急接近している。先述したイランの反政府デモについても、トルコの大手メディアや政府高官が「CIAのマイケル・ダンドレア（Michael D'Andrea）という工作員が暴力的な抗議行動を扇動していた」と、あからさまにアメリカを非難している。また、イスラム圏で唯一核爆弾を保有している軍事大国パキスタンのハワジャ・ムハンマド・アシフ外相も「パキスタンとアメリカの同盟関係は終わった」と公の場で発言。しかも報道によると、パキスタン政府は領内における中国軍基地の受け入れも検討しているようだ。

さらにはアメリカと、同じアングロ＝サクソン系国家であるイギリスやカナダの関係も冷え込んでいる。まず、1月10日にアメリカの隣国カナダが「貿易制裁措置をアメリカが不当に活用している」として世界貿易機関（WTO）に提訴したと発表した。カナダ政府が列挙したアメリカの「貿易に関する不当な法執行措置（反ダンピング関税など）」の事例は、中国やインド、ブラジル、EU……等々に対する制裁措置も合わせて軽く100件を超えている。

そして1月11日には、トランプが「2月に予定していたイギリス訪問を取り止めた」とツイッターで発表。ちなみに、トランプ自身が発信したイギリス訪問中止の理由は以下の通りである。

オバマ政権はロンドンでおそらく一番いい場所にあった最高の大使館をはしたガネで売り払い、へんぴな場所に12億ドルもかけて新しい大使館を建設した。ロンドン行きをキャンセルしたのは、それがとても支持できないからだ。ひどい取引だ。私にテープカットしてほしいだなんて、お断りだ。

Reason I canceled my trip to London is that I am not a big fan of the Obama Administration having sold perhaps the best located and finest embassy in London for "peanuts," only to build a new one in an off location for 1.2 billion dollars. Bad deal. Wanted me to cut ribbon-NO!

しかし英マスコミは、「今回の訪問中止は、トランプが英国市民による大規模な抗議行動を恐れたからだ」と報じ、さらには「トランプの英国軽視の表れ」とも指摘している。

このように、世界ではトランプ政権の孤立が一段と進み、現在、諸手《もろて》を挙げてアメリカに従う国と言えばサウジアラビア、イスラエル、日本くらいだろう。この状況では、アメリカ政府がいくら暴れ回ったとしても「石油本位制ドルの覇権」を維持することは不可能だ。今後、「石油ドル体制」に依存してきたサウジアラビアやイスラエル、アメリカの資金繰りが苦しくなるのは間違いない。

財政難から政府機関の一部閉鎖に追い込まれたアメリカ

そんな中、アメリカ政府は1月20日に暫定予算（つなぎ予算）を議会で成立させることができず、政府機関の一部閉鎖に追い込まれた。また、その直前にアメリカ最大の債権国である中国の格付け機関「大公国際資信評価」が、アメリカの信用格付けをペルーやコロンビア、トルクメニスタンなどと同水準の「BBB+」に引き下げている。格下げの理由について、大公国際は「アメリカの政治システムと戦略、経済基盤によって規定される借金経済モデルは変わらない。減税は政府の返済財源にますます悪影響を与えるだろう」と述べ、さらには「現在のアメリカ政治のエコロジー（生態系）には欠陥があるため、連邦政府の効率的な運営は難しく、国の経済発展が適切な軌道から外れている」と断じている。

大公国際が言っていることは、決して大げさな表現ではない。実際問題として、アメリカ国防総省は昨年12月7日に開かれた記者会見において「外部の会計士を雇って過去最大規模の監査に乗り出す」と発表、米政府の財政難により「軍人や職員の給与が支払えなくなる可能性」および「政府機関の機能停止が生じる可能性」なども正式に認めていた。

ちなみに報道によると、監査の結果、既に1998年から2015年の間に21兆ドル分の資金が行方《ゆくえ》不明、もしくは使途不明であることが判明しているという。21兆ドルと言えば、なんと2016年度アメリカ国防予算の35倍にあたる数字だ。

しかし、それでも米国防総省は通常通り実務を続けなければならない。政府機関が閉鎖されたとしても、現役の米軍将兵は勤務を続けることが定められている。また、1月13日にはハワイで「弾道ミサイルの脅威が迫っている」との緊急警報が住民らに一斉送信され、混乱が起きたばかりだ。

このハワイの騒動について、一般マスコミは「州政府職員のボタンの押し間違いによる誤報」と報じているが、ペンタゴン筋によると、このときにハワイと日本の方角に向けて実際に核ミサイルが発射されていたという。同筋の話では、そのミサイルはいまだ世紀末戦争（第三次世界大戦）勃発のチャンスを狙っているシオニスト・イスラエル勢の潜水艦から発射され、米軍の迎撃ミサイルによって海に撃ち落とされた。その後、間もなくしてその潜水艦も撃沈されたという。

実働部隊である米軍やロシア軍、中国軍などには「何があっても第三次世界大戦を勃発させてはならない」という共通認識があり、軍レベルで協定が結ばれている。また、その点においては中国政府も米軍と利害と認識が一致するため、当面の間は米軍に必要経費を提供し続けるだろう。しかし経済を見ると、中国の貿易総額および対外貿易黒字が急拡大する一方で、２０１７年中のアメリカの対中貿易赤字は過去最高の２８８０億ドルにも達した。それを受けて、中国の政府高官は「米国債の購入を停止、もしくは減速するよう検討している」と、さっそくブルームバーグ通信にリークしている。最終的に、「やはり戦争になるのか」あるいは「欧米とアジアが協力をして世界の新体制を誕生させるのか」についての決定は、今後の交渉にかかっている。

大きく東西2グループに分かれた国際金融経済

国際金融経済をめぐっては、世界は今、大きく2つのグループに分かれている。これから提示する以下の2つの地図を見れば、その構図が見えてくる。

まず1つ目は、国際NGOフリーダム・ハウスが1月16日に公表した「世界の国と地域の自由度」を表す地図（※図1）である。その格付けは「政治的権利」と「市民の自由」の2つのカテゴリーで評価し、各国を「自由な国（濃いグレー）」、「部分的に自由な国（薄いグレー）」、「自由がない国（黒）」の3つに分類している。

この地図では、ロシアは既に民主主義国家になっているにもかかわらず「黒＝自由がない国」に分類されている。「濃いグレー＝自由な国」に分類されているのは、従来の欧米権力の同盟国ばかりだ。分かりやすく世界の東西で黒と濃いグレーに分かれている。

「黒」に分類されているロシアや中国を中心とした東側の国々は、世界中の金（ゴールド）の大部分を保有し、以前から「金本位制の国際決済システム」の構築を支持してきた同盟国だ。一方、「濃いグレー」に分類されている欧米を中心とした西側の国々は、既存の国際決済システムの大部分を管理・主導し、現在は石油本位制ドルをビットコインなどの「仮想通貨」に置き換えることを推進している。

ここで「各国におけるBitcoinの法的扱い」をまとめた地図（※図2）（Howmuch.net 調べ）を見てほしい。先ほどの「世界の国と地域の自由度」を表した地図と、国々の分類のされ方がほぼ一致していることが分かるだろう。

そうした状況の中、1月16日に「北朝鮮の脅威に対応する閣僚級会議」がカナダのバンクーバーで開催された。参加国は、朝鮮戦争において北朝鮮側（北朝鮮・中国・ソ連）と戦った「国際連合軍（韓国・

【図1】「世界の国と地域の自由度」を表した地図　「自由な国（濃いグレー）」「部分的に自由な国（薄いグレー）」「自由がない国（黒）」の3つに分類している。
参照URL：https://www.zerohedge.com/news/2018-01-18/state-freedom-worldwide-according-democratic-think-tanks

【図2】「各国におけるビットコインの法的扱い」
「Bitcoinが合法な国(■)」、「完全に合法ではないが、ビットコインの使用に対してほとんど制限がない国(■)」、「規制によりBitcoin市場が制限されている国(■)」、「ビットコインが完全に違法な国(■)」、「ビットコインの合法性について公表していない国(■)」
参照URL：https://www.zerohedge.com/news/2018-01-16/mapping-bitcoins-legality-around-world

アメリカ・イギリス)、およびそれを支援した国々」だ。先ほどの地図で言えば「濃いグレー=西側」に分類されている国々である。

今の国際情勢を踏まえると、そこに中国やロシアを招待していない時点で、戦争を挑発しているに等しい。いざとなれば、ここに集まるNATO国家、それから「中国の独り勝ち」を良しとしない国々、また裏で満洲勢と繋《つな》がる北朝鮮も、中国を敵国として戦おうとする可能性は否定できない。もちろん、中国とロシアは会議の開催を激しく非難している。

しかし、先述の通り、米軍やロシア軍、中国軍などには「何があっても第三次世界大戦を勃発させてはならない」という共通認識があり、軍レベルで協定が結ばれている。この2大勢力が戦争を始めれば、たとえ核兵器を使わなくとも、地球が滅茶苦茶になるのは明らかだ。そのために今、アメリカ軍は西側の陣営の中でも「戦争を積極的に起こそうとしている勢力」のパージを急激に進めている。

政界・経済界の追放劇で緊張が続く米・カリフォルニア州

　そこで、ペンタゴン筋からは「クリスマスから新年にかけて、米軍当局が政界やＣＩＡ、ＦＢＩ、司法省などの幹部らに対して逮捕劇を実施した」との情報が寄せられてきている。同筋によると、既に１０００名弱の有力者が米海軍のグアンタナモ基地（キューバ）に送られ、ビル・クリントンやドナルド・ラムズフェルド元国防長官においては早くも司法取引に応じて詳しい証言を始めているという。

　その情報の裏付けとして、「アリゾナの陸軍州兵（Army National Guard）が極秘任務のためグアンタナモ米軍基地に派遣された」とのニュースを昨年末に一般メディアが報じている。表向き、グアンタナモ基地の収容所には収監者が41名しかいないし、施設の閉鎖を求める声も高まっている。普通に考えれば、このタイミングでグアンタナモの警備兵を増員するのは不可解である。

　いずれにせよ、ペンタゴン筋の話では既に米東海岸の「大掃除」はおおむね終わり、次の標的は米西海岸カリフォルニア州にいる超富裕層たちだという。それに伴い、現在カリフォルニア州は極度の緊張状態に陥っている。

　同筋によると、米軍はここ最近の「北朝鮮ミサイル騒動」や２０１４年に発生した「マレーシア航空17便の撃墜」には、テスラ社のイーロン・マスクやグーグルの持株会社アルファベットのエリック・シュミット……等々の西海岸のオリガルヒ（ロシアの新興財閥）が関与していると疑っている。実際問題として、電気自動車・ソーラーパネル製造販売会社であるテスラの株式時価総額は３５００億ドルを超えている。しかし、その時価総額は２０１６年の売り上げの50倍、利益率の２１８倍にもなっている。これは、かなり不可解だ。さらにイーロン・マスクは、以前からロケットや衛星などを次々と飛ばしているのだが、一体それらのおカネはどこからきているのか。はなはだ疑問である。

また、カリフォルニア州の緊張状態を示す事象の1つとして、同州で撮影された一般市民の悲惨な現状を見てほしい。下記リンクの動画には、高級住宅街に隣接した道端にひたすらテントが立ち並ぶ風景が映し出されている。多くの人々が路上生活を強いられ、街がスラム化しているのだ（※画像1〜4：動画のスクリーンショット）。

カリフォルニアでは格差に対する貧困層の不満が日増しに高まり、先日もグーグルとアップルの従業員を乗せた通勤用のチャーターバスが、石やBB弾で攻撃される騒ぎも起きている。

また、カリフォルニア州の富裕層の大半はLAやサンフランシスコなどの海沿いエリア（地図の薄いグレーのエリア）に住んでいるのだが（※図3）、1月15日にカリフォルニア州内陸の郡や地域（濃いグレーのエリア）が「ニューカリフォルニア」として

【画像1】

【画像2】

【画像3】

【画像4】

参照URL：http://foimg.com/00006/eIb7DV　http://foimg.com/00006/e9R9f3
http://foimg.com/00006/tLpV07　http://foimg.com/00006/QHBL3e
動画出典：https://www.zerohedge.com/news/2018-01-17/californias-homeless-problem-revealed-one-incredible-video

海沿いエリアとの分離独立を宣言した。

さらに、1月19日にはカリフォルニア州の市長や政府関係者が「トランプ政権の違法移民排斥を支援する雇用主を訴追する」との声明を出し、米連邦政府と真っ向から戦うことを宣言している。これは、まさに異常事態だ。そうした状況を受けて、ペンタゴン筋は「軍が介入せざるを得ない」と話している。

このように、今は巨大な「変革の波」が目に見える形で世界に押し寄せている。世界の権力層が長々と争うのではなく、これを機に健全で平和的な新たな世界体制が誕生することを心から期待している。もとより、人類にとってそれ以上にいい選択肢はないだろう。

【図3】「ニューカリフォルニア」として海沿いの富裕層が集中するエリア（薄いグレー）との分離独立を宣言した「濃いグレーのエリア」。
参照URL：http://www.dailymail.co.uk/news/article-5280167/New-California-call-split-state-2-rural-coastal.html

連載
第97回

マスコミのタブー１００連発〈97〉
トヨタがはまった罠《わな》
燃料電池車に未来はない

地球環境評論家
船瀬《ふなせ》 俊介《しゅんすけ》

欧州、インド、中国、米国までが怒濤《どとう》のＥＶ化

世界の自動車業界の、ＥＶ（電気自動車）化の動きがすごい。

ＥＶ（電気自動車）へのシフトは、もう誰にも止められない。

月刊『ザ・フナイ』２０１７年12月号で指摘したように、それは一気に猛加速している。

そのスピードは、30年も昔からＥＶ化を訴えかけてきた私ですら、眼を疑うほどだ。端緒《たんしょ》は、ノルウェー政府による突然の発表だった。

２０１６年、連合政権の中道右派と野党連合の合意として公表された。

それは「２０２５年から、ガソリン車、ディーゼル車、さらにハイブリッド車の国内での販売を〝禁

船瀬 俊介（ふなせ しゅんすけ）
1950（昭和25）年、福岡県生まれ。九州大学理学部に進学するが翌年中退、1971（昭和46）年、早稲田大学第一文学部に入学。学生常務理事として生協経営に参加。約2年半の生協活動の後、日米学生会議の日本代表として渡米、ラルフ・ネーダー氏のグループや米消費者同盟などを歴訪。同学部社会学科卒業後は、日本消費者連盟に出版・編集スタッフとして参加。1986（昭和61）年に独立。消費者・環境問題を中心に評論、執筆、講演活動を行い現在に至る。1990（平成2）年にラルフ・ネーダー氏らの招待で渡米、多彩な市民・環境団体と交流を深めている。著書に『新・知ってはいけない!?』（徳間書店）、『悪魔の新・農薬「ネオニコチノイド」』（三五館）、『病院に行かず「治す」ガン療法』（花伝社）など多数。
http://funase.info/

止〟する」という衝撃的なものだった。

ここで注目してほしいのは〝規制〟ではなく〝禁止〟ということだ。

両者には天と地ほどの開きがある。

すると、それに示し合わせたかのように、欧州諸国は、次々に〝禁止〟政策を公表してきた。

まず、オランダ。与党、労働党が提議した〝禁止〟案が下院を通過。その内容はまったくノルウェーと同じ。２０２５年から全面禁止だ。

それに呼応して、スウェーデン、ドイツ両国が、やはり２０３０年から全面禁止。とくに自動車大国ドイツの政策は決定的だ。すでに〝禁止〟議案はドイツ連邦参議院を通過している。なにしろ同国内の新車販売台数は約３３５万台（２０１６年度）と群を抜いている。これが「全車種をＥＶに換える」と宣言したのだ。

ドイツの決定はＥＵの決定とほとんど同義だ。

メルケル首相は２０１７年９月24日の選挙直前に、雑誌『SUPERillu』インタビューに「ガソリン車、ディーゼル車の販売禁止を指示した」と回答した。首相本人は具体的時期としては２０４０年頃を念頭に置いている、という。

しかし、公表された禁止時期は２０３０年だ。

他方の自動車大国スウェーデンもドイツと完全に足並みをそろえて同時発表。環境大臣であり、かつ与党、緑の党のスポークスマン、イザベラ・ロヴィーン氏は「スウェーデンだけでなく、ＥＵ全体で規制すべき」と明言している。

恐ろしいのは、これら劇的変化は、欧州にとどまらないことだ。

まるで、ヨーロッパ諸国の激変に呼応するかのように、インドが「２０３０年から禁止」を打ち出した。人口10億人超の大国の禁止決断は、衝撃というしかない。

それだけではない。いずれ、世界最大の自動車大国になると予測される中国が「２０１９年以降、規制」を突然公表。こちらは〝禁止〟ではなく〝規制〟だが、来年から実施という。まさに、焦眉《しょうび》の急《きゅう》。

共産党独裁だから、決定したら早い。

同国、工業情報化部の発表によれば、一充電300㎞走行可能のEVを、台数比で2019年2・3％、2020年2・7％と比率を高めていく。

次いで、英仏両国も足並みを揃え「2040年から禁止」を打ち出した。

この欧州勢さらにインド、中国の怒濤のEVシフトの変化を、さすがに無視できなくなったのか、遂に超大国アメリカも「2018年以降のガソリン、ディーゼル車規制」を公表した。それは「560㎞以上走行できるEV台数比率を、2018年に約1・1％、2020年に約2・4％、2025年に5・5％……と漸次、高めていく」という。

この目標値は、中国よりも低く、まさに、世界EV化の巨大潮流（メガトレンド）に抗《あらが》えず、押し切られ、呑《の》みこまれた形だ。

魔王D・ロックフェラーの死で脱石油へ一斉加速

さて——。

この眼を疑うような世界自動車産業の激変に、唯一、取り残された〝自動車大国〟がある。

それが、わが日本である。

まさに、日本だけが蚊帳《かや》の外……。

上記の大激変は、ほとんど2017年という、わずか一年間で起こっている。

それは偶然では、絶対にありえない。つまり、欧州に端を発したEVシフトは、巧妙に仕組まれ、準備され、満を持して、一斉に公表されたのだ。

まさに、2017ショック……。

彼らは、いったい〝何〟を待っていたのか？

ズバリ言おう。ディビッド・ロックフェラーの死である（写真A）。

彼の渾名《あだな》は〝悪の皇帝〟。さらに〝石油王〟として

20世紀の地球に君臨してきた。

それだけではない。戦争から医療まで、命とカネを奪う超巨大利権を掌握して生き抜いてきた男だ。まさに〝魔王〟の称号こそ、この男にはいちばん相応しい。

その〝魔王〟が、2017年3月に101歳の長寿で世を去った。

魔王死す。それに呼応して欧州諸国は、一斉に自動車産業の脱石油を打ち出したのだ。注目すべきは、ガソリン車のみならず、ディーゼルまで〝禁止〟としていることだ。北欧やドイツなどの自動車産業は、ディーゼル車の燃費、排ガスなどで、高い技術を誇ってきた。その技術を封印し、捨て去ってまで、EV化の道を、選択したのだ。

さらに、注目すべきは、プラグイン・ハイブリッド車まで〝禁止〟としていることだ。

つまり、エンジンとモーターの併存は、認めない。というより、私は、ここに欧州勢の底意地の悪い深謀を感じる。

はっきり言い切ってしまおう。これは、明らかにトヨタの〝プリウス〟潰しだ（写真B）。

世界では〝プリウス〟と言えば、〝エコ・カー〟の

（写真A）ディビッド・ロックフェラーの死で大きく変わる世界

（写真B）トヨタ“プリウス”潰しが始まった

代名詞だった。

レオナルド・ディカプリオをはじめ、ハリウッドのセレブたちも〝プリウス〟に乗ることで、地球にやさしい、アース・フレンドリーなライフ・スタイルをアピールしてきた。

だから、〝プリウス〟は、ハイブリッド車として世界ナンバーワンの地位と称賛を勝ち取ってきたのだ。

しかし、2017年、突如、世界に激震を与えたEVシフトの波は、いともかんたんに、このナンバーワン・エコカーを呑み込んでしまった。

このままでは、トヨタのお宝ブランド・カーは、海の藻くずとして消え失せるだろう。

地球からガソリン、ディーゼル車が消える

私は、この怒濤のEVシフトの波に日本だけが取り残されていることに、呆然としている。その恐怖は、蚊帳の外……といった生易《なまやさ》しいものではない。

超大国、中国、そしてアメリカですら、脱ガソリン・ディーゼルの旅程表（ロードマップ）を公表している。それは、加速することはあっても、減速されることはない。

そして、スウェーデン、ドイツ、英仏などの脱石油・EV宣言は、まちがいなくEUの正式政策となる。インド、中国、さらにはアメリカも動き始めた。

つまり……ついに地球からガソリン車が消える。

同時に、ディーゼル車、ハイブリッド車も消える。

それは、石油で栄えたモータリゼーションの終焉《しゅうえん》を意味する。

それは、石油文明の消滅へと向かう旅程だ。

つまりは、人類史において、第二の産業革命とでもいうべき、大激変なのだ。

わたしは、今、起こっている世界的激変を――火の文明から緑の文明への――パラダイム・シフトと位置づけている。

化石燃料で栄えた「闘争」の文明の終焉であり、「共生」の文明への夜明けである。

私が夢想し、祈念し続けてきた文明シフトが、ついに始まったのだ。

感慨無量である。

しかし、日本人としては、素直に喜べない。

なぜなら、日本のみが、この変動の巨大な波から、独りとり残されているからだ。

トヨタが〝第二の東芝〟に〝プリウス〟が〝ガラケー〟に

私は、暗澹《あんたん》としている。このままでは……。

「トヨタは〝第二の東芝〟になる」

「〝プリウス〟が〝ガラケー〟になる」

まさに、悪夢というしかない。

それでなくても、日本だけが先進諸国の中でも、完全に落ちこぼれている。


ＧＤＰを比較しても、過去20年間で、中国14倍、米国2倍、英国2倍、ドイツ1・4倍と、成長を遂げているのに、日本だけは0・85倍……と、逆に貧しくなっている。ジャパン・アズ・ナンバーワン……と持ち上げられた昔日《せきじつ》の栄光は消え失せた。

日本経済を牽引してきた大企業も、軒並み、尾羽《おは》うち枯らしている。

シャープは、台湾のホンハイ・グループに買収されるという屈辱をなめ、技術のソニーも、もはや見る影もない。パナソニックにいたっては、ゴミのように投げ捨てて中国にくれてやった三洋電機が、巨大白物家電〝ハイアール〟という怪物に変身する様にあぜんとして、なす術もない。

そして、東芝の落日……。日本経済を牽引してきた巨大企業の面影も今はない。

ウエスチングハウス買収という愚行の結末は、まさに、アメリカ原発政策の〝尻拭《ぬぐ》い〟そのもの。

つまりは、ウラン・マフィアの罠にはまったのだ。

私は、2017年のEVシフト・ショックに、日本を陥れる〝第二の罠〟を見る。

アメリカの諺《ことわざ》に「豚は太らせてから食え」という実に狡猾《こっけい》、残忍なフレーズがある。先勝国アメリカにとって、日本はまさに食用豚だ。

敗戦後は、まだまだ可愛い小豚だった。

しかし、アメリカに追いつき、追い越せ……と、叱咤《しった》激励して育てあげ、ついに、〝食いで〟のある巨大な豚に成長した。

まさに、食いごろでデリシャスだ。

アメリカや欧州の列強は、いそいそと、ナプキンを襟元にはさんで、両手にフォークとナイフを掲げて、皿の上の豚肉料理の賞味を始めた、というわけだ。

〝第二の東芝〟として狙われたトヨタ

私は、確信する。

〝第二の東芝〟として狙われたのが、トヨタだ。

東芝をはめるための仕掛け罠がウエスチングハウスだ。

トヨタをはめた落とし罠が、燃料電池車（FCV）だ。

『誰が電気自動車を殺したか？』という必見の告発DVDがある。

そこで取り上げられたのが、GMが開発した高性能〝EV1〟だ（写真C）。

この千台以上も生産されたEVは、ユーザーたちの必死の抵抗も空しく、強制的に没収され、スクラップとされた。

（写真C）GM開発高性能“EV1”

市民グループだけでなく、トム・ハンクス、メル・ギブソンなど、ハリウッド俳優たちまで、その蛮行に抗議している。

では、「誰が電気自動車を殺したのか?」。

答えは、明解である。

石油王ディビッド・ロックフェラーだ。

彼は、世界を闇から支配する秘密結社フリーメイソンの中枢イルミナティを牛耳る頭目である。

GM開発の〝EV1〟は、あまりに性能がよすぎた。

まさに、脱石油のシンボルそのものだった。

それが、石油王の癇《かん》に触ったのだ。だから、魔王は、GMがこのエコ・カーを販売することを許さなかった。

だから、所有権は、あくまでGMに存在するリースという、じつに不自然な契約を消費者は強制された。そして、魔王の命令一下、ユーザーたちの必死の抵抗も空しく、この傑作EVは、強制的に没収され、砂漠の解体工場で極秘のうちにペシャンコに潰され、スクラップの山と化したのである。

このGMによる無謀無残な仕打ちを、一般の米国民は、いっさい知ることはなかった。全マスコミは、この非道な行為をまったく報道しなかったからだ。

魔王は、石油だけでなく、メディアも完全支配してきた。

だから、電気自動車の抹殺を、極秘裏に行うことなど、朝飯前だったのだ。

トヨタをはめたFCVの罠、燃費はEVの9倍と最悪!

魔王が、EV潰しに放った〝刺客〟が存在する。

それが、燃料電池車FCVだ。『誰が電気自動車を殺したか?』（前出）には、その〝仕掛人〟まで登場している。それが、ベイビー・ブッシュ大統領だ。

彼は記者会見で、にこやかにFCVを称賛、推奨する。

なるほど、燃料電池車は、水素と酸素を反応させ発生する電気でモーターを回転させて、走行する。排出されるのは〝水〟のみ。学校で習った水の電気分解の逆バージョンで電気を得るのだ。

ＦＣＶも無公害ゼロ・エミッション・カーの一種である。

だから、ブッシュはＥＶ潰しの刺客としてＦＣＶをぶつけ、強力プッシュしてきたのだ。この、にやけ面の大統領を影で操ってきたのがロックフェラーであったことは衆目の一致するところだ。

告発ＤＶＤ制作者も、その手の内はとっくにお見通し。

「……燃料電池車の燃費は、ガソリン車の３倍にもたっする」（ナレーション）

この一事をもってしても、ＦＣＶはＥＶに勝てるわけがない。

なにしろ、ＥＶの燃費は、ガソリン車の３分の１なのだ。つまり、燃料電池車はＥＶの９倍も燃費が悪い……！

これが、ＦＣＶ第一の致命的欠陥である。

勝負あった、というより、はじめから勝負にならない。

９倍も燃費の悪いクルマを、いったい誰が買うというのか？

燃料電池車……水素がなければ、ただのハコ

さらに、ＦＣＶには隠された欠点がいくつもある。

まずは、水素インフラが存在しない……という決定的な現実だ。

私が日本の電気自動車の父として、尊敬している天才エンジニア、清水浩氏（工学博士）は、私の取材にあっさり一言。

「……水素がなければ、ただのハコです……」

このインフラ欠如こそ、FCV第二の致命的欠陥である。

これに対して、日本のどんな僻地《へきち》でも、電気のインフラは整備されている。

だから、どこの家庭でも自宅でEVチャージが可能だ。

FCVを購入した客は、どこで水素を得ればいいのか？

第三の欠陥は、水素は極めて危険な〝燃料〟である、という事実だ。

「通常は気体です。極めて燃えやすく、爆発しやすい。それを、燃料にするなど狂気の沙汰です」と、東北大、斎藤武雄《さいとうたけお》名誉教授（工学博士）は、呆《あき》れ果てる。

だから、第四の欠陥が浮き彫りとなる。いまだFCVへの水素燃料の「保管」「輸送」「供給」の公的基準も確定していないのだ。

第五の欠点は、水素ステーション建設には、莫大《ばくだい》なコストがかかる、という点だ。

極めて危険な可燃気体である水素の取り扱いには想像を絶する設備投資が必要となる。

試算では、水素ステーション建設コストは最低でも2億円といわれる（写真D）。

ガソリンスタンドは2000万円（写真E）。

電気スタンドなら200万円……（写真F）。

なんと、水素ステーションの100分の1だ。

つまり、水素供給施設一基の建築費で100基の電気スタンドを普及させることができる。

第六は、水素供給は危険で、EV電気供給は利便……という決定的格差だ。

EVに使用されるのはリチウムイオン電池。それは、改良を重ね、世代を重ね、性能は驚くほど向上している。すでに、わずか10分前後で急速チャージが可能という。

将来のEV社会では、コンビニ駐車場には、コイン式電気スタンドが設置されるだろう。そこで、コインを入れて、店内で買い物をしている、わずかな時間でEVに満タンチャージが可能となる。

第七の欠点をあげよう。

それは、FCVの価格が高すぎることだ。

トヨタが発売している〝MIRAI〟は、723万円ナリ（写真G）。

以上のように、燃料電池車は欠陥だらけ……。

だから、EVのライバルとしてFCVをぶっつけること自体、子どもだましなのだ。少しでも頭が働けば、世界中を見回しても、こんな見えすいた罠にひっかかるバカはいない。だから、FCVを選択した国もメーカーも皆無だ。

神戸市で初めて開設された兵庫区の「神戸七宮水素ステーション」

(写真D) 水素ステーション

(写真E) ガソリンスタンド

(写真F) 電気スタンドなら200万

ところが、こんな子どもだましに引っかかったバカがいた……！

それが、日本政府と日本自動車メーカーである。

その筆頭がトヨタなのである。

水素基地100カ所以下！〝ＭＩＲＡＩ〟に未来なし

まず、日本政府の方向性が不可解。なんとＥＶではなく、このＦＣＶ開発を異様な熱気で推進しているのだ。

キャッチフレーズは「未来は〝水素文明〟」。

その道筋が、ＦＣＶ（燃料電池車）の選択というわけだ。

つまり、世界中が怒濤のＥＶシフトを打ち出している今このときに、日本だけが独りＦＣＶシフトを宣言している。

つまり、日本だけが〝わが道を行く〟……。

私は、このクニの未来に、息が止まるほどの不安と恐怖を覚える。

ＦＣＶ〝ＭＩＲＡＩ〟のカタログは、一見、夢の未

（写真G）“MIRAI”

来が満載されているように見える。トヨタが社運をかけて開発、発売した〝ＭＩＲＡＩ〟……。

なかなか、スタイリッシュでかっこいい。

そこには、こうある。

「一充填《じゅうてん》3分×走行距離約620㎞」。

これだけ見れば、なかなかの性能と感服、納得するユーザーもいるだろう。

しかし、次の注意書きが、小さな小さな文字で、目立たないように書かれていた。

「……充填圧および外気温により、充填時間は異なります」。

つまり、3分とは同社が特殊条件で達成した最速記録でしかない。

さらに。カタログで同社は、こう断っている。

「……仕様の異なる水素ステーションで充填した場合は、タンク内に充填される水素量が異なるため、走行距離も異なります」

つまり、620㎞の走行距離も、絵にかいたモチだった……。

それより、なにより、水素ステーションは、いったい、どれくらい、どこにあるのか？

調べてあぜんとした。全国でもわずか100カ所にも満たない。

たとえば、広大な北海道は、札幌市に一カ所のみ。北海道で〝ＭＩＲＡＩ〟を買うとコメディというより地獄の日々が待っている。

いちいち〝燃料〟の供給に、わざわざ札幌まで、その都度、出向かなければならない。

青森、秋田、盛岡、新潟、栃木、群馬などの各県にはゼロ！

宮城県は仙台市に一カ所のみ。

福島県は二カ所……。

あまりの数の少なさに、呆れて天を仰ぐ。

まさに、インフラなければ、ただのハコ……。

全国に100カ所以下しか水素供給ステーションがないのに〝ＭＩＲＡＩ〟を発売したトヨタ。

それは、もはや勇気というより狂気だ。

カタログにはなに食わぬ顔でこう記載している。

「……今後、多くの水素ステーションの整備が予定されています」

しかし、そのウソは、ばればれだ。

「水素社会の象徴ともいえる燃料電池車（FCV）の売り上げは、伸びていません。燃料を供給する水素ステーションの数が、全国で100カ所にも及ばないからです。経済産業省や地方自治体は建設費を補助するなど推進に力を入れていますが、本当に水素社会はやってくるのでしょうか？」（政治ジャーナリスト、高田泰氏ブログより）

テスラEVは走行距離1000km以上達成

日本政府もメーカーも、完全に〝やつら〟の罠にはめられてしまった。そいつの正体はイルミナティ黒幕ロックフェラー。

にやけたベビー・ブッシュが、EV潰しの先陣を切ってFCV推進に熱中していたことからも、彼らの手の内は見え見えだ。

そして、自民党政府も、トヨタも、まさに赤子の手をひねるように、ロックフェラーに騙され、踊らされた。

しかし、欧州各国は、したたかだった。

〝水素文明〟などといった妄想の洗脳には踊らなかった。

そして、20世紀魔王の余命が、いくばくもないことを知っていた。

魔王が生きている間は、うかつにEVにシフトすると潰される。

それはGM社の〝EV1〟の悲劇の末路がすべてを物語っている。

そこで、素知らぬ顔で、欧州各国のメーカーは、極秘裏に超高性能EVの開発を進めてきた。そして、2017年、魔王が死ぬや、満を持して開発したEVを矢継ぎ早に公開デビューさせている。

たとえば、テスラ社〝モデルS〟は一充電走行距1000km以上を達成と驚異的（写真H）。これは量産EVの最高記録だ。

さらに、スウェーデン〝ボルボ社〟新型EV〝ポールスター〟（写真I）。もテスラに追随する。

ドイツの名門ブランドのメルセデス・ベンツも

（写真H）テスラ社“モデルS”

（写真I）ボルボ社 ポールスター

（写真 J）EQ Aを公開している

2022年までに、全車種をEV化すると公表。その代表車種〝EQA〟を2017年フランクフルト・モーターショーで公開している（写真J）。

このように欧州勢の自動車メーカーは、すべてEV一色。燃料電池車という非現実的な選択を行ったメーカーは、皆無なのだ。

2017ショックに慌てるトヨタ首脳陣

日本でEV開発に特化しているのは日産のみ。欧州ルノー傘下なので、燃料電池車の罠に陥らずにすんだ。同社の新型EV〝リーフ〟（写真K）は、走行距離を従来200kmから倍の400kmに伸ばすなど健闘している。

しかし、テスラ社など欧米先行メーカーの走行性能には遠く及ばない。そして、最悪の選択をしたトヨタの未来は、真っ暗だ。

それを指導した自民党政府の罪は、さらに深い。


2017ショックに、トヨタ首脳陣は、そうとう衝撃を受けたようだ。

突然、同社はマツダとの提携を打ち出した。かつて、私はトヨタの電気自動車開発状況を取材して、愕然とした。そのEVモデルは、まさに不格好なブリキのオモチャ。一充電の走行距離を知って腰を抜かしそうになった。なんと、60km……。使用しているバッテリーを聞いて絶句した。

なんと、鉛電池……。

私は、トヨタにEVを開発する意思は、皆無であ

（写真K）新型EV“リーフ”

ることを確信した。

だから、取材の途中、席を蹴って帰ったのだ。

そのトヨタが、世界のＥＶシフトの急激変化に狼《ろう》狽《ばい》している。

マツダにすがったのは、自社にないＥＶ技術を求めたからに他ならない。

また、パナソニックと突然提携を発表。ＥＶ電池技術を求めたのだ。さらに、ネット通販の巨人アマゾンとの提携も模索している。

まさに、なりふりかまわぬ慌てぶりを感じる。

リニア、ＦＣＶ選択……日本を滅ぼす〝工作員〟たち？

それにしても、自民党政権の燃料電池ＦＣＶ路線は不可解。水素文明キャンペーンは不自然だ。

実は、〝かれら〟は……わかっていて、誤った道を突き進んでいるのではないか、とさえ思えてくる。

それは〝発ガン〟超特急リニア暴走と重なってくる（月刊『ザ・フナイ』２０１８年3月号参照）。乗客は安全基準の4万倍もの発ガン電磁波を浴びる。

そして、工事費は5兆円、９兆円……と膨れ上がり、民間プロジェクトのはずが、いつのまにか、国策事業となっている。発ガン電磁波の恐怖を知れば、乗客は皆無となる。

まさに、亡国プロジェクト。それは、まさに絶望の燃料電池車の選択と、まったく同じ。なぜ、日本だけが狂気の暴走が止まらないのか？

陰謀史観に詳しい中丸《なかまる》薫《かおる》氏は、かつて私にこうささやいた。

「中央官庁の課長以上は、みんなフリーメイソンですよ」

なら、〝かれら〟は日本を滅ぼすための謀略としてリニアを選択し、ＦＣＶを推進していることになる。そうでなければ、世界中がＥＶにシフトしているのに、日本だけが、ＦＣＶ邁進という狂気の道を突き進んでいる説明がつかない。

なるほど……安倍晋三をはじめ、〝かれら〟は日本を滅ぼすために、政府中枢に送り込まれた工作員たちだと思えば、すべてが腑に落ちる。

かつては、明治維新の伊藤博文、戦後は、ＣＩＡ工作員、岸信介がそうであった……。

そして今、まさに、歴史は繰り返しているのだ。

連載
第98回

情報最前線《エネミーライン》――未来への指針〈98〉
「第三次世界大戦勃発《ぼっぱつ》!!」

衝撃の近未来シリーズ［第15回］

ロスチャイルド＝イルミナティは京都を熱核反応で消滅させようとした!!

サイエンスエンターテイナー
飛鳥《あすか》 昭雄《あきお》

飛鳥 昭雄（あすか あきお）
1950（昭和25）年、大阪府生まれ。アニメーションやイラスト、シルクプリントの企画制作に携わるかたわら漫画を描き、1982（昭和57）年、漫画家としてデビュー。漫画作品として『恐竜の謎 完全解明』（小学館）など、作家としては『失われた極東エルサレム「平安京」の謎』（学研）、『完全ファイルUFO&プラズマ兵器』（徳間書店）など多数。現在、サイエンスエンターテイナーとして、月刊『ムー』などで作品を発表している。
http://akio-aska.com/

2018年に「第三次世界大戦」レッドラインに入る!!

2017年3月20日、アメリカの大富豪ディヴィッド・ロックフェラーはニューヨーク郊外ポカンティコ・ヒルズの大豪邸で101歳の長寿を全うした。死因は心不全とされ、過去6度の心臓移植を繰り返してそれまで貪欲《どんよく》に生きてきた。1度目の心臓移植は1976年の自動車事故の際に行われ、99歳で6度目の心臓移植に成功し、2015年6月12日、100歳の誕生日を迎えたことから、さらなる心臓移植で記録的最長寿を全うすると思われた。

この男が地上から消えた2017年、世界は「第三次世界大戦」のシフトへと変わる。ドナルド・トランプ大統領が、アメリカ議会が承認していた「エルサレムのイスラエル首都承認」を正式に認定したからである!!　亡くなったロックフェラーのデイヴィッド（David）の意味は「ダビデ」で、自分はドイツ系で、アシュケナジー系ユダヤではないと

2017年12月6日、ドナルド・トランプ大統領は、エルサレムをイスラエルの首都と承認したが、アメリカ議会は1995年からすでに承認していた。

言っていても、出所がスペインのユダヤ系と判明している以上、アシュケナジー系ユダヤである。「ＷＡＳＰ」はドイツ系ホワイト・アングロサクソン・プロテスタント（White Anglo-Saxon Protestant）の略で、ロックフェラーはそのトップに君臨するが、ゲイリー・アレンが著した『The Rockefeller File』に、ロスチャイルド家の当主が語った言葉、「ロックフェラーはロスチャイルドの傍系である」が正体を暴露している。

ロックフェラー一族は、スペインに住んでいたユダヤ人で、15世紀に広大な土地を領有する地主階級だったと明らかにしている。１４９２年にスペイン国王のユダヤ人追放令が発布されるとトルコに逃れたと、ジェラルド・R・フォードの副大統領でニューヨーク市長だったネルソン・D・ロックフェラーの祖父も認めている。その後、トルコからフランスへ逃れた一族は、キリスト教徒の方が商売に有利とプロテスタントに改宗し、次々と国を移る

たびに姓名を変えていく。フランスで「ロクフイユ（Roquefeuille）」、ドイツで「ロッゲンフェルダー（Roggenfelder）」、アメリカで「ロックフェラー（Rockefeller）」と名を変えていった。

19世紀、ドイツから新大陸に入ったロックフェラー一族の事業資金をロスチャイルドが工面した。そのことを、ゲイリー・アレンは著書で明らかにしている。当時、ロスチャイルド一族がジョン・D・ロックフェラーを見出《みいだ》し、ロスチャイルドの支配を嫌がるアメリカの清教徒やアングロサクソンの目を誤魔化《ごまか》すため、ロックフェラーに莫大《ばくだい》な資金を与え、アメリカを裏から支配する石油王に仕立てたと。結果、ロックフェラー一族はアメリカの中央銀行「ＦＲＢ／連邦準備制度理事会」を牛耳《ぎゅうじ》るオーナーとなり、世界の基軸通貨のドル札を自由に操れる立場に伸《の》し上がったが、その上にいるのがロスチャイルドである。ロックフェラーはカーネギーをはじめとする他のＷＡＳＰ財閥との政略結婚を進め、アメリカの大富豪の半分以上がロックフェラーと血縁関係にあり、アメリカ貴族社会「東部エスタブリッシュメント」を形成する。

アメリカの映画監督でプロデューサーのアーロン・ルッソ監督は、中国との取引を担当するニック・ロックフェラーとの会話内容をYouTubeで暴露したことが命取りになる。ニックがルッソ監督に、アメリカのアフガニスタン侵攻やイラク戦争のきっかけとなる〝ある重大な出来事が起きる〟ことを予告したからだ。それが２００１年に勃発《ぼっぱつ》した「９・11」で、ブッシュ・ジュニア政権の自作自演という内容だった。ニック・ロックフェラーはこうも言っている。「アフガニスタ

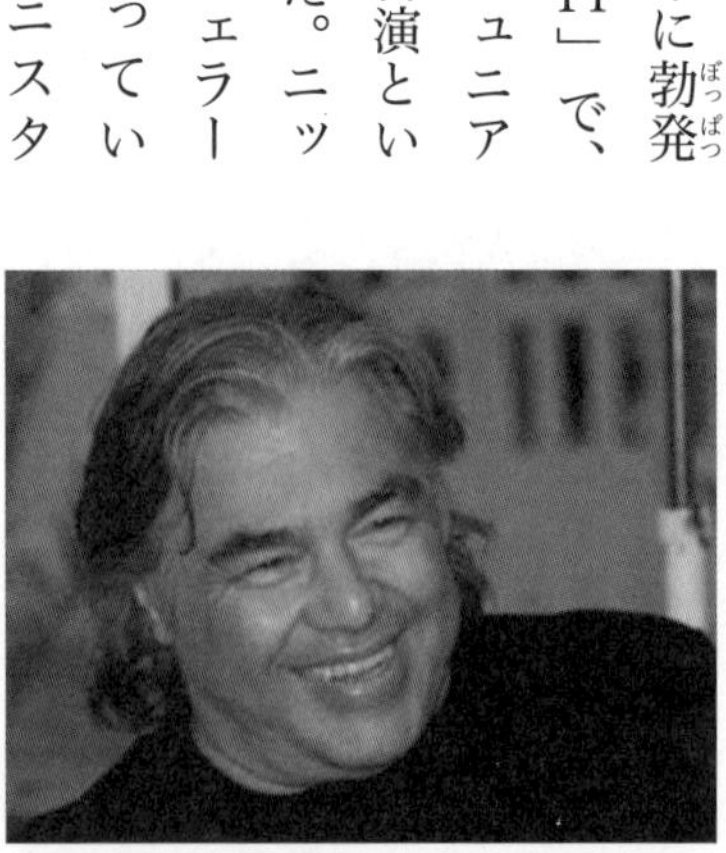

アーロン・ルッソ監督は、ロックフェラー一族が「3・11」の首謀者で、「イラク侵攻」もすべてロックフェラーの仕業と公表し、しばらくして命を失っている。

ンを侵略するだけで、石油のパイプラインが引け、イランを侵略すれば油田も奪うことができる。そこにアメリカ軍基地を置けば、中東を新世界秩序に取り込むことも可能で、アメリカに批判的なベネズエラのチャベス大統領は殺せばいい」と。しかもニックは、それらの計画のすべてが〝巨大なでっち上げ〟で塗り固められるとし、アメリカ国民をロックフェラー一族が恐怖支配する手段と告げた。このインタビューの模様はYouTubeで話題となり、数々の動画がアップされたが、9・11の仕掛けを暴露した本人のルッソは、その後すぐに命を失っている。

ロスチャイルド一族は大和《やまと》民族が討ち漏《も》らしたカナン人の末裔《まつえい》!!

2017年12月6日、ドナルド・トランプ大統領が、エルサレムをイスラエルの首都に認定したことで、ロスチャイルドとロックフェラーは、最終段階ともいえる世界支配に乗り出す。

アメリカの歴史家・政治評論家のユースタス・マリンズは、ロスチャイルドのルーツを『旧約聖書』に登場する「カナン人」のニムロド（ニムロデ）王と暴露する。事実、ロスチャイルドの一部は、自分たちを人類史上初の武力制覇により統一国家を樹立したニムロドの子孫としている。ニムロドは公然と神に反逆し、傲慢《ごうまん》を象徴する建造物「バベルの塔」を築き、その頂上から天に向かって矢を放った王とされる。ロスチャイルド一族は、ニムロドとヤフェトの末裔《まつえい》（白人種）の混血で、莫大な資金でアシュケナジー系ユダ

ロスチャイルドの伝承では、自分たちの祖先は傲慢の象徴「バベルの塔」を建てたニムロドで、やがて金融と金銭をもって世界を牛耳る王となった。

ヤを支配している。カナン人は、ニムロド以降、神がイスラエルの12支族に与えた「カナン／約束の地」に住んでいた先住民で、モーセの後継者だったヨシュア率いる「ヤ・ウマト（ヤハウェの民）」の軍に全滅させられるはずだった。ところが、カナン人の女性や少女を見たヤマト民族は、彼らを哀れんで殺さず、その血を約束の地に残してしまう。ニムロドの一族を討ち漏《も》らしてしまったのだ。

「彼らがゲゼルに住むカナン人を追い出さなかったので、カナン人はエフライム（12支族の中の1部族）と共にそこに住んで今日に至っている」（「ヨシュア記」第16章10節）

「カナン人はこの地域に住み続けた。イスラエルの人々は強くなってからも、カナン人を強制労働に従事させただけで、徹底的に追い出すことはできなかった」（「ヨシュア記」第17章12～13節）

ただし、絶対神ヤハウェは、アブラハムの子イサク（イスラエル）と、カナン人の女性との結婚を厳しく禁じた。カナン人はマムシの民だからである。

「天の神、地の神である主にかけて誓いなさい。あなたはわたしの息子の嫁をわたしが今住んでいるカナンの娘から取るのではなく、わたしの一族のいる故郷へ行って、嫁を息子イサクのために連れて来るように」（「創世記」第24章3～4節）

その末裔が、ソロモン王の死後、バアル神を注入して国の内部からイスラエルを南北に分裂させ、偶像を礼拝させ、南北イスラエルを崩壊させた挙句、血も涙もない「ベニスの商人」となって、世界最大の金融を支配する「黒い貴族」ロス

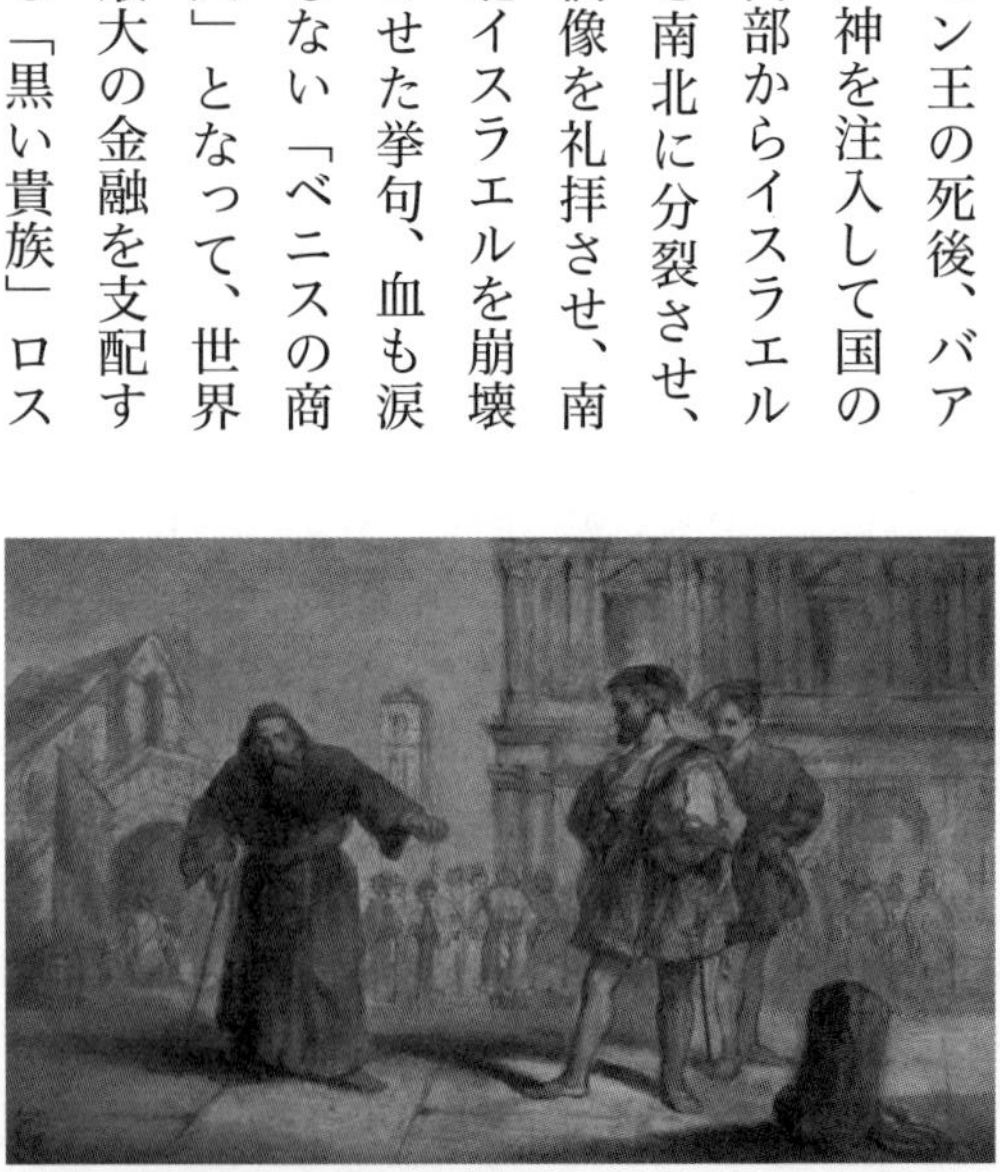

シェークスピアの『ベニスの商人』はユダヤ人の金貸しが、返済に借主の肉を削《そ》ぐ話だが、アシュケナジー系ユダヤより傲慢なカナン人の登場は、その数百年後となる。

チャイルド家を誕生させる。

イスラエルに融け込んだカナン人は、宗教組織にも入り込み、イエス・キリストを磔刑《たっけい》にし、ローマに逆らわせてイスラエルを崩壊させた。その後、アシュケナジー系ユダヤに紛れてヨーロッパに潜り込み、そこで貴族と婚姻関係を結んでコーカソイド（白人種）のようになった。ユダヤの地でユダヤ教徒の振りをしてきたカナン人と、一夜にしてユダヤ教徒となった「ハザール汗国」の白人種とは民族的に違うが、見かけ上ユダヤ教徒としてヨーロッパに潜り込む。

ロスチャイルド一族はフリーメイソンを略奪しようとした!!

戦争大量消費時代の極みに登場したのが、ロスチャイルドの創設者マイアー・アムシェル・ロートシルト（1744年生まれ）で、後に「フリーメイソン」の知識を奪おうとして失敗する「イルミナティ」とも深い関係がある。1785年、アダム・ヴァイ

バアルの悪魔崇拝信奉するイルミナティは、ロスチャイルドを元に発生し、フリーメイソンを乗っ取ろうとしたが失敗する。

モーツァルトの死に関与したとされる「フリーメイソン」だが、当時のロスチャイルド系イルミナティが引き起こした事件だった可能性がある。

2014年6月13日、デイヴィッド・ロックフェラーの息子リチャード・ロックフェラーは、父の誕生日パーティの帰りに墜落死したが、イルミナティと父の関係を暴露する寸前だったという。

スハオプトが創設した共産主義的啓蒙《けいもう》組織「イルミナティ」は、バチカンから異端扱いされて消滅するが、その際、アダムは「闇《やみ》のイルミナティに気をつけろ!!」と言い残している。それが誰かは一《いち》目《もく》瞭《りょう》然《ぜん》で、同時代を生きていたロスチャイルド、マイアー・アムシェル・ロートシルトのことである。事実、ロスチャイルドの宗教はユダヤ教とされるが、それはカモフラージュで、幼児を生贄《いけにえ》に捧《ささ》げる悪魔宗教「バアル」以外の何物でもない。

彼らが信仰する光の神は、「主バアル」で、バアルは別名「熾天使《してんし》：光の天使ルシファー」を指し、光の意味で神と悪魔は同一で矛盾しないとする考え方だ!!　だからロスチャイルドはユダヤ教徒ではなく、白人の血も持つ故に「アシュケナジー系ユダヤ」を名乗るが、アシュケナジー系の顔をした「カナン人」というのが正体である。そのニムロドの誕生日

実践哲学者アダム・ヴァイスハオプトは、啓蒙主義的な倫理的完成可能説をもって「イルミナティ」としたが、同年代のロスチャイルド（初代）に乗っ取られる。

カナン人の宗教は、偶像礼拝と幼児を犠牲に捧げる人身御供が主体だった。

ロスチャイルドはアシュケナジー系ユダヤを装うが、元はヤ・ゥマトが討ち漏らした「バアル信仰」のカナン人で、その祖はバベルの塔を建てた「ニムロド」とされる。

が12月25日のため、バチカンが制定した「クリスマス」は、バアルの王ニムロドを祝う日となり、ニムロドのシンボル『X十字』を祝うため、「X'mas」と表記する!!　今のクリスマスは、ロスチャイルドの「イルミナティ」の日であり、だからといってクリスマスの意味が削《そ》がれることはないが、その日が光と闇の陰陽になることは知っておくべきである。

ロックフェラーもキリスト教徒の顔をしたアシュケナジー系ユダヤだが、カナン人の末裔ロスチャイルドと二人三脚でイスラエルを建国した。そのイスラエル建国において、日本人は「シオニスト」という存在を誤解しているようだ。「シオニスト」とは、「シオニズム（シオン主義）」を掲《かか》げる人々のことで、シオニズムとはパレスチナにユダヤ人の民族的拠点を設置する思想・運動をいう。と、ここまでは正しく認識していると思うが、エルサレムの「嘆きの壁」の前で礼拝するラビ（ユダヤ教の聖職者）や厳格なユダヤ教徒は、エルサレムが首都であろうとなかろうと関係ない。彼ら厳格なユダヤ教徒は、礼拝ができればいい宗教者たちで、イスラエル建国とも直接的な関係はない。

どういうことかというと、イスラエルを建国したのは厳粛なラビなどユダヤ教徒ではなく、ユダヤ教を捨てて世俗化したアシュケナジー系ユダヤということだ。彼らは世界中から民族的な差別を受けたくないため、「国」というシステムを必要とし、カナン

2017年末から世界的に流行した「逆さツリー」は、「生命の樹（命の木）」と逆の「地獄の樹」となるため、世界の終末が近い前兆となっている。

人の血を持つロスチャイルドと、アシュケナジー系ユダヤのロックフェラーから潤沢な資金を得て建国したのがイスラエルという国である!! そのことから言えば、シオニストは民族主義を掲げるアシュケナジー系ユダヤ人の意味で、イスラエルの経済界や政界、及びアメリカで政治的ロビー活動をするアシュケナジー系ユダヤ人を指している。だから、ユダヤ系の財界、政界のロビイストにキリスト教徒が多いのは、シオニズムとユダヤ教は直接にイコールではないからだ。「シオニズム運動」とは民族における国家樹立が最優先の運動で、ユダヤ教で世界を救う運動ではなく、むしろユダヤ教は逆で、「選民思想」によってユダヤ教以外の宗教を排斥する。イスラエル国内でも、財界や政界のアシュケナジー系ユダヤと、厳格なユダヤ教を掲げるラビは仲が悪く、互いに互いを非難し合ってもいる。一方はどうしようもない宗教馬鹿《ばか》として扱われ、他方は道を踏み外した不信心者として扱われている。

アメリカのユダヤロビーも同様で、彼らのほとんどは「シオニズム＝ビジネス」によって新世界の秩序を構築し、それを中心に大儲《おおもう》けすることを期待している。だからユダヤロビーが背後にいるトランプ政権が、金儲けのビジネス的発想でエルサレムをイスラエルの首都に認定したのである。極論すれば、「エルサレム」を首都にするのも、「第三神殿」を建設するのも、アメリカの背後にいるロックフェラーと、ロスチャイルド（カナン人）のビジネスが美味《おい》しいから行うに過ぎない。宗教者のラビがいくら集まっても、国を一つとして建国できるわけがない。その意味は大きく、今のイスラエルのアシュケナジー系ユダヤにしても、最終的にはバアルを崇拝するカナン人、つまりロスチャイルド一族に裏切られる。3000年以上前、ヤマト民族の討ち漏らしたカナン人が、後になって大きな戦争や世界的大戦争を演出し、世界中の富を独占して、最終的に全人類を滅ぼすハルマゲドンまで引き起こす。これは大和民族のせいで起きる未曽有《みぞう》の大殺戮《だいさつりく》である!!

偽ユダヤが「原子爆弾」で本物のユダヤを地上から消し去ろうとした!!

偽ユダヤ（アシュケナジー系ユダヤ）が血統的ユダヤ「ヤ・ウマト」を、「原子爆弾」で地上から消滅させようとした!!　1942年10月、第32代アメリカ大統領フランクリン・ルーズベルトは、「NDRC／アメリカ国防研究委員会」の議長ヴァネヴァー・ブッシュと副大統領ヘンリー・A・ウォレスを交えた極秘会議で、核兵器開発プロジェクトを承認し、主導権を海軍ではなく陸軍に行わせるよう指示した。プロジェクトの実施は「陸軍マンハッタン工兵管区」の名称で行い、レズリー・リチャード・グローヴス准将が1942年9月に着任する。その後に起きた広島・長崎の原爆投下は、ルーズベルトの後継者だったハリー・トルーマン大統領の意思で決定したとされている……が真実は全く違う。

非人道的な原爆投下は、陸軍のグローヴス准将の主導で決行されたもので、トルーマンへの説明の際、「広島と長崎は海軍の巨大な軍事基地であり、民間人は一人もいません」と嘘《うそ》をついている。最近、コロラド州コロラドスプリングスの「アメリカ空軍士官学

ハリー・S・トルーマンもアシュケナジー系ユダヤで、アメリカはユダヤを中核に徹底的に日本を叩き潰すことに邁進《まいしん》した。

日本を叩《たた》き潰《つぶ》そうと画策したフランクリン・ルーズベルト、ウィンストン・チャーチル、ヨシフ・スターリンはすべてアシュケナジー系ユダヤだったことは日本では知られていない。

校」の図書館で、原爆計画のインタビューテープが発見された。その中に、「最初の原爆は7月に準備され、もう1つは8月1日頃に準備され、１９４５年の暮れには、さらに17発が製造されていた」との発言があり、グローヴスが日本への原爆大量投下を計画していたことが判明した。さらにグローヴスは、以下のようなコメントをテープに残している。「ルーズベルトが知っていたのは、私が責任者を務めていることだけで、彼から原爆の進捗《しんちょく》状況について聞かれたことは一度もない」や、「原爆開発はすべて私に任せられ、そのため、（議会から）何の邪魔もされずに開発を進められた」や、「ルーズベルトが知っていたのは、巨大プロジェクトに時間がかかるというだけで、本当に完成するとは思っていなかったようだ」と語っている。

　彼が仕切ったいくつかの議事録にも、原爆投下を「東京」にしていたことが判明し、その理由としてアシュケナジー系ユダヤが考えることは、首都と一緒に国体である天皇も一族もろとも地上から消し去ることだった。さらに、グローヴスが東京より最初に原爆を落としたかった都市は、広島でも長崎でもなく、東京でもなく「京都」だったことが録音テープから判明した!!　その途中でルーズベルト大統領が急死し、後継者だったトルーマンも、副大統領になってわずか3カ月しか経《た》っておらず、ルーズベルトとトルーマンは一度しか会っていなかった。そのトルーマンを、グローヴスはテープの中で、「トルーマンは原爆について何も知らないが、まさかその自分が原爆投下の全責任を負うなど思いもしないだろう」と語っている。同年4月25日、グローヴスは陸軍長官ヘンリー・スティムソンと一緒にホワイトハウスを訪れ、原爆計画続行の承認を得ようとしたが、進捗状況を記した報告書をトルーマンは読むのを面倒くさがり、「そんな類《たぐい》の報告書など読むのも面倒だ」と語ったのを、グローヴスは故意に了解と解釈し、一気に自分の思惑通り原爆開発を暴走させていく。「原爆投下におけるトルーマンは、ソリに乗った子どもと同じで、彼はそのまま滑り落ちていくだけだ」、「トルーマンは原爆の知識など全くない大統領だ」と揶揄《やゆ》している。1945年4月27日、グローヴスは原爆投下地点を決める『目標検討委員会』を主宰したが、トルーマン大統領や側近を呼んだ形跡は一切ない。そこでグローヴスが主張したのは、驚くべきことに、何がなんでも「京都」を真っ先に地上から消滅させることだったのである!!

ロスチャイルドが狙う原子爆弾最初の標的は「京都」だった!!

「マンハッタン計画」の総指揮者だったアシュケナジー系ユダヤのレズリー・リチャード・グローヴス准将は、「京都」への原爆投下を何処《どこ》よりも最優先

アメリカの議会も通さなかった「マンハッタン計画」は、陸軍の1人の軍人レズリー・リチャード・グローヴスがすべてを掌握し、トルーマンさえ原子爆弾の存在を知らなかった。

大和民族大虐殺を願望するレズリー・リチャード・グローヴス准将(左)と、原爆を開発したロバート・オッペンハイマー(右)は共にアシュケナジー系ユダヤだった。

ロスチャイルドはロックフェラーと手を組み、大統領も議会も手を出せない間に、天皇縁《ゆかり》の「京都」を最初の熱核反応で消滅させようとした!!

し、次が「東京」を天皇とその一族と共に蒸発させることを第一義とした。その次が、大和民族を地上から超熱核反応で消滅させることだった!!

一方、陸軍長官ヘンリー・スティムソンは、民間人を爆撃しないと定める「ジュネーブ条約」にアメリカは著しく違反しており、すでに106回の東京空襲で女性や子どもを含む10万人以上を焼き殺していた。この上、軍需地帯でもない京都への新型爆弾（原爆）の投下は、文化財保全を目的とする「レーリヒ条約」に著しく違反する重大問題だった。1945年6月6日付けのスティムソンの日記を見ると、「気がかりなのは、（グローヴスの暴走で）アメリカがヒトラーを凌《しの》ぐ残虐行為を日本人にした汚名を着せられることだ!!」とある。しかし、狂気に陥ったグローヴスは、その後、何度も京都への原爆投下をスティムソンに迫り、その都度スティムソンは拒絶している。トルーマンも、自分が一般市民を大量消滅させる虐殺者の汚名を着たくなかった。

1945年7月16日、世界初の原爆実験がネバダの砂漠で産声を上げたとき、すでに日本は降伏寸前に追い込まれていた。この状況を恐れたのが、日本人をこの世から完全に消したいグローヴスで、ロスチャイルドとロックフェラーの命令を実現できなくなることに焦った。グローヴスへの命令は、日本の17の主要都市すべてを熱核反応で消し去り、日本人を地上から消し去るというロスチャイルドとロックフェラーの壮大な民族絶滅計画だった。そのため、グローヴスが選んだ日本の都市は、「京都」を筆頭に、「東京（湾）」「大阪」「名古屋」「神戸」「横浜」「福岡」「長崎」「広島」「山口」「佐世保」「小倉」「下関」「八幡《やはた》」「熊本」「川崎」「呉《くれ》」で、その後も、次々と原爆を落とし、最終的に一つの民族を地上から消し去り浄化することだった。人類最初の核実験である「トリニティ実験」の5日後（7月21日）、スティムソンの元にグローヴスから緊急電報が届き、そこで再び京都を目標に原爆を落とさねばならないと激しく訴えていた。もはや狂人の様相だが、最後の天皇陛下が戻る京都を先に消滅させれば、血統的ユダヤが自分たちを駆逐することはなくなり、世界はカナン人とバアル神の思うままになる。

トルーマン大統領は、同年7月25日付の日記に「原子爆弾は7月25日から8月の間に使われるが、一般市民、特に女性や子どもをターゲットにすることがないよう命令しておいた。目標は軍事基地のみに限られる」と記している。ここでグローヴスは一計を案じる……トルーマンを騙《だま》し、広島・長崎を一般人のいない軍事都市と偽る「報告書」をトルーマンに提出したのだ。しかし、グローヴスが起草した「原爆投下指令書」の何処にもトルーマンが承認したサインがない。グローヴスの狙《ねら》いは、「一億総玉砕」を叫ぶ日本人は全員死ぬまで万歳突撃したいのだから、自分がその願いに手を貸せば結果は同じことになる。女性や子どもを含むすべての大和民族は天皇と一緒に自決したがっている以上、これも自分が代わって、彼らの願いを叶《かな》えてやればいい。

広島に続いて長崎まで、グローヴスにより勝手に原爆を落とされたトルーマン大統領は、全閣僚を招集し、以後、大統領の許可なく原爆投下を禁じることを発表した。しかし、グローヴスには勝算があった……日本兵は必ず最後の一人まで戦って自決すると……それは女性も子どもも同じで、特攻隊を見れば明らかなように、日本人は死にたがっており、最後の一人まで死ぬことに意義を見出していると。つまり日本は降伏など絶対にしないし、できないシステムのため、降伏するぐらいなら自決する民族である。だから結果として日本人全員を熱核反応で蒸発させることができると踏んでいた。

ところが、それを一撃で食い止める事態が発生する……昭和天皇の「玉音放送」である!!　この昭和天皇の放送で、ロスチャイルドとロックフェラーが目論《もくろ》んだ「大和民族地上消滅計画」は一瞬にして頓《とん》挫《ざ》した。一方、トルーマン大統領も責任回避から、長崎への原爆投下の8月9日のラジオ演説で、「戦争を早く終わらせ、多くのアメリカ兵の命を救うため、自らが原爆の投下を決断した!!」と嘘の発表を行った。このままなら、グローヴスに振り回された間抜けな大統領になってしまうからである。原爆の存在をアメリカの上下両院の議員たちも全く知らなかった。知ったのは広島に原爆が投下された後で、グローヴスの背後にいたのが、ウラン型原爆（広島に投下）の開発に協力した「ロックフェラー&メロン財閥」で、プルトニウム型原爆（長崎に投下）に協力したのが「デュポン&モルガン財閥」で、そのどれもが「ロスチャイルド」の傘下である。

ヨシュアによって根絶やしになりかけたカナン人の末裔が、アシュケナジー系ユダヤを駆使して、一つの民族の根絶やしを目論んだが、昭和天皇の一言によってすべてが吹き飛んでしまったのである!!

広島をきっかけに日本人大虐殺に打って出たアシュケナジー系ユダヤを牛耳っていたのは、カナン人の末裔ロスチャイルドとロックフェラーだった。

連　載
第13回

お金の謎に迫る〈13〉利子の本質が派生的にもたらす影響(2)

『みち』論説委員
安西《あんざい》 正鷹《まさたか》

過去20年、世界で起きた経済のイベント

ドイツの児童文学作家ミヒャエル・エンデが亡くなってからわずか2年後の1997年に、アジア通貨危機が起きました。翌1998年は大手ヘッジファンドLTCMの破綻があり、金融市場は暴落しました。2008年には、サブプライムローン問題を背景に2007年の米国住宅バブル崩壊に端を発したリーマンショックが発生します。世界経済は再び大混乱に陥りましたが、やがて落ち着きを取り戻しました。

あれから10年近く経ったいま、世界の金融市場は安定し、経済は緩やかに成長を続けています。債券市場は金利がマイナスになるほど高騰し、株式市場も上昇基調に乗っています。日本でも、好調な世界経済を好感して、今年2018年最初の取引日となる大発会では、日経平均株価の終値が昨年末比741円39銭高の2万3506円33銭と急反発しま

安西　正鷹（あんざい　まさたか）
大学卒業後、某大手銀行に入行。為替ディーリング部門に配属されて以降、長年にわたって金融市場関連部門でキャリアを積む。情報誌『みち』（文明地政学協会発行）論説委員。現代文明の問題点とそれに代わる新しい文明の原理の解明に取り組むなか、三次元的な物質世界か多次元的な精神世界かという二者択一ではなく、両者を統合・融合させた立体的な観点から俯瞰し、お金の本質と世の中を幸せにするお金のあり方を模索している。

した。1992年1月以来、26年ぶりの高値という明るいニュースは、今年も日本や世界の経済が順調に推移することを予感させています。

しかし、このように好況に沸く世界の経済と金融市場の安定は、QE（量的金融緩和政策）によって人為的に演出されたものであることを忘れてはなりません。米国で始まったQEは、表向きデフレ解消、景気回復策として実施されましたが、実質的にはリーマン危機後の金融救済策、つまり通貨発行による債券買い支えを目的としたものでした。2015年まで続けていたQEによって、米連邦準備制度理事会（FRB）の保有資産は5倍にも膨れ上がりました。

耐え切れなくなった米国に代わって、いま欧州と日本の中央銀行がQEを肩代わりして世界経済を支えています。こうして資金が大量供給されている流れの中で金融相場が上昇しているので、これは明らかにバブルなのです。リーマンショック以降に回復し、現在上昇基調にあるとされる金融市場は、砂上の楼閣のようなものです。

金融市場とそれを支える制度は不安定なもので、金融市場の規模が大きくなるにつれて好不況の波の振幅は大きくなって、世の中に及ぼす影響も格段に大きくなっています。

エンデが語るお金の本質＝利子

エンデはこのように不安定なまま膨張し続ける金融市場を、不安と懐疑のまなざしで見つめていました。そして、世の中のあらゆる問題や不幸を生み出す源がお金にあると考えていました。

「本当はそんなにわかりにくい問題じゃないと思うんです。すべてを破壊していく元凶、自然保護運動にいたるまで、すべての事柄を駄目にしてしまう元凶は、お金自身が商品になってしまった事実にあると思います」

（『三つの鏡 ミヒャエル・エンデとの対話』朝日新聞社）

また、お金自身が商品となったことの背後に利子の問題があることを突き止めて、エンデは次のようにも語りました。

「私が見ている唯一の克服の道は、本当に理性的な洞察によって、お金の制度自体がその内部ですっかり変わらなければならないことに、経済界の人たち自身が気づくことです。利益を当てにするのではないお金のあり方が生まれること。現在の経済界は、まず大量にお金を投資するところから始まります。しかもその資本は、利子が利子を生む形で、再獲得されなければならなくなっている。その利子のお金が生じるために、これと対価の品物がどこかで生産される必要がある……と、つまり経済界、生産、消費は、いつもお金の形に沿って動かなければならない。本当の人間の消費欲求にリアルに沿って動くのではなくて」

（『三つの鏡 ミヒャエル・エンデとの対話』朝日新聞社）

お金が発明された当初、お金は物々交換の不便さを解消するために使われていました。モノやサービスは、人間の日常生活を支えて豊かにしてくれます。お金はこのありがたいモノやサービスを、個々の人々の手元にとどまっている状態から解き放ち、人々の間で相互にやりとりさせて行き渡らせてくれます。

人々の生活を豊かにして幸せにしてくれるのはモノやサービスであって、お金そのものではありません。だから、人間にとってモノやサービスが主役であって、お金はモノやサービスに従って奉仕する脇役に過ぎないのです。

ところが、人類はいつしか、利子が利子を生み、お金を一方的に増やすことを、お金に付随するはたらきとして認めてしまいました。モノやサービスは時間が経っても、増えることはありません。逆に、減ったり、腐ったりして、消えてなくなります。でも、お金は時間が経てば経つほど増えていくわけです。肉眼で見える自然法則とは逆の作用があるとしても、それは人間の頭の中で作り出した、想像の世界での話でした。

しかし、想像の域を出なかったおとぎ話のような出来事が、ある時を境にして人々の目の前に現れるようになったのです。自然現象に逆行するかのような作用が、私たちの生きる三次元の物質世界で繰り広げられるようになりました。

自然現象にこのような作用がないのは、それが宇宙や自然を創った神が望んでいないからです。けれども、「神の意思」ともいうべき宇宙の法則から離れたときに、人間は単なる交換の道具でしかなかったお金に、それまでとは違う役割を与えました。

宇宙の法則にしたがって生きてきた人々は、そこから離れて生き始めたときに、お金に反自然的な力があることを見出しました。意識の転換によって、それまで見えていなかった別の世界の情景が目の前に現れたわけですが、それは自分の内面に生じた影を外側の世界に投影させたということです。

神とともに生きる道から離れることを選択した人間は、反自然的な現象を引き起こすお金に、まるで魔法のような力があると錯覚しました。いつまでたっても価値が減らず、どんどん増えていくのは、他のモノにはないお金だけの特性です。

まさしく、この瞬間に、モノのひとつに過ぎないお金は、自分の分身を生み出して増やす自己増殖する力を獲得しました。つまり、お金を商品にして値段を付けて取引するだけでなく、他人との間で貸し借りをして利子を発生させ、増殖し続けるお金を貯める欲望を人々に焚《た》き付けるようになりました。いわゆる、「価値保存機能」の誕生です。

危機的状況を脱するために

お金に自然を統《す》べる神にも勝る万能の力があると信じた人々は、お金は物々交換のために使う道具ではなく、お金それ自体を取引の対象とする商品としてもてはやすようになりました。これに伴い、モノやサービスとお金の主従関係が逆転してしまいました。お金が主役となり、モノやサービスが脇役となりました。つまり、お金は支配者として君臨し、モノやサービスはお金に服従する臣下に成り下がったのです。

お金にモノやサービスを従わせる力があるということは、お金さえあればどんなモノでもサービスでも手に入れることができるということです。人々は単なる道具に過ぎなかったお金に万能の力を与えました。お金に神をも凌《しの》ぐ力があるという幻想を抱いた人々は、お金をたくさん得ることが自分の力と価値を高めると錯覚し、お金に服従してひれ伏すことを厭《いと》わなくなりました。

利子が社会秩序を乱して人々を不幸にすることが文献上に認められるのは、紀元前18世紀に編纂《へんさん》された『ハンムラビ法典』においてです。少なくとも、いまを遡《さかのぼ》ることはるか約4000年前に、利子は人類史に登場しました。それ以来、お金に組み込まれた利子のはたらきは、幾度となく多くの人々を不幸に陥れ、絶望の淵《ふち》へと追いやってきました。

エンデは、このような歴史の繰り返しの果てに現在の危機的な状況があると考えていました。そして、そこから脱するためには、まず、あらゆる問題の根源にお金があり、お金の制度自体をその内部からすっかり変えていかなければならない、という問題認識を持っていたのです。

お金の本質を解き明かす入門書『モモ』

エンデが初めてお金の問題を提起した作品は、

１９７３年に発表された代表作『モモ』です。

彼が亡くなってから20年以上の歳月が流れましたが、お金や金融制度が抱える根本的な問題はいまだに解決されていません。それでも、エンデはお金の制度自体がその内部ですっかり変わらなければならないことに気付く糸口を与えてくれました。それが『モモ』なのです。

エンデがそのことに真っ先に気付くべきだと名指しした経済界の人たちだけでなく、それ以外の人々にもお金の本質とは何かを教えてくれます。お金の持つ問題点を理解するには、巷《ちまた》にあふれる経済学や金融関係の専門書を何十冊読むよりも、この本を読む方が手っ取り早いと思います。専門知識はなくてもイメージとして心に深く刻み込まれますので、お金の本質を解き明かしたい方にとっては格好の入門書です。

エンデは『モモ』のなかで直接的な表現でお金に対する問題提起をしていません。彼自身が語るように、意表を突くたとえ話や物語の形に仕立て上げて、人々に問いかけました。

「ファンタジーとは現実から逃避したり、おとぎの国で空想的な冒険をすることではありません。ファンタジーによって、私たちはまだ見えない、将来起こる物事を眼前に思い浮かべることができるのです。私たちは一種の予言者的能力によってこれから起こることを予測し、そこから新たな基準を得なければなりません」

「人間は目に見える危機には対応できますが、目に見えない危機には無力な存在です。かつては、過去の文化や歴史を学ぶことで、現代の問題にどう対応すべきかを了解できましたが、お金の問題ではどう考えるべきかの規範が過去には何もありません。したがって、未来を想定し、何が起きてくるのかを予言的に直視しなければなりません」

（『エンデの遺言』ＮＨＫ出版）

エンデはこのように語るとともに、次のように考えていました。

「記号化された抽象的な言葉を羅列しても、既存の枠組みを超越する発想は生まれない。ファンタジーによってかき立てられる想像力が意識の跳躍をもたらし、過去からではなく「未来から」の視点での問題解決を可能にする……」

人々は彼を児童文学作家や童話作家と呼びますが、哲学者、批評家、予言者など多彩な顔を持っています。しかし、意外にも本人にはそんな自覚はなく、あくまでファンタジー作家を自認していました。

「ぼくはね、『モモ』を書くとき、そんな社会批判をやる気など、これっぽっちもなかった。いわば、自然のなりゆきとしてそうなっただけだ」

「時折には、作家がだいたい気付いているよりも、はるかに深い意味のことが成り立つ。あとになってから、書いた文に何重もの意味があることがわかってくるのですが、たいていはそうしようとするのではなくて、それは起きる」

「なにかある作品を書き始めると、最後がどうなるのか、わたしにはまるでわからない。わたしとしては、そのときに書きながら、決定するだけなのです」

（『エンデの遺言』ＮＨＫ出版）

彼は、直感に命じられるままに黙って筆を走らせるだけだと、赤裸々に告白しています。自動書記ではありませんが、エンデは自分の潜在意識に照射された神々の意思を忠実に代弁する霊媒の役割を担っていたのではないでしょうか。

世界的ベストセラー『モモ』が示すもの

『モモ』は発表以来、世界中で少なくとも６００万部以上発行されている大ベストセラー作品です。本国ドイツでは、この作品はわずか一票差で児童文学賞を受賞しています。エンデはすでに名作『ジム・ボタンの機関車大冒険』と『ジム・ボタンと13人の海賊』によって、児童文学作家としての地位を固めていました。僅差とはいえ『モモ』で再び児童文学賞の栄誉にあずかったことは、彼の名声をいっそう高め、不動の地位を築くきっかけとなりました。

日本では1976年に刊行されて、150万部を超える発行部数を記録しています。この発行数はドイツに次いで多く、特に日本では根強い人気を誇っています。

英語、日本語をはじめ、欧州諸国の言語を中心に30以上の言語に翻訳されています。ちなみに、翻訳されたその他の言語は、アフリカーンス語、バスク語、ロシア語、ブルガリア語、中国語、デンマーク語、フィンランド語、フランス語、ギリシア語、ヘブライ語、オランダ語、アイスランド語、カタルーニャ語、韓国語、ラトビア語、リトアニア語、ノルウェー語、ポーランド語、ポルトガル語、スペイン語、ルーマニア語、スウェーデン語、セルボ・クロアチア語（セルビア・クロアチア語）、スロバキア語、スロベニア語、タイ語、チェコ語、トルコ語、ウクライナ語、ハンガリー語です。

1986年には、当時の西ドイツとイタリアの共同制作により映画化されました（題名『モモ』）。

また、もう一つの名作『はてしない物語』もハリ

（左）『モモ』の日本語版（岩波少年文庫。訳：大島かおり）と（右）映画版『モモ』の宣伝用パンフレット

ウッドで映画化されました（題名『ネバー・エンディング・ストーリー』）。原作をひどく改ざんされたことに腹を立てたエンデは裁判を起こしますが、敗訴して多額の賠償金を支払いました。

エンデは『モモ』や『はてしない物語』の映画化を通じて、文学を映画化することの難しさを痛感させられたようです。彼は「大勢のコックがいると、おかゆを駄目にする」というドイツの諺《ことわざ》を持ち出して、「映画作りでひどいのは、おかゆを一つ作るのに、少なくとも50人のコックが必要なことです」と語っています。

映画に50人のコック（関係者）が携わると、それぞれが自分のイメージでやりたがって発言するので、原作からほど遠い出来になってしまうと嘆いていました。また、『モモ』では予算上の制約から、自分が出したアイデアが採用されず、陳腐な仕上がりになった場面があったことにも不満だったようです。

映画には、原作者の意図を汲《く》み取れなかったり、金銭面や技術面での制約などによって、原作の内容を忠実に再現できないという限界があります。しかし、映画には映画の良さがあります。文字で記された内容が視覚化されるのでイメージが湧きやすく、2〜3時間前後の短い時間で物語のおおよその内容を把握することができます。

主役のモモを演じたラドスト・ボーケルは、2千人を超える応募者から選ばれましたが、エンデをして「まるで私の作品から抜け出してきたかのようだ」と言わしめました。個性あふれる脇役で有名なジョン・ヒューストンが時間の支配者マイスター・ホラを演じ、道路掃除夫役のレオポルド・トリエステは重厚な演技で圧倒的な存在感を醸し出しています。灰色の男たちの首領役には、国際的な実力派俳優アーミン・ミューラー＝スタールが配されるなど、キャスト の面では申し分のない作品です。

映画は原作の良さをいっそう引き立ててくれることもあります。本と映画の両方に触れてそれぞれの違いを楽しみつつ、両方の長所の組み合わせがもたらす相乗効果を引き出すことも楽しいものです。

前置きが長くなってしまいました。それでは『モモ』のあらすじを見ていくことにしましょう。内容は3つのパートから成る三部構成になっています。

【第1部　モモとその友だち】

イタリアのローマを思わせる、とある大きな街のはずれに、古びた円形劇場跡の廃墟がありました。そこに一人の女の子がどこからともなく現れて、住み着くようになりました。「モモ」と名乗るその少女を見つけた住人たちは、素朴で愛らしい彼女に魅了されます。住人たちはモモのために家具をつくってあげたり、食べ物を分け与えて、モモはみんなと仲良く暮らし始めました。

モモには特技がありました。それは黙って人の話を聞くことです。人々はモモと話しているうちになぜか、本人が自分でどのように問題を解決すればよいのか気づいてしまうのです。例えば、喧嘩《けんか》ばかりしていた男たちがモモの前で言い争っているうちに、二人は仲直りすることができました。

モモには二人の親友がいました。道路掃除夫の老人ベッポと、観光ガイドの青年ジジです。ベッポは何をするにもゆっくりでマイペースな性格です。一方、ジジは円形劇場跡にやってきた観光客を相手にいい加減な作り話を吹聴して、お金を稼いでいました。大のほら吹きで、いつの日か成功して大金持ちになる夢を見ています。性格も生きる姿勢も対照的ですが、モモはそんな二人と分け隔てなく付き合いました。

【第2部　灰色の男たち】

そんなある日、「灰色の男たち」が街に現れます。日常生活でいかに無駄な時間を過ごしているか、それらのつまらない時間の使い方をやめて、余った時間を「時間貯蓄銀行」に預ければ、何倍、何十倍にもなって返ってくるといった話を、滔々《とうとう》とまくしたてます。灰色の男たちの隙のないセールストークによって、人々は「時間を節約することは素晴らしい」と信じるようになりました。こうして、灰色の男たちは人々が節約した時間を奪い始めました。

時間を節約するようになった人々は、やがて灰色の男たちに会ったことをすっかり忘れていきます。灰色の男たちは誰にも知られることなく、たくさんの人から時間を盗み続けました。そのようななかで、人々は慌《あわ》ただしく時間に追われ、街はとげとげしい雰囲気に包まれるようになりました。

モモは、遊びに来てくれた大人たちが姿を現さなくなったことを不審に思います。子どもたちは遊びに来てくれるのですが、それは今まで一緒に遊んでくれていた親がかまってくれなくなったからだったのです。街の異変に気付いたモモは、大人の友達のところを訪ねて話をすることで、彼らを元のゆったりした生活リズムに引き戻すことに成功しました。

やがて、灰色の男たちは営業妨害をしているのがモモであることを突き止めます。灰色の男の一人がモモのもとを訪ねて、高級なおもちゃを与えて懐柔《かいじゅう》しようとします。しかし、モモは興味を示さず、灰色の男はモモと話しているうちに本音をベラベラとしゃべってしまいました。

男たちが「人間の時間を奪っている」ことを知ったモモは、人々にこの真相を伝えるためにベッポやジジ、子どもたちといっしょにデモ行進をして街を練り歩きますが、誰も耳を貸さず、失敗に終わります。一方、灰色の男たちはモモを捕えるために動き出しました。

そんなとき、モモの前にカシオペイアというカメが現れました。モモはカシオペイアに導かれるままに、ゆっくりとしたペースで街を歩き回ります。それでも灰色の男たちはモモを探し出すことができません。実は、時間の領域の外の世界に住む時間の支配者マイスター・ホラが、30分先の未来を見通す力を持つカシオペイアを遣わしてモモを救ってくれていたのです。追っ手から逃れたモモは「さかさま小路」を超えて、時間の領域の外の不思議な世界に入り、「どこにもない家」に着きました。

そこには、たくさんの時計が置かれ、それぞれが異なる時を刻んでいました。あらゆる時間の源であるこの家で待っていたのはマイスター・ホラでした。モモはホラから「時間の花」を見せてもらい、時間の秘密について教えてもらいました。

灰色の男たちは作戦を変更します。友達のジジ、ベッポや子どもたちを多忙にしてモモから引き離し、時間を盗むうえで障害となっているマイスター・ホラの居場所をモモから聞き出す、という作戦です。友達のために時間を使うのが大好きなモモが友達に会えなくなれば、辛《つら》さに耐えきれなくなって、友達を救うことと引き換えにホラの居場所を明かすだろう、という算段です。

【第3部　時間の花】

モモは「どこにもない家」で一日を過ごし、みんなの元に帰ってきました。しかし、元の世界ではすでに一年が経っていたのです。その間、ベッポは性に似合わずあくせく掃除し、ジジはスカウトされて売れっ子の放送番組の物語作家として多忙を極めていました。子どもたちも「子どもの家」で監視され、自由な時間を奪われていました。誰もがせっせと時間を節約して時間貯蓄銀行に余った時間を預けて、灰色の男たちの計画に奉仕するようになっていました。

ある晩のこと、モモは大勢の灰色の男たちに囲まれ、「友達を取り返したいなら、マイスター・ホラの元へ案内してほしい」と取引をもちかけられます。はぐれてしまったカメのカシオペイアだけがホラの道案内をできることを知った灰色の男たちは、モモを置き去りにしていっせいにカシオペイアの捜索に向かいます。

灰色の男たちが姿を消すと、モモの目の前にカシオペイアが姿を現しました。モモはカシオペイアの後を追って、再び「どこにもない家」へと向かうさかさま小路へと足を踏み入れます。数人の灰色の男たちがこっそりと後をつけて来ましたが、さかさま小路に差しかかると進めずに消えてしまいました。

さかさま小路はその名前の通り、後ろ向きに歩くことで前に進めるようになる不思議な性質を持っています。盗んだ時間をエネルギーにしている彼らは、このさかさま小路を進むにつれて貯め込んだ時間を逆に吐き出すので、生命力が衰えてしまうのです。

無事にホラのもとにたどり着いたモモは、ホラから灰色の男たちの秘密を教えてもらいます。彼らが盗んだ時間の花は貯蔵庫に凍らせて保存していることや、この花びらで作った葉巻の煙から盗んだ時間を吸い取って彼らが命をつないでいることなどです。ホラは灰色の男たちを退治するために一計を案じます。それは次のような作戦でした。

まず、ホラが眠っている間に世界の時間を止めて、灰色の男たちが時間を盗めなくなるようにします。次に、耐えられなくなって時間の貯蔵庫に向かう彼らをモモが追いかけます。そして、貯蔵庫にある盗まれた時間をみんなに返してあげる、というものです。

世界の時間が止まるとあらゆるものが動きを止めますが、時間の花を一輪もらったモモだけは動くことができます。ただし、花が枯れるまでの一時間という短い間に限られます。

時間が止まったことに気づいた灰色の男たちは、慌てて貯蔵庫へと向かいます。持っている葉巻につく火の残り時間がなくなると自分の存在自体が消えてしまうので、他の男との間で葉巻の奪い合いが始まります。そうこうしているうちに、灰色の男たちは姿をどんどん消していきました。

男たちを追って時間の貯蔵庫がある地下に忍び込んだモモは、ついに灰色の男たちを残らずやっつけます。そして、時間の貯蔵庫の扉を開けて、盗まれた時間をすべて解放します。

するど、時間の嵐が吹き荒れて、モモの体は空高くに舞い上がりました。解放されたたくさんの時間の花も空に舞い上がり、静止した世界めがけて雪のように舞い降りて、元の主の心の中に戻っていきました。やがて止まっていた世界が再び動き出すと、眠りから覚めた人々は、あの懐かしくてゆったりとした豊かな時間に身を委ねていることに気づきました。円形劇場跡に戻ったモモは、自分の時間を取り戻したベッポやジジ、そして大勢の人々に囲まれて互いに祝い合いました。

届かなかったテーマ 経済学者のための『モモ』

『モモ』は、時間にせき立てられて自分の時間をほとんど失ってしまった私たち現代人に、時間の本当の意味やゆとりの大切さを訴えています。この物語が子どもたちだけでなく、世界中の大人たちをも魅了してやまないのは、それだけ多くの人たちが心を病んでいることの裏返しともいえます。

ところが、エンデは意外なことに、『モモ』に対する人々の評価は、自分が最も主張したかったテーマまでには届いていなかったと告白しています。

「じつは『モモ』の書評などでほめられても、ひどく外面的表面的な理解しか示されていないと思うことはあるのです。みなさんがほめるには、私が『モモ』を書いたのは、現代社会でだれもが忙しくて〝時間〟をもてない存在になったことに注意を喚起させるためだった。あるいは、人びとのストレス状態、世の中のあわただしさを警告するためだった、というのです。けれども、いや、いや、ちょっと違います、とは言いたい。私としてはもう少しさきのところまで言っているつもりなのです」

（子安美知子『エンデと語る』朝日新聞社刊）

エンデが表現した「もう少しさきのところ」とは、果たして何を意味しているのでしょうか。その意味を初めて読み解いたのは、ドイツの経済学者ヴェルナー・オンケンでした。彼はエンデから贈られた『モモ』を一読して、経済学者シルビオ・ゲゼル（※1）と神秘思想家ルドルフ・シュタイナー（※2）の貨幣理論に関する知識がこの本に織り込まれていることを直感します。ゲゼルは「時間と共に価値が減る」という自由貨幣の理論を提唱しました。一方のシュタイナーは「老化するお金」の概念を流布させました。

そこで彼は、「経済学者のための『モモ』」と題する論文にその考えをまとめます。さらに、エンデ本人に手紙を書いて、その真偽を問い質したところ、「わが意を得たり」と絶賛されました。

「老化するお金という概念が私の本『モモ』の背景にあることに気づいたのはあなたが最初でした。まさにこのシュタイナーとゲゼルの考えをここ数年、私は集中的に学んでいました。同時に、先行してお金の問題が解決されなければ、われわれの文化に関するすべての問題は解決されないだろう、ということに気づいたのです」

ヴェルナー・オンケンが『モモ』で読み解いたお金の問題は、具体的にどのようなものだったのでしょうか。

次回はオンケンの論文「経済学者のための『モモ』」などを参考にしながら、『モモ』に描かれたお金や利子に対するエンデの問題意識を読み解いていきます。

※1 **シルビオ・ゲゼル**（Silvio Gesell, 1862～1930年）：ドイツ人の実業家・経済学者。自由貨幣（減価する貨幣）の概念を提唱した。

※2 **ルドルフ・シュタイナー**（Rudolf Steiner, 1861～1925年）：オーストリアやドイツで活動した神秘思想家、哲学者、教育者。エンデはシュタイナーから思想的に影響は受けているけれども、芸術に関してはシュタイナーとは意見を異にすると語っている。

連載
第30回

日本と世界を読み解く〈30〉
新しい時代へ⑱
時代を動かす本源――
構造と歴史の特異点⑯

政治評論家 国際政治アナリスト
片《かた》桐《ぎり》 勇《ゆう》治《じ》

トランプの変節

二〇一八年一月二十五日、トランプ米大統領は、国際金融資本の総本山と言われる世界経済フォーラム年次総会（ダボス会議）出席のために訪れたスイス・ダボスで、米CNBCテレビのインタビューに応じ、その中でTPP（環太平洋パートナーシップ協定）への復帰を検討し直すと表明しました。また、このインタビューでは、同大統領が二〇一六年の米国大統領選挙中に批判し、一月初旬まで離脱も辞さない姿勢を示していたNAFTA（北米自由貿易協定）についても前向きな見通しを示しました。

まさに昨年、トランプ氏が大統領に就任した直後に、TPPから〝永久に離脱する〟と表明してから、永遠の時を超えて光よりも速く同大統領は変節をしたわけです。この変節は物理学ではとうてい説明が

片桐 勇治（かたぎり ゆうじ）
昭和42年東京都出身。聖学院高校卒。中央大学法学部政治学科卒。高校・大学時代は聖書研究に没頭。大学在学中から元空自幹部の田村秀昭参議院議員秘書、爾来、防衛庁出身の鈴木正孝参議院議員、元防衛庁長官・愛知和男衆議院議員の各秘書と政界の防衛畑を歩む。2005年から国民新党選挙対策本部事務局次長、広報部長を歴任。2010年より保守系論壇で政治評論。近著に『この国を縛り続ける金融・戦争・契約の正体』（ビジネス社）。

できない次元を超えたものですし、当然、政治学でもできません。

しかし、一方、明確に言えることがあります。それは、ダボス会議に関わる状況で、このような変節を表明したことが、ダボス会議とその変節のポイントが同じであることを示しているということです。それは同時にTPPとNAFTAの根本が何であるかもまた鮮明に示しています。そういう意味で、この変節は実は非常にわかりやすいものなのです。実際、このTPPに関するトランプ大統領の変節が明らかになる前に書いた本連載前回で、米国のTPP再加入の可能性ということを書きました。そこには予想を成立させるちゃんとした理由があるのです。

一年前、トランプ政権がTPPから永久に離脱することを表明した直後、当時、同政権で首席戦略官兼大統領上級顧問であったスティーブン・バノン氏は、この離脱を「近代米国史で最も重要な転換点」（二〇一七年二月二十五日　日本経済新聞）と評しています。これは非常に正確な評価で、もし日本がTPPから離脱したら、私はそれを〝近代日本史上で最も重要な転換点〟とやはり大絶賛するでしょう。そして、その理由はまさしく前回、明治維新からの歴史を繙《ひもと》いて説明しました。その意味することの根本は戦争とお金の構造（金融資本〔グローバル資本〕、軍産複合体、石油資本など）で、日本の近現代で言えばそれは英国とロスチャイルドなど英系金融資本です。バノン氏のこの言葉は、近代以降、米国もまたこの戦争とお金の構造に苛《さいな》まれてきたことを如実に示していますし、もしかしたら、それは日本以上かもしれません。したがって、このトランプ大統領の変節は、米政権がこの構造に戻ったことをはっきりと示し、その象徴が冒頭の変節の表明であるわけです。これまで何度も指摘してきたようにTPPとは新たなる戦争とお金の構造なのです。だからこそ、そこへの変節は、当然、以下のような現象を伴うのです。

変節は昨年の四月前後から

今となってはこのトランプ氏の変節は驚くにはあたりません。すでにその徴候は昨年からあり、それがはっきりと現れた最初は昨年四月六日（日本時間七日）、米軍がシリア空軍基地をミサイル攻撃したときです。そして、その後、この変節が決定的になったのは昨年八月、トランプ政権がバノン氏を解任したときです。トランプ大統領の変節は、報道されてきたバノン氏の言動とトランプ政権との関係に色濃く表れていて、このことは既に本誌二〇一七年十一月号（以下、「十一月号」）の「バノン解任と権力闘争」（一三一－一三三頁）という部分で書きました。今一度、この部分を読み返すとこのTPPに対するトランプ政権の変化が何を意味しているかが、はっきりとわかります。十一月号がお手元にない方もいらっしゃると思いますので、その部分をもとにその後の状況などを交えて再度、まとめてみましょう。

昨年四月五日、バノン氏は米国家安全保障会議（NSC）メンバーから外されました。そして、その翌日に上記の米軍によるシリア空軍基地攻撃がトランプ大統領によって命じられ、実施されます。このシリア攻撃と同時期に北朝鮮問題が緊張化、その後ずっとエスカレートしてきました。まさにこのシリア攻撃以降、世界的に戦争のフェーズが一気に変わり緊張が高まり、現在までその状態が続いています。

そして昨年八月にバノン氏は、朝鮮半島問題について「誰かが（戦争開始）30分以内に在来式武器の攻撃によってソウル市民1000万人が死なないよう方程式を解いて私に見せるときまで、軍事的解決策はない」（二〇一七年八月十七日　中央日報）と発言し、その翌日に首席戦略官兼大統領上級顧問を解任されて政権から離れます。

また、アフガニスタンから米軍の全面撤退を主張していたバノン氏と増派を主張するマクマスター大統領補佐官が対立していましたが、バノン氏更迭後、「米大統領がアフガン早期撤退否定　バノン氏解任で？」（二〇一七年八月二十二日　テレビ朝日）と、米国の対アフガニスタン戦略がまとまった可能性があることが報道されています。実際、その翌月の九月には、アフガニスタン増派が決まっています。

ただし、その後、アフガニスタンに駐留する米軍のニコルソン司令官が、米NBCテレビのインタビューで「アフガニスタンでの米軍の軍事行動は成果に至らず、同国での戦争は既にこう着状態に陥っている」と述べ、アフガニスタンへの軍事介入が成果に結びつかなかったことを認めています（二〇一七年十一月二十五日　ParsToday）。また、ウォール・ストリート・ジャーナルは「アフガン駐留米軍、二〇一七年は死傷者が増加」（二〇一八年一月三十日）とも報じています。

この一連の流れを総合して考えれば、バノン氏が米国のシリア攻撃に反対してNSCメンバーから外され、さらに北朝鮮への攻撃に反対し、アフガニスタンからの米軍撤退を主張して解任されているのは明らかです。そして、そういう流れの中にシャーロッツビル事件が、バノン氏解任を後押ししていたと十一月号では書きました。

このように見ると、トランプ政権が画策し、バノン氏が反対していたこの三地域への軍事行動で、シリアとアフガニスタンに対しては既に実施されています。したがって、北朝鮮への軍事行動も絵空事でないことは明らかですし、その際、ソウル市民一〇〇〇万人が犠牲になる可能性はかなり大きいことを示しています。そしてもちろん、日本がこの例外とは考えません。

さらにもう一つ特筆すべきは、シリアとアフガニスタンへの軍事行動は成功しているとは言いがたいという点です。既にアフガニスタンでの戦争は米国史上最長になっています。そして、このことは朝鮮半島への米国の軍事行動においても必ず付きまとうことであると考えるのは、正常な思考というものです。

グローバリズムと戦争は表裏一体

トランプ政権の陰の実力者と言われたバノン氏は、政権発足からわずか約七カ月後に更迭されました。バノン氏は中道派のイヴァンカ補佐官とクシュナー上級顧問夫妻や、国際協調を重視するマクマスター大統領補佐官と対立し、このことがバノン更迭の背景にあるとの見方がありましたが（二〇一七年八月十九日　ハフィントンポスト）、当然、それは正しいものでしょう。しかし、イヴァンカ夫妻や、マクマスター補佐官が、中道派、国際協調派であるというのは単なる脚色でしかないでしょう。実際、イヴァンカ補佐官については、ニューズウィーク日本版が「トランプのシリア攻撃は長女イヴァンカの『泣き落とし』のため？」（二〇一七年四月十二日）と、トランプ大統領のシリア攻撃に踏み切った背景に同補佐官の影響があったことを報じています。この関与をイヴァンカ補佐官は否定をしていますが、バノン氏との対立の経緯を考えるとなかったとは言い切れないと私は考えます。そして、まさにこの戦争についての対立点がバノン更迭に繋がったと考えます。また同様にマクマスター補佐官についてはアフガニスタン増派を主張してバノン氏と対立していたわけです。言ってみれば、イヴァンカ夫妻やマクマスター補佐官は、戦争を志向することが本質の〝中道派・国際協調派と言われている人々〟というのが実相でしょう。

一方で報道されている情報から考えれば、バノン氏は平和を志向し、意味ある反グローバリズムを標榜《ひょうぼう》していると読み取ることができ、一般的なイメージとは異なります。そして、これが本質ならイヴァンカ夫妻やマクマスター氏の本質も当然、一般的に考えられているものとは違うでしょう。そして、特筆すべきは、そのイヴァンカ氏が、トランプ大統領に「あなたは安倍晋三首相に従っていればいいのよ」（二〇一七年二月一日　朝日新聞）と忠告したと報じられているように、安倍首相を高く評価しているということです。こう考えると安倍首相が執拗《しつよう》にこだわったＴＰＰに復帰を検討すると変節を表明したトランプ大統領の背景が非常にはっきりと見えますし、北朝鮮などへの米国の姿勢の背景もはっきりと見えてきます。そして、このように米国の事情から見ると、世界において現在の日本がどのように位置づけられて考えられ、同時に日米の関係の背景がよくわかります。そして、このことが今後の日本の命運を当然、左右していきます。

本誌二〇一七年四月号では、昨年のトランプ大統領就任と米国について考察し、米国内には明らかに通貨戦争があると指摘しました。この通貨戦争とは平和、富の再分配、資本主義の行きすぎの是正、共生と自由、国際間の協調を志向する新しい時代へと向かう勢力（新自由主義・グローバリズムとは反対）と、戦争とお金の構造であるグローバル（国際）金融資本（軍産複合体、石油資本など）との闘争です。

ＴＰＰの本質は通貨と軍事であると再三指摘してきましたが、昨年四月からのトランプ政権の戦争への動きとトランプ大統領のＴＰＰについての変節は、グローバリズムと戦争が表裏一体であることと通貨戦争をものの見事に証明しています。そしてこの通貨戦争と本当の戦争に関わる権力闘争がバノン氏更迭の本質と考えますし、ロシアゲート問題の本質であるのも明らかです。トランプ大統領の変節の根幹はまさにこの戦争とお金の構造にありますから、ＴＰＰについてその姿勢を変えるのは当然の帰結で、だからこそ、バノン氏がＮＳＣメンバーから外された昨年四月から、世界における戦争のフェーズが一気に変わり緊張が高まっていくということが生じるわけです。

このトランプ大統領の変節および通貨戦争、そして戦争とお金の構造ということについて、トランプ政権のウィルバー・ロス商務長官を考えることは、実相を掴《つか》む上では一つの道標になります。本誌二〇一七年七月号では、昨年、フランス大統領に就任したエマニュエル・マクロン氏とフランス・ロスチャイルド家（ロチルド家）との関係を書きましたが、関連してロス氏も元はN・M・ロスチャイルド&サンズのファンドマネージャーであったことを指摘しました。上述した昨年四月の米軍によるシリアへのミサイル攻撃は、習近平国家主席が訪米していたときに行われましたが、知日派と紹介されるロス氏は、このシリア攻撃を習主席とトランプ大統領との夕食会後の余興と述べた人物です（二〇一七年五月三日　時事通信）。極めて悪質な感覚ですが、ロス氏が知日派と称されることが何を意味しているかはやはりポイントと考えます。このことはやはり前回取り上げた、日本の近現代史の根幹に深く関わるでしょう。

昨年四月のシリア攻撃から五カ月後、今度はイスラエルがシリアを攻撃しています。この攻撃について英BBCは「化学兵器工場だと疑われる場所を攻撃した」としていますがイスラエル政府はコメントしていません（二〇一七年九月八日　日本テレビ）。しかし、米国とイスラエルの動きは明らかに連動していますし、昨年九月という時期としてもバノン氏更迭やアフガニスタンへの米軍増派決定と連動しています。そして、この動きが、昨年十二月、トランプ大統領がエルサレムをイスラエルの首都と認定したことに繋《つな》がると考えるのは自然なことでしょう。まさにTPPに関するトランプの変節をよく観ると、その変節はさまざまな戦争の火種が大きくなる今の世界の根本であることがよくわかります。実際、今年二月二日には「米・トランプ氏　シリアへの軍事攻撃を検討」（日本テレビ）と報道されています。これまで再三指摘したように今年のポイントである中東と東アジアなどでの戦争の同時発火、すなわち第三次世界大戦の様相は深まっています。そして、このポイントはこれまで指摘してきたようにあくまでもロシアの二正面にあります。

また、このようなトランプ大統領の変節と戦争のフェーズが一挙に表れてきたこの一年の流れを見ると、その最初の現象となった昨年四月の米国のシリア攻撃の前にもう一つ重要なポイントがあります。それは昨年二月十三日、マレーシアで発生した金正《キム・ジョン》男《ナム》氏と見られる人物の暗殺事件です。この事件については本誌二〇一七年六月号で取り上げましたが、そのときも戦争とお金の構造との関連でこの事件を位置づけました。そして、その後の世界で生じたさまざまな事象を見れば、この分析は正しく、事件の本質は明らかと考えます。つまり、トランプ大統領の変節とこの一年の米国の戦争に対する姿勢の線上にこの事件があるということで、明らかにこの事件についての報道は核心を何一つ語ってはいないと考えます。そして、このトランプ大統領の変節と戦争のフェーズの本因は戦争とお金の構造にあり、このことの政治レベルでの中軸は上述したことから考えれば、トランプ大統領、イヴァンカ夫妻、ロス商務長官、マクマスター補佐官、そしてイヴァンカ氏が絶賛する安倍首相にそのポイントがあることを示しているのは明らかです。また、このトランプ大統領の変節と戦争のフェーズの影響は、日米だけではなく、韓国や中国、東アジア、ロシア、欧州、中東などの世界の様々な所に関わっていくわけです。

ラストベルトはさらに錆《さ》びる

トランプ氏を大統領に選出した一昨年の米国大統領選挙で、一つの大きな焦点はラストベルト（米国の錆び付いた工業地帯）や白人層の趨勢《すうせい》にありました。このことがＴＰＰからの永久離脱とＮＡＦＴＡの見直しなどに繋がったわけですが、トランプ氏が変節したということはやはり米国の政治経済の今後に必ず影響を及ぼすことを意味しています。トランプ氏はもともとTPPやNAFTAが米国の経済・社会を苛《さいな》むと言っていたわけですから、そこに戻るということは、このトランプ大統領の変節が今後の米国を蝕《むしば》むということになります。このようなことの影響が早ければ今年の後半以降にも出てくると考え、それが米国政治の趨勢《すうせい》を左右すると考えます。もっと早いかもしれません。

そうなるとトランプ大統領の支持基盤が崩壊することが必至となり、それは今年十一月の中間選挙に関係していきます。したがって、その対策として、トランプ政権の支持基盤を別に求めることや、一昨年の大統領選挙でトランプ氏を支持した主に白人層などを分断してダメージを最小限にするということが効果的な戦略になります。分断するとは、例えば白人層全体にとって構造的にマイナスになることを推進していても、その層の半分にとっては一時的にはプラスになる措置をして支持獲得を維持するということです。もしくは地域や性別で人々を分断するということです。そのような施策を中間選挙や次期大統領選挙まで続けるということは十分にあり得ることだと考えます。同時に戦争で目をそらすということも十分にあり得ることです。

また経済においても、一時的なカンフル剤や景気対策で必死に経済を維持して中間選挙や次期大統領選挙まで持ちこたえさせるということは十分に考えられます。このような方向性の政策において、経済対策としての戦争ということがやはりあり得ます。そして強いアメリカという方向性はこのような政策を肯定しやすくするものなので、スローガンとしてこのことは前面に出されるでしょう。実はこれは現在、日本で行われていることと同じなのですが、本質的に経済・社会を蝕む政策をしていれば、いずれ必ず表面とは違う矛盾が噴出していき、社会は凋落《ちょうらく》の道を辿《たど》ります。そして、やはりこのことに日米の差はありません。

　このように進むと米国には、見捨てられた層が必ず出てきます。このことが今後の米国で大きなポイントになるのは論理的な帰結です。日本時間の一月三十一日、トランプ大統領は議会で一般教書演説を行いましたが評価はおおむね良好でした（「トランプ演説『とても良かった』米国民の48％＝融和姿勢が奏功か」一月三十一日　時事通信）。この演説の一つのポイントとして「融和」ということが言われていますが、これはトランプ政権が変節したゆえに支持基盤を変えつつあることの表れと考えます。国民や人種の融和、また寛容な政策は絶対的に必要ですが、戦争とお金の構造に主軸を移した政策は、必ずラストベルトを直撃し、米国の凋落の可能性を大きく引き上げます。そして、そのような政策は本質的に国民・人種の融和や寛容な政策には結びつかない破壊的なものになるでしょう。今年のトランプ政権の動きは、発足当初とは全く別と考えるべきと考えます。

　トランプ大統領の変節は世界各国に影響していきますが、他の地域に目を転じてみましょう。

韓国・朝鮮半島

　本稿は平昌《ピョンチャン》オリンピックの前に書かれ、その後に出るものなのでオリンピックそのものとそれにまつわることには全くふれることができません。本稿はオリンピック後の朝鮮半島情勢を考えるためにということを想定しています。この一年、朝鮮半島情勢は文在寅《ムン・ジェイン》韓国大統領誕生、米朝のエスカレーション、南北の融和とオリンピックという経過を辿ってきましたが、朝鮮半島を取り巻く状況も一年前と比べて大きく変わっています。そして、このことが今後の朝鮮半島情勢を大きく変えていく要素、そして今後の枠組みと戦争などに関係していくことは間違いありません。本稿はそのことに焦点を当てていますが、その一つが上述のトランプ大統領の変節なのです。

本原稿を書いているとき、知人から電話があり、「朝鮮半島情勢はどうなるのか？ 韓国は向こうに行ってしまったのか？」と盛んに聞かれました。恐らく「向こう」とは中国や北朝鮮ということを意味しているのでしょう。しかし、この問いに対しては、本連載でずっと書いてきたように、「そもそも日米同盟、韓米同盟が今年をもって切れる、または既に切れているといえるから、むしろ韓国が南北統一を目指すのが普通でしょうし、それは正しいことと考えます」と答えました。状況は既に大きく変わっていますし、このことを前提に考えないと朝鮮半島情勢を見誤るのは必至でしょう。しかし、私の知人のような認識は日本の社会においては大半でしょうし、だからこそ文政権の動きは日米韓の絆《きずな》を損なうとか、北朝鮮包囲網を崩すなどの論調となり、またプロパガンダになっているものと考えます。

昨年末から日韓慰安婦合意が揺れ、一月九日、韓国の文在寅政権は新方針を打ち出しました。しかし、このことに対して、日本側は政府・マスコミとも一斉に反発をしています。また、一月に北朝鮮のオリンピック参加問題がトピックになったときも、この融和の動きに対して、日本では政府・マスコミともに北朝鮮の時間稼ぎ、〝平昌オリンピックならぬ平壌《ピョンヤン》オリンピック〟と揶揄《やゆ》する論調が目立ち、韓国でも主に保守派が同様の論調を張り、日本政府・マスコミの論調と韓国保守派の論調が重なっています。さらに一月十六日、カナダのバンクーバーで北朝鮮の核・ミサイル問題についての二十カ国外相会議が開かれ、日本の政府・マスコミともこの会議について北朝鮮への制裁を強化するとの論調を張り、河野外相は北朝鮮の微笑《ほほえ》み外交にだまされるなと語調を強めました。しかし、韓国での同会議についての評価は対話、融和という言葉が先行しています。

この一月に生じた朝鮮半島情勢についての日韓の論調においてポイントは二つあります。一つは韓国では南北融和、日本はその反対と、もはや日韓の利害は一致していないことです。文政権の主軸は南北対話と平和への動きで、それは当然のことです。その一方で二つ目のポイントとしてあるのは、日本政府・マスコミの論調と韓国保守派の論調が重なっていることです。二〇一五年に成立した日韓慰安婦合意は韓国保守派の朴槿恵《パク・クネ》前政権によってなされたものですが、文政権の動きから見えることは、この合意が南北対話と平和には必ずしもそぐわないということです。つまりこの合意は日米韓での枠組みで南北衝突もしくは北朝鮮との対峙《たいじ》を意図しているというこことで、文政権はあくまでもここにポイントを置いていると考えます。

私がこれまで指摘してきた日本の二〇一三年四月の独立論において戦後日本を規定してきた契約とは、日本だけを念頭に置いたものではなく、朝鮮戦争にその主要な要素があります。これは日米同盟も同じですが、日本の戦後構造とは朝鮮戦争の構造そのものであるわけです。したがって、この構造は当然、韓国にもあり、その代表的な勢力が朴槿恵前大統領などを含めた韓国の保守派であるわけです。だからこそ、日本政府・マスコミの論調と韓国保守派の論調が重なるということが生じるわけですが、その意味することは背景が同じということです。つまり、戦後の日本とは日米韓という朝鮮戦争の構造の一部であるということなのです。しかし、この構造が二〇一三年四月に終わり、今年、満期を迎える日米原子力協定がキーポイントになっているので、米朝のエスカレーションが生じていると指摘してきました。だから朝鮮戦争の構造（日本では戦後を規定してきた契約の構造）を引き延ばそうとする勢力の論調が重なるわけです。この線上に憲法改正の議論があるのです。

一方でそのような時代が終わったのなら南北融和に動くのは当然で、日米が対北軍事行動の方向性を強める中で、韓国が平和に動くのも当然です。それはその軍事行動での韓国の被害もさることながら、この朝鮮戦争の構造が既に終わっていることに根底的なポイントがあるからです。このように見ると文大統領がこの日韓の朝鮮戦争の構造から脱していることがよくわかります。このことが現在の東アジアで最大のポイントと考えます。そして、本当はこのことを考えて日本は対応するのが日本にとってベストと考えます。朝鮮半島の将来は南北融和か戦争かのどちらかで、今年から一、二年が最大の焦点です。戦争の可能性が大きくありますが、七月までがまず最初の大きなポイントです。

このような状況において、現状、韓国はロシアに接近しているものと考えます。一方、日米北はその反対に位置しています。北朝鮮の言動は、文政権にとっては追い風にはなっていません。そこで問題になるのは実は中国の帰趨なのです。このことを米中、日米関係などを踏まえて見ていきましょう。

その話に行く前に、平昌オリンピック後のことを少し書きます。オリンピックの後は三月九日から十八日までのパラリンピックです。二〇一四年のソチ冬季大会のときは、パラリンピック開催を控えたオリンピック最終日にウクライナ紛争が生じています。まさにロシアが手出しできないときに事が起こった（起こされた）わけです。ここにまず一つのポイントがあると考えます。ソチ大会の開会式に安倍首相が西側として唯一出席していますが、今回の平昌にも出席します。このことに対して賛否両論がありますが、この一つのポイントとして日本の対北強硬姿勢があると考えます。このまま朝鮮半島有事となれば、米国以外では日本の姿勢が際立ちます。そのことを回避する狙《ねら》いがあると考えます。つまり、安倍首相の出席は戦争の前触れということです。これは一月十六日の北朝鮮に関わるバンクーバーでの外相会議も同じで、対話を評価するというのは、逆に戦争をする準備とも言えるのです。

日米中と台湾

ここから書くことは次号以降でまた触れます。本誌二月号では、昨年十一月に相次いで行われた日中、米中首脳会談について書き、東アジアにおける米軍のプレゼンスの低下や台湾独立の帰趨について書きました。

そのとき取り上げたように、昨年十一月の両首脳会談では、日中、米中とも新たなる関係のスタートというフレーズが出てきます。そしてこの時期を境に日米中の方向性が重なるようになっています。実際、それは、一帯一路への日本の姿勢や今年に入って「河野氏『日中関係、全面的に改善』　中国外相と会談」（一月二十八日　日本経済新聞）、「河野外相訪中、配慮も見せた中国　雪解け図る日中の思惑」（一月二十九日　朝日新聞）などの日中接近の報道に表れています。

その一方、中露関係においては、日米に対する姿勢で違いが見て取れますし、ロシアのメディア・スプートニクの「ロシア正教会総主教、キャッシュレス決済は人間の自由を制限すると警鐘」（一月八日）という記事は中露関係のずれに関わると考えます。なぜなら中国ではキャッシュレス決済がまさに大きく進んでいるからです。そして、この通貨・決済システムを含めて韓露の歩調が重なっていることが多くなっています。こう見ると、実は朝鮮半島を巡《めぐ》る日米中韓露北の構図が変わっているのです。

一月二十九日、日本経済新聞は、台湾の国旗「青《せい》天《てん》白《はく》日《じつ》満《まん》地《ち》紅《こう》旗《き》」が米国政府の公式サイトから相次いで削除され、このことに台湾政府は強い不満を表明、同国内で波紋が広がっていると報じています。一九七九年、米中国交正常化の一方で米台断交と台湾関係法（事実上の軍事同盟）が米国で成立してからの三十九年間とは明らかに違う何かが起きていることをこの記事は示しています。本誌二〇一七年一月号では、二〇一五年十一月にシンガポールで開かれた中国の習近平国家主席と台湾の馬英九《ばえいきゅう》総統の会談で中台問題はけりがついたと書き、また昨年に原稿を書いた二月号では、この中台関係の変容および日米中の関係の変化と台湾独立の帰趨について書きました。そして、この日本経済新聞の記事は、中国が主張する台湾の位置づけを米国が認めたということを意味しています。つまり昨年四月からはじまったトランプの変節が、昨年十一月の米中首脳会談を経て、台湾の独立にも関わるということです。

前回では、上述したように米国のＴＰＰ再加入の可能性と中国のＴＰＰ加入の可能性を書きました。そこに中国主軸の仮想通貨を含めた通貨制度と電子決済システムがあると書きましたが、この台湾に関する記事は、その可能性を非常に色濃く示しています。この方向で行くと、日本の外交の主軸は〝近代が英国、戦後が米国、今後は中国〟と将来いずれ言われるようになるでしょう。ただ、ＴＰＰはそもそも英連邦、英系金融資本の色彩が強いものですし、近代の東アジアでの英国および英系金融資本の本拠地は香港《ホンコン》・上海《シャンハイ》ですから、このような枠組みは全く不思議ではありません。ただ、日本にとってはまさに近代への逆戻りということになりますし、そこで国として日本という枠組みを維持することができるかどうかは不透明です。戦争だけが活発化して実質形骸化した国となっていくことが予想されます。いずれにせよ、世界的にはこの枠組みは日米中＋北・イスラエルということになります。

上述したように昨年四月の習中国主席の訪米中、トランプ大統領との夕食会の余興でシリア攻撃がなされたり、本誌二〇一七年十一月号で既に指摘していますが、北朝鮮の核・ミサイル実験の本当のターゲットは中国であるということなどを考えると、中国はこの一年、大きく揺さぶられてきたと考えます。そして、トランプの変節とともに昨年十一月に状況が動いたということです。

一方で、東アジアでは韓露という枠組みが対極として浮上します。実は、既に中露離反ということが可能性として生じていますが、このことは東アジアだけではなく、中東や黒海周辺および中央アジアでの中露衝突という可能性を生じさせています。例えば、中東および黒海周辺で、南北に渡るロシアのルートと、東西に渡る一帯一路が交差します。このような場合、紛争が起きやすくなりますが、日米中でTPPと一帯一路が合体すれば、当然、東アジアと中東や黒海周辺および中央アジアでの紛争要因が増えるでしょう。TPPの本質が通貨と軍事であることを忘れるべきではありません。そして、これはロシアの二正面になり、ポイントはあくまでも対ロシアにあります。トランプ大統領の変節はこのようなことまで意味します。

中国の帰趨はまだ断定できませんが、今後の朝鮮半島の情勢で判断できるでしょう。もし南北朝鮮が何事もなく融和に推移していけば、世界は平和へと動くでしょうし、日本にとってロシア、韓国、中国（良好な意味で）など北方がポイントになります。また逆に朝鮮半島で有事が起これば、世界的な戦争の可能性は高まり、日本にとっては中国、米国など南方がポイントになります。中国の帰趨は戦争か平和かの明らかなポイントになっています。

ロシア包囲網

一月、安倍首相は、バルト三国と黒海周辺のルーマニア、ブルガリアなどの東欧諸国を訪問していますが、特にバルト三国では対露ということが色濃く出ています。また、黒海周辺のルーマニアとブルガリアも上述のように対ロシアの色彩が濃いものですし、これと中露の構図の変化を併せて考えると、実は既に日中において対露姿勢で足並みが揃っていると考えます。安倍首相の外交は、中国の肩替わりという要素がある可能性や、少なからず中国の手先となって動いている可能性があると考えます。

一方、欧州に眼を向けると、一月、フランスはスウェーデンに続いて徴兵制の復活を表明し、また英国ではロシアの脅威を念頭に新レーダー稼働が報道されています。これまで指摘してきたように欧州でも米軍のプレゼンス低下はポイントですが、そのことと相まってこれらの動きは対ロシアを志向していると考えます。こう見ると実は現状、対ロシア包囲網ということがキーポイントとして浮かび上がっています。フランスもマクロン政権になってやはり独仏露の枠組みから徐々に離れつつあると考えますが、そのフランスと日本は一月二十六日に日仏外務・防衛閣僚会合（2+2）を開催しています。報道ではこの会合のポイントを対中国としていますが、その分析は違うでしょう。実際、上述のようにこの会合の三日後には「河野氏『日中関係、全面的に改善』　中国外相と会談」と報道されています。情勢から判断して対ロシアにそのポイントがあると考えます。

今年はロシア大統領選挙とＦＩＦＡワールドカップ２０１８・ロシア大会（六月十四日から七月十五日）が開かれます。これはソチのときと同じようにロシアが手出しできない状況があるということですが、そのような状況で国際情勢における紛争などが起こることが予想されます。特にＦＩＦＡワールドカップ期間中はポイントと考えます。

いずれにせよ、今年は日本においても、朝鮮半島でも、そして世界においても、これから七月までが最初の大きな大きな山場になります。

連載
第72回

空海の人間学〈72〉
「超訳」遍《へん》照《じょう》発《はっ》揮《き》性《しょう》霊《りょう》集《しゅう》 第9回

Y.H.C.矢山クリニック院長 矢《や》山《やま》 利《とし》彦《ひこ》

前回に続き、空海大師の書に対する思いを学んでいきます。芸術家でもあった空海大師の創作の極意が述べられていますので、アートに興味のある方には大きなヒントになるかもしれません。

勅賜屏風書了即献表幷詩（続き）

空海《くうかい》儻《たまたま》解《かい》書《しょ》の先生に遇《お》うて、粗《ほぼ》口訣《こうけつ》を聞けり。然《しか》りと雖《いえど》も志す所道別《みちこと》にして曽《かつ》て心に留めず。今聖雷《せいらい》の震響《しんけい》に頼《よ》て心地《しんじ》の蟄字《ちつじ》を抜《ぬ》く。六書《りくしょ》の萃《すい》楚《そ》を折り、八体《はったい》の栄華《えいか》を摘む。転筆《てんひつ》を鼎態《ていたい》に学び、超翰《ちょうかん》を草聖《そうせい》に擬《ぎ》す。

【超訳Ⅰ】

私、空海は唐《とう》において、たまたま書法を解する先生に遇《あ》って、文字に記されていない書の秘伝を聞く

矢山 利彦
（ややま としひこ）
1980（昭和55）年、九州大学医学部卒業。同大学院博士課程で免疫学を専攻。福岡徳州会病院、佐賀県医療センター好生館外科医長、東洋医学診療部長などを経て、2001（平成13）年、矢山クリニックを開院。経絡エネルギー測定器「ゼロ・サーチ」を開発し、西洋医学、東洋医学、自然療法を気の観点から統合した医療を実践、ガン、リウマチ、アトピー、喘息などに高い治療効果をあげている。2005年、医科、歯科、気功道場、自然食レストランを併設した新病棟が完成。著書に『気の人間学』『続 気の人間学』（ともにビジネス社）、『気でひきだせ、無限の治癒力』『気そだて教育』（ともに太郎次郎社）など多数。ほかに、矢山式気功DVD「小周天気功法」「大周天気功法」などがある。

【矢山クリニック・気功道場】
佐賀市大和町大字尼寺3049-1
TEL：0952-62-8892 FAX：0952-62-8893
ホームページ：yayamaclinic.com
★気功道場は東京などでも開催されています。

ことができました。しかし、私の志す道とは違っていましたので、今まで一度も心に留めて書に励んだことはありませんでした。

今、天子様より雷鳴のような思召《おぼしめ》しをいただき、心中に潜《ひそ》める書法を思い出しました。漢字を構成する六つの原則（象形・指事・会意・形成・転注・仮借）の秀逸なるものを集め取り、また八体（漢字の八つの書体。古文・大篆《だいてん》・小篆・隷書・飛白・八分・行書・草書）の麗《うるわ》しい精粋を摘み取って、書し奉《たてまつ》ります。

私、運筆は古代の鐘《かね》や鼎《かなえ》（中国古代の三本脚の器）に鋳造された書の形態を学び、草聖《そうせい》と言われた張伯《ちょうはく》英《えい》の超絶技巧をまねようとするものです。

【超訳Ⅱ】

私空海は書の秘伝を唐で学んでいましたが、仏道とは道が違うので書に励んでいませんでした。今回、天子様の指示により書の超絶技巧を示します。

弟子　解書《かいしょ》先生とは誰なのかさまざまな説があります。書聖といわれる王羲之《おうぎし》のことという説もありますが、いかがですか。

空海　唐は書が盛んでしたので書の大家が何人もおられました。王羲之さんだけに習ったなら、その名をきちんと書きます。解書先生とは、書法を教えてくれた複数の先生と考えておいてください。

弟子　空海先生の書を研究した報告には、王羲之だけではなく、同時代の顔真卿《がんしんけい》という唐の忠臣でありながら書家の影響が空海先生の書に見られるとありました。

空海　王羲之の典雅な書風に対して、顔真卿は剛健で生命力の発露を感じますね。次に進みましょう。

山水《さんすい》を想《おも》って擺撥《はいはつ》し、老少《ろうしょう》に法《のっと》って終始す。君臣《くんしん》風化《ふうか》の道、上下《しょうか》の画《かく》に含み、夫婦義貞《ぎてい》の行《こう》、陰陽の点《てん》に蔵《おさ》めたり。客主《かくしゅ》揖譲《ゆうじょう》し、弟昆友悌《ていこんゆうてい》あり。三才変《さんさいへん》化《か》し、四序生殺《しじょせいさつ》す。尊卑愛敬《そんぴあいけい》し、大小次第《たいしょうしだい》あり。隣《りん》里和平《りかへい》し、寰区粛恭《かんくしゅくきょう》す。

此等《これら》の深義《じんぎ》悉《ことごと》く字字《じじ》に緼《つつ》めり。功《こう》を書池《しょち》に謝《しゃ》すと雖《いえど》も窃《ひそか》に雅趣《がしゅ》を庶幾《こいねが》う。

【超訳Ⅰ】

筆を運ぶときは、山水の自然に身を置いているような気分で、老練な筆遣い、若々しい筆遣いを行う。君徳に臣民がよくなびくような道理を一字の上下の画に表し、夫の礼儀、婦《つま》の貞潔、美点を一字の陰陽の点に含め、主人と客人の礼と謙譲の美徳、兄弟の仲睦《なかむつ》まじい徳を運筆に含ませるのです。そして天・地・人三つの才（＝はたらき）の変化、春夏秋冬で生命が盛んになり、また衰退する様、尊重する、へりくだる、慈しむ、敬うの美点を文字の大小順序に表現する、そうして社会が平和で天下泰平の理を示すことになるのです。

このような深い意義をことごとく一字一字の点画に包み蔵《ぞう》すのです。書法を築いてこられた方々の功績に感謝し、それには及ばないかもしれませんが、以上述べたような深い趣《おもむき》を見ていただければありがたいです。

【超訳Ⅱ】

空海大師の書は、一字一画に自然、社会、人間の関係、そして心の深奥に存在する理法を表現しようとされていた。

弟子　ウーン。びっくりです。古来より、空海先生の書は素晴らしく、たくさんの方々が学び、研究されていましたが、こうして書作するときのお気持ちをはじめてうかがいました。これはそのまま、すべてをつくり支える原理、すなわち大日如来《だいにちにょらい》のことをいわれているのではないでしょうか。

空海　そうですね。それが感取できれば、私の書は曼荼羅《まんだら》になります。

弟子　空海先生の書、例えば「破体心経」には、行書、草書、さらには、梵字《ぼんじ》の筆法まで入っています。これは一つの書は一つの書体で書くという書の原則から外れているので、「破体」と呼ばれていて、偽作ではないだろうかという説も以前はあったそうですが、私は「破体心経」は空海先生がお書きになられた書の曼荼羅と思って大好きでした。今回の説明をうかがって、書体をさまざまに混ぜたお気持ちがよくわかりました。

空海　それはよかった。

又《また》夫《そ》れ右軍功《ゆうぐんこう》を累《かさ》ねて猶未《なおいま》だ其《そ》の妙《びょう》を得ず。衆芸《しゅげい》沙《いさご》を弄《もてあそ》んで始めて已《すで》に其の極《きょく》に会《かな》えり。自外《じげ》の凡庸《はんよう》何《なん》ぞ点画《てんかく》の奥《おう》を解《さと》らん。

何《いか》に況《いわ》んや空海耳《みみ》に其の義《ぎ》を聞いて心に理《り》を存《そん》せず。空《むな》しく筆墨《ひつぼく》を費して忝《かたじけな》く珍屛《ちんびょう》を汚《けが》す。一《ひと》びは悚《おのの》き、一びは懼《おそ》れて心魂飛越《しんこんひえつ》す。

時に尭曦《ぎょうき》光りを流して葵藿《きかく》自《おのず》から感ず。

【超訳Ⅰ】

右軍《ゆうぐん》（王羲之《おうぎし》）は専心書を学ばれたが、酒に酔って「蘭亭《らんてい》の序《じょ》」を書き、醒《さ》めてから書いたものは酔って神助を得て書いたものに及ばないと言われました。これは、「まだその奥義に達しない」と謙遜《けんそん》された言葉でしょう。一切の伎芸《ぎげい》（歌舞音曲のわざ）に通達された衆芸童子《しゅうげいどうし》と、小さな石で遊ぶことをよくされていた、やはり一切の伎芸を兼備する釈天《しゃくてん》童子のお二人にして初めて書の極点に達していたのです。このお二人以外の凡庸の人々は、字々の点画の本当の奥義を体得しているとは言えないのです。

まして私、空海は唐で解書先生に書法の義を聞いただけで、心にその理法を会得しているとは言えないのです。空《むな》しく筆墨を費やして屛風《へいふう》に書作することは、かたじけないことです。心は縮まり畏《おそ》れ、魂もどこかに飛んでいきそうです。

時に嵯峨《さが》天皇陛下は聖帝尭《ぎょう》のように徳の光が流れ出て、葵花《あおい》が太陽に向くようです。そのように自分も陛下のご高徳を仰ぎみるものです。

【超訳Ⅱ】

書においては空海大師も、まだ未熟であると謙遜されている。

弟子　空海先生は、本当にご自身が書において未熟と思われていたのでしょうか。あれほど素晴らしい書作がたくさん残っているのに。

空海　書も仏道、すなわち大日如来の顕《あらわ》れであると心から思うならば、限りはありません。

弟子　なるほど、認識の力が高まれば高まるほど未知の世界が広がっていることがわかる、そうなると、自分の未熟さがまた見えてくるということですね。

空海　そうですね。でもそれは学ぶべきこと、興味深いこと、おもしろいことが増えてくることでもあります。

山《やま》に対《たい》して管《かん》を握《と》るに、物に触れて興《きょう》有り、自然の応《よう》覚《おぼ》えずして吟詠《ぎんえい》す。輒《すなわ》ち十韻《じゅういん》を抽《ぬき》んでて敢《あ》えて後《しりえ》に書《しる》す。伏《ふ》して乞《こ》う、天慈《てんじ》其《そ》の罪過《ざいか》を宥《ゆる》したまえ。幸甚幸甚《こうじんこうじん》。謹《つつし》んで書く所の屛風《へいふう》及び秀句《しゅうく》の本《ほん》、表《ひょう》に随《したが》えて奉進《ほうしん》す。軽《かろがろし》く聖覧《せいらん》を黷《けが》す。伏して流汗《りゅうかん》を増す。沙門《しゃもん》空海《くうかい》誠惶誠恐謹言《せいこうせいきょうきんげん》。弘仁《こうにん》七年八月十五日沙門空海上表《じょうひょう》。

【超訳Ⅰ】

山に向かって筆を執るとき、事物に触れて、興味深く感じられる。自然の造化の妙に思わず、詩が口をついて出てくる。そこで直ちにこれを十韻の詩となし、後ろに書し奉る。天子の慈愛により未熟な罪を宥恕《ゆうじょ》されんことを、そうであればはなはだ幸い、幸いです。謹んで書く屛風《へいふう》と秀句の本は上表文に随《したが》えて提出いたします。軽《かるがる》しく天子様のお目にかけることは畏《おそ》れ多く汗の流れる思いです。

沙門空海誠惶誠恐謹言、弘仁七年八月十五日　沙門空海上表す。

大師は自然の造化の妙を感じて十韻の詩を作り、屏風とともに献上された。

【超訳Ⅱ】

蒼嶺《そうれい》白雲《はくうん》観念《かんねん》の人。等閑《なおざり》に絶ち却《さ》く草行真《そうぎょうしん》。心仏《ぶつ》会《え》に遊《あそ》んで筆《ふんで》に遊ばず。揚波《ようは》を顧みず爾許《いくばく》の春ぞ。豈《あに》謂《おも》いきや、明皇《めいこう》に染翰《ぜんかん》を交えて、鵠頭龍爪《こくとうりょうそう》君の為に陳《ちん》ぜんとは。祥雲《しょううん》濃淡《じょうたん》御邸《ぎょてい》より出《い》で、瑞草《ずいそう》秋冬《あきふゆ》帝仁《ていじん》を感ず。青山《せいざん》翠岳《すいがく》に翔鳳《しょうほう》を見る。華苑《かえん》瓊林《けいりん》に走《そう》驎《りん》を望む。更《さら》に懸針《けんしん》と倒韭《とうきゅう》と有り、切《ねんごろ》に思い相伴《あいともな》って丹宸《たんしん》に竭《つく》す。

龍管《りょうかん》池に臨んで漆墨《しつぼく》を調《ととの》え、烏光《うこう》忽《たちま》ちに照らして豪賓《ごうひん》を点《てん》ず。暴風《ぼうふう》驟雨《しゅうう》来たり汙《けが》すこと莫《なか》れ。此《こ》れは是《こ》れ君王《くんおう》の愛珍《あいちん》したまう所なり。松巌《しょうがん》数霧《しばしばきり》ふって菴《あん》中湿《ちゅううるお》う。汙《けが》さんことを恐れて晴《はれ》を望むに月旬《げつじゅん》を経たり。画虎《がこ》画龍《がりょう》都《すべ》て似《に》ず。心寒く心暑くして幾《いくば》くか逡《しゅん》巡《じゅん》する。

【超訳Ⅰ】

私、空海は青山白雲のもとで密教の観法を修する出家なので、草書、行書、楷書《かいしょ》の書の道はなおざりにして断絶していました。心は仏道に遊んで書道に遊ぶことはなかったのです。筆を持ちあげ波のように動かす練習から遠ざかって、幾年たったことでしょう。

嵯峨《さが》天皇より書面にて勅命を頂き、鵠頭龍爪《こくとうりょうそう》と称される筆の勢いを天子様に奉進することになろうとは思いもかけないことです。帝《みかど》の勅書は、めでたい雲のように墨の濃淡に妙があり、またためでたい草が冬でも枯れないような生命力を感じます。私、空海のいます高雄山《たかおさん》に鳳《おおとり》が飛び、御所に麒麟《きりん》が走るような勢いを帝の書に感受いたします。懸針《けんしん》・倒韭《とうきゅう》の書法にさらに心を込めて、陛下の御為《おんた》めに書作いたします。

筆を墨池に入れ、墨の濃淡を調え、日光が照らしている間に書作しました。風よ、吹いたり、雨よ、降って、書が汚れることのないようにせよ。これは君主が大切に珍しいと思ってくださるものです。高雄山の庵《いおり》にはしばしば霧が立ち込めて湿気るので、持ち運びの際に汚れることを恐れて晴れの日を待っていたので、月日が過ぎてしまいました。この書は虎《とら》を画《えが》いて犬に類し、龍《りゅう》を画いて狗《いぬ》に類するようなもので、心が寒くなったり、暑くなったりしますので奉進することがためらわれるのです。

【超訳Ⅱ】

嵯峨天皇の勅命の書は素晴らしいものです。私、空海の書作は、心を込めて書きましたが、虎や龍を画いて狗に類するようなもので、差し上げるのをためらっております。

弟子　内容は空海先生の論書に比べて難しいところはありませんが、表現の語句がいささか過剰にも思えるのですが……。

空海　フッフッフー、一介の僧が天皇に手紙を差し上げるのに、他にどのような手があるでしょう。

弟子　当時は空海先生の名声や地位がまだ確立していないのでしたね。僭越《せんえつ》なことを申しましてすみませんでした。

空海　時代、背景を念頭に置いて考えてください。仏道とあまり関係のない交際のための手紙は略して、次に進みましょう。

弟子　はい、わかりました。

奉為国家請修法表

国家の奉為《おんため》に修法せんと請《こ》う表《ひょう》一首《いっしゅ》。

沙門空海《しゃもんくうかい》言《もう》す。空海幸《さいわい》に先帝の造《ぞう》雨《う》に沐《ぼく》して遠く海西《かいせい》に遊び、儻《たまたま》灌頂道場《かんじょうどうじょう》に入《い》って一百余部《いちびゃくよぶ》の金剛乗《こんごうじょう》の法門を授《さず》けらるることを得たり。其《そ》の経《きょう》は則《すなわ》ち仏《ほとけ》の心肝《しんかん》、国の霊宝《れいほう》なり。

是《こ》の故《ゆえ》に大唐開元《たいとうかいげん》より已来《このかた》一人三公《いちじんさんこう》親《まのあた》り灌頂《かんじょう》を授けられ、誦持《じゅじ》し観念す。近くは四海《しかい》を安《やす》んじ、遠

くは菩提《ぼだい》を求む。宮中には則《すなわ》ち長生殿《ちょうせいでん》を捨てて内道《ないどう》場と為《す》。
復七日《またしちにち》毎《ごと》に解念誦《げねんじゅ》の僧等《そうとう》をして持念修行《じねんしゅぎょう》せしむ。城中城外に亦鎮国念誦《またちんこくねんじゅ》の道場を建つ。仏国《ぶっこく》の風範《ふうはん》も亦復是《またまたかく》の如《ごと》し。

【超訳Ⅰ】

国家の御為《おんため》に密教の法を修せんことをご許可ください。

沙門空海が申し上げます。私、空海は幸いにも先帝（桓武《かんむ》帝）のご恩により、遠く大唐の国に留学でき、たまたま恵果阿闍梨《けいかあじゃり》に会い、その灌頂《かんじょう》道場に入壇して両部の大法を受け、また一百部の金剛乗たる真言密教の法門をすべて授けられました。その法経は仏の心肝であり、国にとっては霊宝です。

かの大唐においても、開元年中よりこのかた、皇帝陛下と三人の高官は灌頂をお受けになり、密教の真言を誦持《じゅじ》し仏を観念されました。近くは天下泰平を祈り、遠くはそれぞれの悟りの境地を求められました。それらの修法を行うため宮中の長生殿を密教修法の道場とされたのです。

また毎月十七日間、よく教理を解し修法に練達した僧により持念修行させました。さらに、城中城外に寺を建立して鎮護国家を祈る道場とされました。このことは仏国である印度《いんど》の風習でもかくのごとくであると聞き及んでいます。

【超訳Ⅱ】

鎮護国家のための密教の修法は大唐でも行われ、皇帝陛下および高官も密教の灌頂を受けておられます。また仏国印度でもそうとのこと。ここ日本においても、鎮護国家の修法をいたしたいと存じますのでご許可ください。

弟子　現在では、宗教は全く個人の心の中の事柄で、社会や国家とは別次元のこととされています。当時は「鎮護国家」というように、密教は国家のためという面もあったのですね。

空海 この世は物質であり、それをうまく取り扱うのは、科学と技術によるというのが現代の根本思想ですが、当時は祈るという精神の技術がこの世を動かすことの根底にあったのです。

弟子 近未来では、思考するという人間の最大の能力も人工知能の方がはるかに高度となるのではという予想もされています。祈りとはいったい何なのか、人間にとってどのような意味があるのだろうかということを一度、真剣に考えてみる必要があるのではないでしょうか。

空海 そうですね。真言密教は祈りを実践する精神の超技術という側面を持っています。祈りについて考えてみようと思う人には、大いなる参考となるのではないでしょうか。

弟子 祈りは力を持っている、祈りは世界に対して実動するというのが、弟子としての実感です。人工知能はまだまだ祈りには手が届かないでしょうが、「人工知能と祈り」というのは未来において大きなテーマになるかもしれませんね。『スター・ウォーズ』という欧米で長年大人気のスペースオペラでは、宇宙を舞台に宇宙人もロボットも登場しますが、フォースという精神エネルギーも一つの大きなテーマになっています。それまでの宇宙を舞台にした小説では、フォースはほとんどなかったようです。このフォースという精神エネルギーが子どもたちに夢を与えて、『スター・ウォーズ』は欧米の新しい神話となっているようです。

空海 それはおもしろいですね。幼少のころに入った知識やイメージは阿頼耶識《あらやしき》という深層意識に入って、徐々に徐々に現実を形成していきますので、フォースは未来において現実化するかもしれませんね。

弟子 密教の法力とフォースがつながるのですか。夢がありますね。

空海 実現可能な大きな夢をまず描いてください。

弟子　はい、心しておきます。

空海　先に進みましょう。

其《そ》の将来する所の経法《きょうぼう》の中に仁王経《にんおうぎょう》、守護国界主《しゅごこっかいしゅ》経《ぎょう》、仏母明王経《ぶつぼみょうおうぎょう》等の念誦《ねんじゅ》の法門有り。

仏、国王の為に特《こと》に此《こ》の経を説きたまう。七難《しちなん》を摧滅《さいめつ》し、四時《しいじ》を調和《じょうわ》し、国を護《まも》り、家を護り、己《おのれ》を安《やすん》じ、他を安ず、此の道の秘妙《ひみょう》の典《てん》なり。

空海、師の授《さずけ》を得たりと雖《いえど》も未だ練行《れんぎょう》すること能《あた》わず。伏《ふ》して望《のぞむ》らくは、国家の奉為《おんため》に諸《もろもろ》の弟子《でし》等を率いて、高雄《たかお》の山門に於《おい》て来月一《ひとひ》の日従《よ》り起首《きしゅ》して法力《ほうりき》の成就《じょうじゅ》に至るまで、且《か》つは教え、且つは修《しゅ》せん。

亦《また》望らくは其《そ》の中間《ちゅうげん》に於て住処《じゅうしょ》を出《い》でず、余《よ》の妨《さまたげ》を被《こうむ》らざらんことを。蝖蝣《けんゆう》の心体羊犬《しんていようけん》の神識《しんしょく》なりと雖も、此の思い、此の願い、常に心馬《しんば》に策《むち》つ。

況《いわん》や復《また》、我を覆《おお》い、我を載《の》するは仁王《にんおう》の天地《てんち》なり。目を開き、耳を開くは聖帝の医王《いおう》なり。報《むく》いんと欲し、答えんと欲するに極《きわ》り罔《な》く際無し。伏して乞う、昊天款誠《かんてんかんせい》の心を鑑察《かんさつ》したまえ。懇誠《こんせい》の至りに任《た》えず。謹《つつし》んで闕《けつ》に詣《もう》でて奉表陳請《ほうひょうちんぜい》以聞《いぶん》す。軽《かろがろ》しく威厳《いげん》を触《けが》して伏して深く戦越《せんえつ》す。

沙門空海誠惶誠恐謹言《せいこうせいきょうきんげん》。

弘仁《こうにん》元年十月二十七日沙門空海上表《しゃもんくうかいじょうひょう》。

【超訳Ⅰ】

私、空海が大唐より招来した経典の中で、特に護国の修法を目的とするものは『仁王経《にんのうぎょう》』『守護国界主経《しゅごこっかいしゅ》』『仏母明王経《ぶつもみょうおうぎょう》』です。

これらの経典は、仏が、国王のためにお説きになられました。七難（一には日と月の不調、二には星の不調、三には大きな火事、四には季節の変調、五には暴風の頻発、六には穀物の不作、七には戦争）を去り、春夏秋冬の四時を調和し、国を護《まも》り、家を護り、己を安んじ、他を安んずる密教の秘密絶妙の経典です。

私、空海は、恵果和尚より、この法を伝授されましたが、いまだ実際に練行する機会がありません。伏してお願いいたしますのは、国家のために、もろもろの弟子を率いて高雄山寺において来月一日に始めて、法力の成就するまで、弟子に修法の仕方を教えつつ、実修いたすことです。

また仰望することは、修法中は、高雄の山門から一歩も外出せず、また他からの修法の妨げを被《こうむ》らないことです。私の身心は、地虫やかげろうのように卑しくつまらないもので、意識は羊や犬に劣っていますが、この思い、この願いは常に私の心を馬に鞭《むち》打つように励ましているのです。

我を覆うは陛下の天であり、我を載せるは陛下の地であります。我を入唐《にっとう》させ、唐の文化と密教に目を開かせ、耳を開かせていただいたのは、医王《いおう》にも比すべき、聖帝のご仁徳であります。そのご恩に報い、答えようと思いますが、それは際限なく、極りなく広大であります。伏して乞います。陛下、どうか我がこの誠心を察し給《たま》え、誠は至りませんが、慎んで宮廷に詣《もう》でて、陳情いたします。軽しく威厳にさわることを、思い深く恐れおののいているところです。

沙門空海、誠惶誠恐謹言。

弘仁《こうにん》元年十月二十七日沙門空海上表。

【超訳Ⅱ】

鎮護国家の修法が密教の経典の中にあります。それを全身全霊で修法いたしますので、陛下におかれましては宜《よろ》しくお許しくださいますようにお願いいたします。

弟子　『仁王経《にんのうぎょう》』は、『仁王護国般若波羅蜜多経《にんのうごこくはんにゃはらみたぎょう》』といい、この修法は、今回の上表文により我が国で初めて修せられたそうですね。

空海　その通りです。

弟子　空海先生が唐の文化と真言密教を一身に身につけられたのは、朝廷、つまり天皇の許可があったからというのが、その当時の実情だったのですね。

空海　そうです。朝廷のお許しがなければ、公には何事も進んでいかない時代だったのですよ。

弟子　現代の批評家の中には、空海先生の行状が天皇に取り入っていて宗教家らしくない、という人がいます。

空海　そうですか。私一人なら『三教指帰《さんごうしき》』で登場した仮名乞児《かめいこつじ》のように、宗教的、個人的菩提心《ぼだいしん》を求めて生きていくことも何の問題もありませんでしたが、恵果和尚の生き方、唐の朝廷へ、また社会への働きかけ、さらに恵果和尚が今度は私の弟子としておいでになるかもしれないと考えると、この密教の大法を国のために大いに生かしていくことを考えなければいけなかったのです。

弟子　そうでしたか。時代の制約、社会そして人々の心の在り方を考えると、現代の基準や、自分の価値観で、空海先生を批判することの無意味さがよくわかりました。それにも増して、現代、さらに未来に続く人の心の真実について説き明かし、論書として残していただいていることに限りない感謝の念が湧《わ》いてきます。空海先生を批判する方々、また賛同する方々は、先生の論書に取り組んで、先生のお心を少しでも自らの心の栄養にしていただきたいものです。私もそのつもりでさらに学んでいきます。

＊今回のキーワードです

隔月連載
第7回

「日本ブーム」に思う先祖から継承した社会資本とは

株式会社S・Yワークス 代表取締役
佐藤《さとう》 芳直《よしなお》

世界を魅了した「日本ブーム」の歴史

2017年の海外からの観光客数は2869万1000人を突破。5年比で見れば276%になり、この数値は異常値、まさにビックリ現象です。

過去にも、日本に対する熱狂的ブームは何度かありました。紀元1世紀前後、日本に大挙やって来た「秦人《しんひと》」たちの日本ブームです。東方海上にある、伝説の蓬莱山《ほうらいさん》（※1）を目指して渡来したのでしょうか。そして秦人は秦氏《はたし》となり、さまざまな知識や技術を元に、日本という国の「カタチ造り」を進めたと考えられています。

13世紀から16世紀にかけて、マルコ・ポーロの『東方見聞録』に触発された、「ジパング・ブーム」もありました。「日本のお陰で、アメリカは生まれたのだぞ！」そんな軽口を米国

※1 **蓬莱山**：中国古代における想像上の神山。不死の薬をつくる仙人が住み、宮殿は金・玉で白色の鳥獣がおり、玉の木が生えているとされた。

佐藤 芳直
（さとう よしなお）

1981年、早稲田大学商学部を卒業後、株式会社日本マーケティングセンター（現 ㈱船井総合研究所）に入社。20代から一躍トップコンサルタントとして活躍。異例の昇進を続け、1994年、当時の上場企業最年少役員に就任。大手メーカーから行政機関、観光開発、村おこしまで幅広い分野で成功事例を生み出し続け、船井幸雄氏をして「10年に1人の天才コンサルタント」と言わしめた。2006年3月、同社常務取締役を退任。4月に財務戦略と経営コンサルティングを核にした㈱S・Yワークスを設立、代表取締役に就任。“百年企業の創造”を提唱し続けている。著書に『船井幸雄のヒント 勝ち方の法則』（中経出版）、『リーダーは夢を語れ！』（日本経済新聞社）、『ずっと、あなたのお客様でいたい！』『“100年企業を創る”経営者の条件』（ともに大和出版）など多数。

【㈱S・Yワークス】http://www.syw.jp/
〒980-0811 宮城県仙台市青葉区一番町
1-2-25 仙台NSビル8F
TEL:022-722-2007 FAX:022-722-1770

の友人に叩《たた》くこともあります。ジェノバ（イタリア）人であるコロンブスは『東方見聞録』の知識を元にジパングを目指します。「スペインの港を出港し、2カ月も航海をすれば支那《しな》大陸の東方1300海里にある〝ジパング（黄金の島）〟に辿《たど》り着く」――当時の世界地図の知見はその程度でした。そして2カ月の航海の後、アメリカ大陸近海の諸島に行き着くのです。1492年アメリカ大陸の発見は、日本の黄金への欲望から生まれたものでした。

大航海時代の幕が開いた16世紀以降、ヨーロッパから喜望峰を回りインド洋を越え、ジパングへ向かうルートは苛酷《かこく》なものでした。極東の外《はず》れの外れにある日本。その神秘性は際立ちます。布教に対する強い意志を持ったイエズス会宣教師フランシスコ・ザビエルの日本上陸は1549年のことでした。彼は日本人についてこう記述しています。

「彼らは親しみやすく、一般に善良で、悪意がありません。驚くほど名誉心の強い人びとで、他の何よりも名誉を重んじます。大部分の人は貧しいのですが、武士もそうでない人びとも、貧しいことを不名誉と思っていません」（河野純徳『聖フランシスコ・ザビエル全書簡』平凡社）ザビエルは西洋人初の正式な日本上陸とされていますが、その感想は敬意に溢《あふ》れたものでした。非キリスト教国であり、有色人種の住む極東の涯《はて》にある日本。野蛮さではなく、そこに存在する規律性や道徳心、自尊心を、ザビエルはイエズス会に発信し続けました。

大航海時代、それは大植民地主義に貫かれた世紀でした。日本がその魔手から逃れられたのは、「名こそ惜しけれ」の道徳を持った国民性が知られていたこともあるでしょう。宣教師たちが日本に相次いで渡航した時代は、元亀《げんき》、天正《てんしょう》の戦国時代です。

織田・徳川連合軍が武田勝頼率いる武田騎馬軍団を撃破した「長篠《ながしの》の戦い」で信長は3000丁の火縄銃を運用したと言われます。16世紀のヨーロッパ戦線で、それほど大量の火器が動員される例はありませんでした。当時の日本は、世界一の軍事大国だったと言っていいでしょう。そんな情報も、宣教師を通じて西欧には伝わっていました。

その後、17世紀に徳川幕府は鎖国令を出してオランダを除く欧米との交りを断ちます。「神秘の国・日本」の神秘性は保たれたまま、日本の情報は200年以上冷凍保存されることになったのです。

そして、開国。ヨーロッパ、特にフランスで「ジャポニスム」と呼ばれる、大「日本ブーム」が起こります。きっかけは、1855年の第1回パリ万博です。雑紙として使われていた日本の浮世絵が、フランス印象派の画家たちの心を捉《とら》えたのです。もちろん画家だけでなく、パリのブルジョアジーたちもこぞって日本美術の収集を始めます。

第1回パリ万博の入場客数は516万人。1800年当時、ロンドンの人口が86万人、パリの人口が54万人だったことを考えると、その集客力の凄《すご》さが分かります。日本美術は、ヨーロッパの人々の美意識を根底から覆すだけのインパクトを持っていました。

印象派の巨匠・モネが晩年を過ごしたパリ郊外の村、ジヴェルニーにあるアトリエには、200点を超える浮世絵、水墨画、陶器のコレクションが残されています。自宅の敷地には、日本的自然観を取り入れた日本庭園を造り、その庭の睡蓮《すいれん》を生涯、書き続けました。

天才・ゴッホは、浮世絵の模写を重ねました。特に歌川広重の「名所江戸百景　大はし（大橋）あたけ（安宅）の夕立」に強くひかれて、「日本趣味　雨の大橋」を残しています。ゴッホの作風は浮世絵に熱狂してから、劇的に変わります。日本芸術の魅力の深さを、「集団で腕を競い合う創作スタイル」にあると考えたゴッホは、アルル（※2）をその理想郷にしようと考えました。「日本に行けるなら、人生の全てを日本に捧《ささ》げてもよい……」ゴッホはそこまで日本に入れこむのです。

※2 **アルル**：ゴッホが1888年2月から翌年5月まで住んだフランス南部の町で、その時代に300点以上の絵画や描画を制作した。

「何故、日本の芸術はこれほど洗練されているのか？」それは、モネやゴッホ、そして世界の美術史に確かな影響を与えた印象派の画家たちの共通のテーマでした。日本にも圧倒的ファンを持つモネやゴッホは、浮世絵という日本の大衆芸術の影響を受け、日本への憧《あこが》れを抱き続けたのです。

日本という合理的社会

そしてまさに今、新たなジャポニスム、日本ブームが起こっています。前回の東京オリンピックは1964年。その年のインバウンド（訪日外国人観光客数）は30万人。1970年の大阪万博では60万人でした。もちろん、アジアの1人当たりGDPの成長力がこのブームを後押ししていることが第一要因とはいえ、関心がない国や嫌いな国をわざわざ選んで海外旅行をする人はいないでしょう。

彼らの来日目的の96・4％は「日本食」に集中しています（2016年観光庁調査）。中国からの来日目的の第一は「ショッピング」となっていますが、日本食への関心の高さは言うまでもありません。

ミシュランの星付きレストランの数は、東京が食の都パリ、富の象徴ニューヨークを圧倒的に凌駕《りょうが》しています。特に一つ星の飲食店の多様性が、日本食を楽しみたい外国人の興味の的であると感じています。ラーメン、そば、おでんに焼肉……。これだけ多彩な業容（事業の内容）、そして大衆料理の質の高さは、どこの国でも再現は不可能です。年間70日前後はアメリカ、フランスで過ごしますが、食の多様性、質の高さ、安心と安全性を実感できる都市はないと思います。

一方、欧米人が関心を寄せるテーマの中で、「日本文化」への比率も高い水準にあります。忍者や古寺、神社仏閣だけではありません。新幹線

	東京	パリ	NY
一つ星	161	71	61
二つ星	54	16	10
三つ星	12	10	6

（図1）【ミシュラン星獲得店舗比較】

や山手線、果ては都心のエスカレーターの片側行列にも彼らは深い関心を示すのです。「日本という社会資本」への興味、その根本への関心です。

鉄道発祥の国、イギリスに日立の車種だけでなく、JR東日本（と三井物産）が運営技術をインフラとして輸出したニュースは、鉄道ファンのみならず日本人の耳目を集めました。ロンドン〜リバプール間、バーミンガムの都市圏輸送など899㎞の列車運行を委託されたJR東日本は、2017年度12月から運行をスタート（※3）。何よりも、定時運行率の低い英国にとって、運用にあたっては「定時運行」が期待されています。

しかし、英国において定時運行が短期間に日本レベルで実現されるかどうかは疑問です。日本の鉄道各社の定時運行率、その世界に類のない高さは、「日本という社会資本＝日本の文化」がつくっているからです。時間を厳格に守り、秒単位で早い遅いを判断する「規律性」。混雑時であっても、列をつくり順序を守り、整然と乗降する乗客の「秩序性」。日本人の特性が定時運行を可能にしています。

時速300㎞近いスピードで西へ向かう16両編成の新幹線が、1時間に7〜8本出発する様は、外国人にとっては驚愕《きょうがく》の情景です。寸分違わぬ定時運行への信頼がなければ、その状況は恐怖にほかなりません。

海外から来た経営者には、東京駅で山手線のラッシュ時の風景を必ず見学してもらいます。降りる人が先、乗る人は後。乗ったら奥へ。列をつくって乱さず、順序よく。繰り返される2分ごとの風景に、多くの経営者は言葉を失います。法律でも、条例で決められている訳でもなく、列を乱して罰金を科せられることもありません。それは日本人の常識、つまり「文化」が生みだしている、奇跡のような光景なのです。

画一的、均質的、没個性的、主張をしない。譲り合うことを美徳とし、自ら成果を手にしようとしな

※3 **編集部註**：JR東日本と三井物産はウェストミッドランズ旅客鉄道事業の運営権を獲得した。

い。日本人自身、そんな日本人的な気風を「欧米に劣るもの」と考え、発言してきました。集団行動の規律性よりも、個の突出をよしとする論調も、正論として語られています。しかし、「日本という合理的社会」は、日本人特有の文化から生まれてきた事実に、目を向けるべきだとも思うのです。

「全体善」を考える文化

〝能《よ》く子弟《してい》を教育《きょういく》するは、一家《いっか》の私事《しじ》に非《あら》ず。是《こ》れ君《きみ》に事《つか》うるの公事《こうじ》なり。君《きみ》に事《つか》うるの公事《こうじ》に非《あら》ず。是《こ》れ天《てん》に事《つか》うるの職分《しょくぶん》なり〟

（佐藤一斎『言志録《げんしろく》』233条（※4））

一斎のこの言葉に出会ったとき、暫《しばら》く目が離せませんでした。「教育は家の繁栄のためでも、君主のためでもない。天に事える、つまり天からの大切な仕事だ」そんな意です。天とは、創造主でもありますし、この世の中と取ることもできます。「世のため人のため」とも言えるでしょう。

明治維新以降、欧米の科学技術を導入、僅《わず》か三十余年で世界最大の陸軍国ロシアを破り、世界五大国入りを果たした日本。その大元は、この哲学にあったと思います。

江戸末期の日本人の識字率は75%と推計されています。その頃の大英帝国は25%、文化大国フランスは14%。諸国と比べれば驚異的な数値でした。国民のほとんどが一つの言語を読み、理解できるという事実は、加速的な技術吸収の基盤でした。軍事においても、作戦を理解し共通の認識とできる度合いは、ロシアと比較するまでもないことでした。日露戦争の勝利は決して奇跡ではなく、江戸時代から続く、「日本」という社会資本あってこそでした。

江戸時代、庶民の初等教育は寺子屋に始まります。幕末、江戸には1200軒以上の寺子屋が

※4『言志録』：江戸末期に活躍した美濃《みの》の国岩村藩出身の儒学者・佐藤一斎が後半生の四十余年にわたって書いた語録。

ありました。現在、東京23区に存在する小学校は864校（平成28年）。当時と今の人口比を併せて考えれば、驚異的な寺子屋数です。百姓、商人、大工の子、あらゆる層の子どもが寺子屋に通ったのです。

女子も男子の半数程度が寺子屋に通っていました。寺子屋での学習は、読み、書き、算盤《そろばん》が基本ですが、農工商、おのおの将来就くであろう職業に応じて教科書が違いました。大工の子には「番匠往来《ばんしょうおうらい》（※5）」、商売奉公に出る子には「商売往来《しょうばいおうらい》」、百姓の子には「百姓往来《ひゃくしょうおうらい》」などです。まさに、マンツーマンの教育です。

寺子屋には、「席書《せきがき》」と呼ばれる参観日があって、親や近隣の人たちが参観に訪れました。子どもたちの成長する姿を楽しみ合う。それは日本全国の大きな社会資本であったと痛感します。もちろん江戸だけの環境ではありません。愛知県を例にとれば、幕末期の寺子屋は1496軒。今の小学校数は980校ですから、その厚い初等教育の基盤が理解できます。また、幕末、江戸には600軒を超える貸本屋があって、庶民の日常の娯楽に読書が入っていました。何故これほどまでの学習熱が、親から子へと伝えられたのでしょう。

そこに、「恩送り」の精神があると思います。親から受けた恩は子に返す。その、恩送りの精神は未来へと続いていく社会への確信がなければ生まれることはありません。

船井幸雄先生が、事あるごとに語ってくれた道徳の基本があります。

今も大切だが、未来はもっと大事だ。
自分も大切だが、他人はもっと大事だ。
金も大切だが、心はもっと大事だ。

「今だけ、自分だけ、金だけ」――その思考からの脱却を人間性向上の基礎に置くように、日々語ってくださいました。「ホテルを出るときは、来

※5 **往来物《おうらいもの》**：当初は往復一対の手紙文を集めた形の書物の名称だったが、後に初等教科書として用いられるものすべてを「往来物」と呼ぶようになった。

たときより綺麗《きれい》にして帰るんだ」「新幹線の座席も同じだ」、そんな些細《ささい》な日常のひとつにも「恩送り精神」が溢れているのだと思います。「今」をより良くして「未来」へと手渡す。その最も大切な一事が、「教育」だったのです。「より良い未来のために、より良い故郷のために、学び育つ環境を創る」――そんな先祖からのバトンが、今の日本という社会資本を生みだしました。寺子屋でも、藩校教育でも、読み、書き、算盤以上に重視されたのは「道徳」です。日本では、道徳への造詣《ぞうけい》の深さを「教養」と表しました。

「誰かの迷惑になりはしないかと考え行動する」。その意識を「教養」といいます。礼法、礼儀もこの教養を旨として形作られました。集団、共同体の中で、自分が誰かの迷惑にならないように自立し、弱い者を助け「全体善」を第一に行動する。

その姿は、混迷する世界を新しい価値へと導く一つの理想ではないかとすら思えます。個の尊厳も合理的な暮らしも、全体の中の一人ひとりが「全体善」を考える中でのみ、実現が可能なのだと思います。

宗教も政治も、個を分断し無秩序化する方向へと動いているように見えます。近代資本主義はさまざまな縁を分断し、共同体を解体する中で拡大してきました。地縁も血縁も自然との縁、そして国との縁すら解体し、資本主義はここまで来ました。

しかし、そうした方向軸が見えない現代においても、私たちの国には先祖から受け継いできた共同体、集団の全体善を考える文化が、かすかな残光として残っています。「縁」を大切にし、他人との関係をより良きものにしようとする知恵も残っています。規律性、秩序性、そして全体善を考え行動しようとする日本の文化、社会資本は、世界から日本を目指す人々の一つの憧れなのでしょう。

もし日本が、受け継いできた社会資本を喪失すれば、「日本」自体を失うことにもなると感じています。先祖が創り上げてきた私たちの社会資本を大切にしなければと、強く思うのです。

短期集中連載
第17回

第三千年紀《その①》近未来予測

オリオン形而上学研究所 代表
金原《きんぱら》 博昭《ひろあき》

これまでに20回にわたってご提供した形而上学の情報は、すべて、ゴードン・マイケル・スキャリオン氏（※1）が変性意識状態において高次元世界から得たものです。そのうちの18回分は、スキャリオン氏の著作"Notes from the Cosmos"に含まれています。このタイトルの和訳は結構むずかしいのですが、強いて訳せば『宇宙からの情報の覚え書き』になるかと思います。スキャリオン氏は常時枕元にメモ帳を置いていて、起床後すぐに、見た夢の中身を覚え書きとしてそれに書き写すようにしているそうです。多分この本のタイトルはそれに由来するのでしょう。今回お届けする情報『近未来予測』は、上記の本の最後の章『第三千年紀』の前半部分であり、その後半『第三千年紀への夢の旅』は、次号に掲載されることになっています。

この『近未来予測』においてスキャリオン氏は、1998年以降の具現化が予見された出来事を、分野ごとに簡潔に述べています。その最初の事象である『地球物理的変動』に関しては、とりわけ米国における大変動の様子が非常に具体的に描写されてい

金原 博昭（きんぱら ひろあき）

東北大学理学部物理学科卒。米国に本社のある多国籍複合企業TRW（事業分野は15年ほど前まで宇宙開発・自動車部品・航空機部品等、現在は自動車部品のみ）に35年間在籍し、主として企画・営業に従事。現在鎌倉に在住、数学および神聖幾何学を含む超古代科学の研究、タロット・カバラーの学習と実践、形而上学分野の書籍の翻訳や最新情報の発信、等に専心している。現在地球が極めて不均衡な状態にあることを危惧（きぐ）しており、それを是正し回復させるための具体的方法として『地球のためのホ・オポノポノ』の実践を提唱している。主な訳書：『高次元存在ラマ・シングに聞く　死後世界へのソウルガイド＆ナビゲーション』（徳間書店刊）、『あなたもペットと話せます』（Kindle本：オリオン形而上学研究所刊）。オリオン形而上学研究所を主宰（日本語、英語、スペイン語、ヒンディー語、中国語の5カ国語）。
http://www.orion-metaphysics.com

※1 **ゴードン・マイケル・スキャリオン**：未来予見者かつ意識研究分野の第一人者。

ます。

幸いなことに、このような地球の激変はまだ現実のものになっていません。すでに何度もお話ししているように、スキャリオン夫妻による啓蒙活動――月刊ニュースレター『地球の変動についてのレポート（ECR）』の発行、講演会、テレビ・ラジオ番組への出演、および上記の本の刊行――によって、数百万人の人々が地球の変動に注意を向けるようになり、それが人類の集合意識に影響を及ぼして、起きることになっていた出来事の時期を変更した。これがその理由であると思われます。スキャリオン氏は、「集合意識を変えることにより未来の年表に修正を加えることができる」と繰り返し述べていますが、まさにそのような集合意識のパワーが実証された、と言ってもよいかと思います。

2番目の分野は『気象・気候』です。ここでは風の持つパワーや脅威が極めて具体的に述べられています。今年1月18日、ドイツとオランダで秒速30メートル以上の猛烈な風が吹き荒れて、住宅の屋根や壁が飛ばされ、歩行者が吹き飛ばされたり、トレーラーが横転したりする被害が続出しました。テレビのニュースでもその様子が放映されましたので、もしかしたらご覧になったかもしれません。それでも、スキャリオン氏が予見している秒速90メートルに比べればまだまだ生やさしい風速なのですが――。スキャリオン氏によれば、近い将来、さらにすさまじい強風が常時吹き荒れるようになるそうです。それがさまざまな地域の気温や環境に劇的な変化を引き起こし、その結果、世界中の農業が大混乱に陥ります。そして、水耕栽培場のような人工的に創られた生育環境が食料・薬草生産の助けとなり、一部の小型野生生物を絶滅から救うことになるようです。

昨年12月13日にNHKのテレビ番組『探検バクモン：食べもの革命！　最先端植物工場』が放映されました。皆さんはご覧になりましたか？　この番組において、太陽光線や土を使わずに大量の野菜を作り出す驚異のＬＥＤ農園、海水を使わずにアワビ等の魚介類を水槽で育てる施設、等の先進技術が紹介されました。ＬＥＤ栽培では収穫量が激増し、さらに光の色によって野菜の味が変わるそうです。また、アワビやニジマス等の魚介類は超高密度の水槽内で育てられるため巨大化するそうです。すでにこのような技術が開発され実用化に近づいている、という事実はまさに驚きでしたが、同時に私たちの未来に大きな希望を抱かせてくれました。

『テクノロジー』の分野においては、私たちが現在使っている電気システムが将来使われなくなること、および、定在波エネルギーに基づく新たなテクノロジーが実用化されてあらゆる家電品や通信システムに必要な電力を賄《まかな》うこと、が述べられています。このテクノロジーは、19世紀から20世紀への変わり目にニコラ・テスラによって最初に開発され、20世紀以降主として軍事目的に使用されているものだそうです。この点は『ザ・フナイ』２０１７年２月号の記事『同時存在の異なる現実世界《その③》』に詳しく説明されていますので、興味のある方は是非ともお読みください。

また、先月号の記事『地球の大変動《その④》』のアフリカに関する部分に「エジプト、ギザの台地は水没します。しかしそれが起きる前に、考古学上の大発見がなされます」と書かれています。もしかしたら、これはすでに実現しているかもしれません。なぜなら、大ピラミッド大回廊の上方付近に巨大空間が存在することが昨年発見されたからです。これは、昨年11月４日に放映されたＮＨＫスペシャル・・シリーズ古代遺跡透視『大ピラミッド、発見！　謎の巨大空間』で詳しく紹介されましたし、それについての論文が科学誌『ネイチャー』にも掲載されました。スキャリオン氏によれば、大ピラミッドには全部で14の部屋が存在し、そのうちの７つが基礎土台の上側、残りの７つが下側にあるそうです。この点は『ザ・フナイ』２０１６年６月号の記事『大ピラミッドと記録の間の秘密』に詳しく説明されていますので、関心のある方は是非ともご一読ください。あるいは、今回発見された巨大空間は実際のところ複数個の部屋から構成されていて、すでに存在が確認されている部屋を含めて合計が7つになるのかもしれません。

それでは『第三千年紀《その①》』をお楽しみください――。

☆☆☆☆☆☆☆☆☆☆☆☆☆☆☆☆☆☆

第三千年紀《その①》　近未来予測

ゴードン・マイケル・スキャリオン

これまでの章において「地球の大変動」に関する情報をご提供しましたが、この章においては、近未来に具現化すると予測されている他のヴィジョンの中身をお話ししたいと思います。これには地球物理的変動も含まれます。そしてその後に、夢における第三千年紀への特別な旅についての情報をご提供します。この夢において私は、平和で活気に満ちた高次元の地球を見ましたが、それは三次元物質世界の地球とは全く異なるものでした。

この章を含む私の著作“Notes from the Cosmos”の原稿が印刷所に送られる数日前、極めて不可思議で驚くべきことが起きました。ワープロを使って仕事をしていたとき、謎めいた新たな情報が提示されたのです。それは“The Milios”と称されるもので、来《きた》るべき千年紀における出来事に関連しているのは明らかでした。私の夢の導師は、それが何を意味するのか教えてくれませんでしたが、私は直感に基づき、他の誰かがその意味を明らかにしてくれることを願って、それをこの章の最後に付け加えることにしました。

地球物理的変動

　地球の変動が米国西海岸で本格化するに従い、カリフォルニアから来たたくさんの車が夜の砂漠を蛇《へび》のようにくねって進んで行きます。それらのヘッドライトは、暗闇の中でクリスマスツリーの電飾のように数珠《じゅず》つなぎになっています。それらが進む方向はただ一つ。それは東です。そして目的地は高地の砂漠であり、そこには仮設テントから成る共同体が設営の途上にあります。底面を州兵軍の紋章で飾られたチヌーク型ヘリコプターの一団が砂漠の町に着陸すると、この大型ヘリコプターの周りの砂があらゆる方向に吹き飛ばされます（注：チヌーク型ヘリコプターは軍事用で、主として物資・人の輸送に使われる。機体が長方形でその上部に2双のプロペラがある）。兵士たちがヘリコプターから食糧や医薬品を可能な限り迅速に降ろしています。この共同体およびび同じような他の共同体が、アリゾナ・ネバダ州境のちょうど西側のカリフォルニア地域に広がっています。避難者の数は数十万人に及び、その多くは子供や高齢者です。

　西部地域における生存者たちの野営地は、ネバダ州、コロラド州、ニューメキシコ州にも設けられていて、救民活動施設は米国の至る所に設置されています。五大湖地域では、アイオワ州、イリノイ州、オハイオ州、ケンタッキー州。北東地域では、バーモント州の南部、マサチューセッツ州の西部、ニューヨーク州の東中央部、ニューハンプシャー州の西部。南部地域では、バージニア州の中央部、ノースカロライナ州の中央部、フロリダ州の北中央部です。

　カナダ西部の沿岸地域においては、海岸線が内陸に向かって３００km以上後退しています。カナダ西海岸から避難してきた生存者たちはアルバータ州に移動中です。カナダ東部の海岸線は、内陸に向かって１５０km以上後退しました。生存者たちの野営地は、ノバスコシア州の中央部、ケベック州、オンタリオ州および五大湖地域に設けられています。

英国では、沿岸地域北東部の山岳地帯が生存者たちの野営地になっています。オーストラリアでは、早めに警報が出されたために、人々は海岸地域から避難することができました。人々の多くが内陸に向かって数百km以上移動した結果、国の中央部の人口が著しく増加しました。ニュージーランドでは、沿岸地域が他の陸地の水没に起因する津波に呑《の》まれてしまうため、当初、人々はそこから強制退去させられました。ニュージーランドはさらに陸塊の隆起によって激しい地震に見舞われますが、それにより国土の面積が数倍に拡大します。

ヨーロッパでは陸地の大半が失われます。手遅れになる前に家から離れることのできた人々は、スペインやスイスの山岳地帯に仮住まいを得ます。南アメリカでは地球の変動が最も長く続きますが、避難者のための野営地が東海岸・西海岸両方の高山に設けられています。

気象・気候

現在、世界中の火山の80%が海洋に存在すると推定されています。21世紀以降、これらの海底火山からの噴火が激烈になり、その回数が飛躍的に増加します。その結果、海水の温度が急上昇します。熱せられた海水が水面に達すると大気が大きく変化し、地球の気候パターンに大々的な影響を及ぼします。すなわち、高速の風が生じてそれが陸地に吹き寄せられます。北回帰線と南回帰線の間の地域が、これらの激烈な風に最もさらされます。

時間が経つにしたがい、これらの烈風は植物の自然な成育パターンを変化させます。そして、さまざまな地域の気温や環境に劇的な変化を引き起こすのです。その結果、世界中の農業が大混乱に陥ります。なぜなら、季節の変化に基づく気候のパターンが不安定になる、あるいは、恒久的に変わってしまうからです。たくさんある植物の種——ある場合は生態系全体――を保護し失わないようにするために、新たな農業技術の開発あるいは植物生育への干渉が必要になります。水耕栽培技術のような人工的に創られた生育環境が食料・薬草生産の助けとなり、一部の小型野生生物を絶滅から救うことになります。このように気候が大きく変わるとき、過去の習慣・基準や傾向に依存するのではなく、相互に協力してその時点の状況・状態に細かな注意を払うことが、生き残るために極めて重要になります。

上記の烈風・強風・暴風のパワーを侮ってはなりません。さまざまな意味でそれは、気候が激変する間、地球の生命にとって最大の脅威になります。というのは、洪水や断層のずれ・地滑り等は確かに最も壊滅的な出来事ですが、それらは局地的に起きる災害であり、比較的短期間に終焉《しゅうえん》します。しかし、大風は陸地における生命活動全体の新たなパターンを決定づけ、受粉の周期、渡り・回遊のパターン、地域降水量等に影響を及ぼします。野生動植物の多くは気温の劇的変化を切り抜けて生き残ることができません。それは気温の変動幅が莫大《ばくだい》だからではなく、周期の変化が激烈だからです。もはや冬眠のパターンは当てはまりません。多くの植物種の成長周期が乱されてその影響は食物連鎖全体に及び、連鎖の上位にある生物種の多くを絶滅させます。人類はいろいろな意味で最もその影響を被りやすいのですが、その一方、変動を予期してそれらに備えるのに最も有利な立場にあります。地球により良く同調するとともに、科学技術を適切に理解し応用すれば、気候の変化が私たちの生命維持システムに及ぼす壊滅的な影響を緩和することができるのです。

戦争・紛争・対立

トルコで戦争が勃発し、中東全体に広がります。その後間もなく他の国々がこの戦争に巻き込まれ、同盟関係が確立されて第三次世界大戦の様相を呈します。

経済

地球の変動と戦争によって、多くの国々が経済不況に陥ります。当初、金と銀の価格が高騰し、金はトロイオンス（約31・1グラム）当たり2500ドル以上になり、銀価格はさらに上昇してトロイオンス当たり75ドル以上で取引されます。すべての国で通貨の切り下げが行われます。物価が急騰し、全世界の株式市場・証券取引所が閉鎖されます。スイスを含むほとんどすべての国の銀行で取り付け騒ぎが起こります。

政治

陸地が分割されるため、米国は13の植民地に分かれ、各々の植民地は、少なくとも初期段階では、中央政府とのつながりなしに別々に統治されます。ゆくゆくは、植民地を連結するために新たな政府が設立されます。いくつかのカナダの州は、米国北部の植民地に加わりますが、他の州は独立を保ちます。

ロシアは一人の指導者の下で再び農耕社会国家になります。その後反乱が起きて、その結果、霊性面の導師が政治の実権を握ります。同じことがニュージーランドおよび米国の2つの植民地で起こります。

英国の国土は縮小して一連の小島になりますが、欧州共同体の生き残った国々に加わり、米国の新たな中央政府に類似した新政府を設立します。その所在地は、ポルトガル沖の大西洋の奥底から隆起する新たな陸地の上になります。

オーストラリアは政治的にはほぼ安定した状態を保ちます。そして、米国の一部、カナダ、アフリカのように、世界の他の地域に食料を供給する主要な生産基地になります。

地球の変動の最初の大波が去った後、人々は治安と自治力の回復に努めますが、そのため人々の関心は政治から離れて、国粋主義・孤立・植民地化に傾きます。全世界の人々は、食料供給や近親者・身内の人々のための医療サービス、居住可能な環境、秩序ある行動の維持、等に一層関心を抱きます。無政府状態をもたらす暴力行為・略奪等の新たな問題に対処することができないため、たくさんの地域が破壊の憂き目に遭いますが、再組織化が必要であるため、協力と癒しの活動に基づく共同体が数多く生まれます。

科学

21世紀以降、科学は医療分野において長足の進歩を遂げ、特に、人体がどのようにして地球の微かなエネルギーによって影響されるのかが解明されます。四肢の切断後21日以内であれば適用可能な四肢再生技術が完成します。化学療法により、近視・遠視の人々の視力が20／20に回復します（※2）。類似の方法によって、美容を目的とした目の色の変更も可能になります。

教育

21世紀以降、米国における教育はかなりの程度民営化されます。地球の変動の最初の大波の後、都市圏は再編成・再組織化に起因する経済的苦難に対処できません。ある地域においては、学校が閉鎖されるため、教育は下請けに出されます。最終的には証《しょう》憑《ひょう》制度が出現し、それが植民地のいくつかにおける基準になるものの、それでもやはり、標準化された教育システムを踏襲する試みがなされます。他の植民地においては、在宅教育が公然たる支持を受け、新たなコミュニケーション・ネットワークによって連結されてまとまりのあるカリキュラムが提供されるため、双方向的学習が可能になります。特に農村

※2　20／20とは、20フィート（約6メートル）離れたところから3分の1インチ（約8.5ミリメートル）の文字が識別できる視力のこと。日本の視力1.0に相当。

地域においては、個々の在宅学習プログラムの多くが、地域密着型のカリキュラムと融合します。

テクノロジー

惑星および太陽の磁気力が変化するため、私たちが現在使っている電気システムは将来使われなくなります。地球の持つ自然力——定在波エネルギー——に基づく新たなテクノロジーが開発されます。19世紀から20世紀への変わり目にニコラ・テスラによって最初に開発され、20世紀全体にわたって主として軍事目的に使用されたこのテクノロジーが、何の努力も要せずに表舞台に登場します。トースターほどの大きさの装置一式だけでこのエネルギー・システムが利用できて、あらゆる家電品や通信システムに必要な電力を賄うことができます。人工衛星に基づくシステムは、それらを維持運用する資金が枯渇するため、消えてなくなります。自動車は燃料電池推進システムを使いますが、それを個人的に利用できる人はほとんどいないでしょう。

都市

地球の大変動による破壊を免れた都市は混乱状態に陥ります。公共サービスを維持する資金がないため、ほとんどの都市における生活の質は、修復不可能なレベルにまで低下します。人々は都市部を離れて田舎に向かいます。また、ある人々は他の国への移住を試みます。

健康管理および癒し

太陽磁場・地球磁場の変化により、ＡＩＤＳや結核のような疫病は突如として消え去ります。なぜなら有害細胞は、新たな磁場環境の下でそれら自身を生み出す母体を扶養できないからです。新たな千年紀の初期、天然素材である血液添加剤の発見により、ほとんどの癌《がん》は根絶されます。全世界の出生率は急速に低下し、さらに人口を減少させます。ヒーラー（治療者）が世界中のあらゆる所に出現しますが、そのほとんどは、患者の身体に手を置いて生命エネルギーを流し込むという『特別の能力』が突如覚醒した人々です。この時期、多くの人々が神からの援助と祝福に目を向けます。

霊性

困難な時期が過ぎ去った後、霊性を意識した共同体が各地域に現れ始めます。戦争や紛争は助け合いの精神に取って代わられます。食料は食糧銀行システムを通じて世界全体に分配されます。人々の人生は、結束・調和の精神及びあらゆる生命体を尊重する意識に基づきます。もしもあなたがさまざまな国の指導者たちに「あなたの国の最も価値のある宝は何ですか？」と聞けば、「子供たちです」と力強く答えることでしょう。

テレパシーは、次の千年紀に生まれる子供たちにとって当たり前の能力になります。地球への関心や地球環境に対する配慮の精神は、すべての学校のカリキュラムに組み込まれます。子供たちは、私たちの時代に『神様からの贈り物』と考えられた能力を持って生まれてきます。『青い光線の子供たち』（※3）がこの内在の資質を引き出す方法を彼らの両親に教えるので、テレパシーに基づく家族との長距離通信はごく当たり前になります。この能力は、あちらの世界に移行した大切な人々・愛する人々とのコミュニケーションにも使われます。そのため、死に対する恐怖は急速に薄れます。（次号に続く）

※3 **青い光線の子供たち**：先駆者であり、次の根幹人種のための地ならしをする目的で地球に転生して来ている一群の魂。詳しくは『ザ・フナイ』2017年10月号・11月号の記事を参照してください。

一歩先をゆくインタビュー

連載 第13回 ゲスト

自然と共生して優しい気持ちになれるいのちの服をつくる

デザイナー

さとう うさぶろう

さとう うさぶろう

「うさとの服」デザイナー。北海道生まれ。日本で企業デザイナーを経験した後、ベルギーでオートクチュールの創作に携わる。1991年に宇宙の声を聞き、方向を転換。1994年からエネルギーの高い布を求めて世界を旅する。96年、タイのチェンマイに拠点を移し、「いのちの服」作りに着手。手紡ぎ、手織り、天然の草木染めの布に、宇宙の法則をデザインし、自然をまとうような心地よい服をつくる。現在もチェンマイを拠点に世界中を回る。著書に『あいをよる　おもいをつむぐ』などがある。

昨年末、「生命交響曲」初演の際、200人のワンドロップ聖歌隊が揃って白いローブを着て舞台に立ったときの圧倒的な映像を私は忘れることができません。デザイナーのうさぶろうさんにその理由をお聞きすると、ライフワークとして、アセンションのために働いている人たちの服や衣装を作っていらっしゃるとのこと。

うさぶろうさんが創る「うさとの服」のファンは今、確実に広がってきています。着る人たちにもそうした思いが伝わっているからでしょうか。今回はその服に込められている想いをお聞きしました。

（インタビュアー：新谷直恵）

宇宙からの問いかけに応える

新谷　もともとオートクチュールのデザイナーだったうさぶろうさんが、今は数多くのファンを持つ「うさとの服」を作るようになった経緯からお伺いします。

うさぶろう　1985年にワシントンD.Cへ行き、外交官たちの服を作っていましたが、アメリカの空気に馴染めず、88年にベルギーに移りました。そこにはEUやNATOの本部があり、各国の大使館が集まっていましたから、外交官たちのパーティドレスやウエディングドレスなどの注文を受けて製作していました。仕事も順調で家を持ち落ち着こうとしていたある日、忘れもしませんが、91年3月18日の10時10分に、突然声が聞こえ始めたのです。

声の主は「あなたは何でもできる存在だとしたら何を望みますか。3秒以内に答えなさい」と聞いてきました。それがどういうことかわからず、「それなら身長を175センチにする」と答えたら、「その次は？」と、どんどん質問が続きます。素敵な洋服のデザインも見せてもらいましたし、宇宙に飛び出し、月にも行ったようでした。

最後に、僕はパートナーと2人で美しい海辺に佇んでいました。願い通りでしたが、僕たちのほかには誰もいないのです。その理由を聞くと、「ほかの人のことは考えなくていいじゃないですか」という声がかえってきました。そのとき、「それは違う」と思いました。自分たちだけがよければいいなんて思えなかったからです。そして、「それならそれまでの望みはすべていらない」と思ったのです。

気が付くと、さまざまな体験をしたにもかかわらず、時計の針は10時10分から1分も動いていませんでした。高揚した気持ちでそこら中を転がりまわったらしく、体は何箇所もすりむけていました。

何が起きたのかを知るためにその後、いろいろなセミナーに参加したり、世界中を歩いたりするようになりました。そういう期間を過ぎると、僕はやはり服を作ることしかできないと思いました。これまでも服しか作ってこなかったからです。それから、どういう服を作ったらいいのかを考え始めました。

そして、今起きている地球の問題は、私たち人間が作り出したものであり、それは私たちが自然と共生してこなかった結果でもあると思いました。それなら自然に寄り添える、着たら優しい気持ちになれる、そんな服を作ろうと思いました。そのためにふさわしい素材の布を探し始めたのです。

新谷　人生の転換を起こさせたメッセージは、その後も続いたのですか。

うさぶろう　最初に声を聞くという体験をしてから3週間は、僕は超能力者になっていました。まるで五次元体のようで、思ったことがなんでもできるような感じでした。また最初の3ヵ月間は、触るだけで人の病気も治せました。まさにヒーラー状態で、それを仕事にしようかと思ったほどです。ところがしばらくすると、人を癒した分、それを自分の体が受けて寝込んでしまいました。

また、最初の頃に受け取ったメッセージに、96年12月に幣立神宮《へいたてじんぐう》へ、99年7月にシナイ山に行くようにと言われ、また2012年12月23日という日時が示されていました。僕はそれにどういう意味があるのかわからないまま、その通りに動こうと思っていました。

僕はサムシング・グレートみたいなものは信じていましたが、宗教には関心がなかったため、いろいろな聖地に行き、人と出会うことで、自分にできることは何なのかを考え、宇宙からの呼びかけに応えたいと思っていました。

幣立神宮では、御神木の杉の木の声が聞こえて会話をしました。その後も全国の神社を訪ねましたが、僕にとっては神社というよりは神社にある御神木に呼ばれていたようです。布も樹も同じ自然ですからね。そのとき思ったことは、みんなが僕のような体験をすれば自然と繋がり、戦争のような人間の愚かな問題は起きないだろうということでした。

命そのもののような服をつくりたい

うさぶろう　そうしたエネルギー状態はそのまま持続はせず、だんだん薄まっていき、やがて普通の状態に戻ったのですが、布を探して世界を歩いていたときは、まだいろいろなもののエネルギー状態が見えていました。

96年の5月にチェンマイで手織りの布に出会ったときは、その素晴らしい布のエネルギーがわかり、「これだ」と思いました。女性たちが草木で糸を染め、手織りをしていた布の光が、そのときの僕には見えたのです。ですから、その布を使って新しい服を作ろうと思いました。

世界中の聖地は大自然の中にあります。そこで祈ることで私たちはいろいろなことを思い出します。できれば僕が作る服も、そんな自然のエネルギーがたっぷり入った、自然の息吹《いぶ》きそのもののような服を作りたいと思ったのです。それを多くの人に着てもらうことで、私たちが本来持っている優しい気持ちをきっと思い出してくれるはずだと。

日本にもそうした手織りの布はありましたが、僕は誰もが日常着として着られる服を作りたかったので、値段を考えるととても手が出るものではありませんでした。

世界を歩きながら布を探しているときに、アジアの都心から離れた村にはそうした仕事がまだたくさん残っていました。そして僕が出会った布は、チェンマイ近くの山岳民族が「いざり機《ばた》」で織る、きなりのヘンプでした。それ以外にも手紡ぎのあたたかい風合いの綿もありました。

僕はブリュッセルが好きだったので、そこからチェンマイに通うつもりでゲストハウスを借り、仕事を始めることにしました。

ですが、こんな服を作って欲しいとパータンを渡し、出来上がった頃に戻ってくると、サイズがぜんぜん違いますしデザインも変わっています。縫製といっても縫い子さんたちが作っていたものは小物止まりで、服は縫ったことがなかったのです。

これは大変。いい物づくりをするためにはここに住まなくてはならないと覚悟を決め、ベルギーを引き払ってチェンマイに住み始めました。新しい服を作るにあたって、現代社会の経済優先の仕組みからは離れた、独自の仕事の流れができないかと考えていたので、こうした縫い子さんたちの存在は逆に好都合でもありました。

そして98年に出会ったのが、今は僕の片腕になっているソムヨットでした。彼はその当時、チェンマイ大学で教えながら、農村の女性たちの自立を支援するソーシャルワーカーとして働いていました。村本来の豊かさを取り戻すためにはどうしたらいいか、村の女性たちと一緒に考えながら、染色のプロジェクトを立ち上げていたのです。農村でも教育が進み、貨幣経済が入り込んできていて、若い人たちは手仕事をするよりも日銭の入る仕事へと移っていく時代でもありました。

そんな状況の中で、彼は僕のやろうとしていることにも賛同してくれ、現地の女性たちとの間を取り持ってくれるようになりました。彼女たちは今、マイペースで布を染め、機を織り、その値段も自分で決めています。それも彼の教育の成果ですが、彼女たちは独自の共同体を作り、それぞれのペースで布を織りあげています。最初の頃に布の柄に注文をつけようとしたら、ソムヨットに「それはうさぶろうさんのエゴイズムでしょう」と言われ、それから布は創り手の感性と受け取るようになりました。

布のサイズも、最初は彼女たちが身につけるサロン（腰巻）のサイズでしたが、今は一反（40メートル）に織ってもらえるようになりましたが、そのために2年の歳月を待ちました。こうして僕の価値観もどんどん変わっていったと思います。

また僕はソムヨットに自分に起きた出来事をすべて話し、自然の恵みがいっぱい込もったこの布を使って、着るだけで優しい気持ちになれる服作りをしたいという思いを伝え、理解してもらいました。そのソムヨットは、今は良きパートナーとして、「うさとサイアム」に参加してくれています。

布にはそれぞれ異なるエネルギーがある

新谷　布にはそれぞれのエネルギーがあるそうですね。

うさぶろう　そうなんです。ヘンプ（麻）には「導く」というエネルギーがありますし、コットンには綿の花がパッと開くように「解放」のエネルギーがあります。そしてシルクには「守る」というエネルギーがあります。繭《まゆ》がそうであるようにという人が多いですが、やっぱり3素材をバランスよく着た方がいいのです。その割合は人それぞれなので自分で決めたらいいと思います。

三位一体と言いますが、この3次元は3つの要素の組み合わせで成り立っているような気がします。人間はボディ、マインド、スピリットの3つから成り立っていますし、私たちが住む地球も、月と地球と太陽という3つの惑星が影響をし合っています。布でいうと、ヘンプ、綿、シルクだと僕は思うので、使う布もこの3つに絞って、いろいろな割合で服を作るようにしています。でも最近はフェルトにも挑戦していますし、素材はこれからも増えていくと思いますが、基本はその3つです。

タイでは大麻の栽培は違法だったのですが、最近は一部で解禁になりました。チェンマイはまだダメですが、近郊に栽培が可能になった村があります。チェンマイ近郊には山岳民族が12部族いますが、その中に昔から大麻を育て、大麻を織る文化を持っているモン族もいます。彼らはラオスとタイと中国にまたがって住み、そこに麻畑を持っていて、僕たちはこれまで彼らからヘンプを買っていました。生産地を見たいといったのですが、そこに行くのは危険なので無理だと断られています。

タイの農村ではそうした暮らしが今どんどん消えていっていますが、彼らはまだ自然の中で自給自足の暮らしをしながら布を織って暮らしています。僕たちはそうした暮らしをできるだけ守りたいと思っていて、17、18年前からラオスの子どもたちを支援してきました。というのは1999年にラオスに出かけたとき、若い修行僧に出会ったのですが、その子が結核にかかっていてそのままそこにいたら死ぬと思い、チェンマイに連れてきて病院に入れたことがあります。

それを聞いたある大学教授が僕たちを訪ねてきて、ラオスの子どもたちの支援をしてくれないかと頼んできたのです。教育費を払えないラオスの子は、仏教大学に入れば学費が免除されるので、そこに学びに来る子がたくさんいます。それで僕たちは彼らの奨学金制度をつくりました。

またソムヨットは彼らに対しても、卒業後タイに残って経済社会で働くのではなく、村に帰って村を豊かにするために働くよう教えていました。そんなこともあって、今はうちの布のコーディネーターの5人はラオスの子です。こうしてラオスで布を織る人も増加し、いまでは倉庫に布は一杯になっていますが、この仕事は途切れることはありません。その仕事をすることで外に働きに出なくてもいいし、仕事は継続していますから安定しています。綿の栽培も無農薬でしていますから、大きな目でみると自然回帰の暮らしが成り立っていることになります。

タイはすでに難しくなっていることも、ラオスでは日々の暮らしの中で子どもは親の仕事を手伝いますから、継続は自然になされていきます。その仕事にアーティステックな部分が加われば、そこに喜びも加味され持続可能な理想的なシステムが出来上がっていくでしょう。

　僕は布づくりにアドバイスはしても注文はつけませんから、彼女たちが自分のペースで作ってきた布の中にはとんでもないものが上がってくることもあり、どうやって使うのか悩むこともありますが、何年か後にはその布も使えるようになります。普通のメーカーでは流行に合わせて服をつくりますから、旧品は破棄せざるを得ませんが、うさとには旧品というものがありません。すべてのデザインは今も継続しているからです。

できるかぎり宇宙の法則を服に取り入れる

うさぶろう　僕は常にデザインを考えていますが、同時に仕事の仕方自体も考えながら動いています。そういう意味で新しいビジネスモデルを作っているわけですが、そこでも手作業を大切にしています。それが本質的なことだと思っているからです。それを継続することで、未来につながると思っています。また販売方法も服を商品として売るのではなく、何か「思い」を手渡しするような方法がないかと模索してきました。

　相手を思いやって暮らしていくことが大切であり、そのことでこの世界から戦争はなくなっていくのではないかと思うからです。たとえ夫婦であっても、喧嘩しながら一緒に暮らしていくのでは意味がありません。まずは相手のことを自分よりも大事にしたいし、そうすることでまた自分が大事になります。ですから僕はデザインするときに、特別なとき以外は、誰か特定の人のためにデザインをすることはしていません。

新谷　生き物の中で服を着るのは人間だけですね。

うさぶろう　服は動物の中で人間しか着ませんね。

その昔、人は何のために服を着たと思いますか？　身を守るためです。寒暖からではなく目に見えないものたちから身を守るために木の皮やいろんなものを身に纏《まと》ったのです。薬を飲むことを「服用する」と言いますが、食べたり、飲んだりするのと同じように大切にしてきたのです。だからこそ僕は身を守るために、そこにできるだけ宇宙の法則を取り込もうと考えて作っています。

たとえば数字です。１００cmなら99・９cmにします。40cmの襟も39・６cmにカットします。今は何でも数字で割り切ろうとしていますが、けっして割り切れるものではありません。また自然界の現象は黄金比やフィボナッチ数列でできていて、十進法はあてはまりませんし、0と1でできたコンピュータの世界は、宇宙の法則からは外れていると思います。数は数以上の意味を持っているので、僕はできるだけ多くの数を服に取り入れることで、宇宙の力を味方にしたいのです。

また直線ではなく、なるべく円や輪、環を意識してラインを作るようにしています。繊維の向きも縦や横、斜めなどを組み合わせて、布に宿る自然のエネルギーがより循環するように作っています。

人も、ものも、大切にする流通を作る

新谷　販売方法も展示会販売と独特ですね。

うさぶろう　今、うさとの服はお客様にうまく届けられるようになっていますが、ここに至るまでには

20年近くかかりました。僕はお金の計算ができなかったので最初、服の販売は人に任せていました。

また97年には、声の主に、今度は「全部投げ出せ」と言われ、メッセージ通りすべてを手放したこともありました。そこからまた入ってくるのかと思っていましたが、しばらくは無一文のまま、友人たちがお金を貸してくれたので仕事は継続することができました。

また友人が横浜のブティックを紹介してくれたのですが、あまり売れずに在庫が溜まり、それをどうしようかと思っているときに、別の友人が自分のマンションで服を売ってくれました。それを見て僕は行商というスタイルを思いつき、別の友人が全国を回って服を売ってくれることになりました。そこで僕は服づくりに専念して販売は彼に任せ、その利益を折半することにしたのです。そんなことをやっていると、手伝わせて欲しいというボランティアの人も増えてきたので、その方たちにもお礼をしてほしいと伝えたのですが、支払いがされていなかったことが後でわかりました。

98年には、雑誌の『アネモネ』が衣食住の特集をすることになり、僕の服は衣の部分で紹介されたことをきっかけに、知る人ぞ知る服となっていきました。一方で、アーチストでもある友人たちが僕の服を着てくれることで、うさとは口コミで広がっていきました。

99年には代官山の知人から1年間お店を借りたり、知人のレストランでファッションショーを開いたり、展示会をしていただいたりしたのですが、いろいろな問題が出てきて、結局、僕自身販売も手がけざるを得なくなりました。

それで全国の知人を回って展示会を始めたところ好評で、やがて北海道、東京、名古屋、四国、九州、長野の地区でそれぞれ僕の代わりに販売をやってくれる人が出てきました。ほとんどの人が販売の素人でしたが一生懸命やってくれました。

その販売形式は今も変わっていません。できた服を伝票なしで委託し、売れた数だけ精算していただくという形を取っています。２００４年には、京都にうさとジャパンを作りましたが、これもいろいろあって責任者が変わり、今は全国に委託販売してくださるコーディネートさんが約１５０組います。

伝票なしの信用とお任せ状態はうちの独自のスタイルにもなっていますが、ありがたいことにみなさんがこの服が好きという同じ意識でやってくださっているので、問題は生じていません。信頼関係がもっとも大事なことでした。そうして今はとてもうまくいっています。

できあがった服は、この服を愛してくれているコーディネートさんが手渡しでお客様に渡してくれるおかげで、この服にはストレスがありません。関わる人みんな手渡しを楽しんでくれています。本来、ものというのは、そうしたものなのだと思います。最後に手渡す人のエネルギーも入って初めてこの服は完成し、それを着る人のエネルギーで服は命を与えられます。ですからこの服はネット販売ができません。そういう信頼のルートが今はようやく回り始めたところですが、この形を作るのに20年かかりました。

アメリカで担当してくれている人もいて、今年、うさとＵＳＡもできました。今は西海岸に7、8人、ニューヨークに2、3人のコーディネートをやってくださる方がいますが、今年はヨーロッパにも力を入れていきますので、世界に広がる日も近いと思います。

すべては自分のうちにある

うさぶろう　かつて、一銭も持たずに原発反対を唱えながら核保有国を回っていたサティシュク・マールさんというインド人の方が、シュマッハカレッジというドイツの自然思想に共鳴して、今はイギリスに落ち着き、25年前にデボン州のトットネス村に自然科学の大学院大学を作りました。その彼が2年前、僕が体調を崩して外に出られなかったときにビデオメッセージを送ってくれました。それに感激した僕は一昨年、彼に会いに行きました。それがきっかけで招待されてファッションショーとミニトークを開催させてもらい、昨年も6月にやらせていただきました。今年はそこにある禅ガーデンで、お茶会の開催を考えているところです。それもその中庭にある樹齢1200年のイチイの木が繋いでくれたと思います。

僕がやっていることは手を使った仕事ですが、その手にエネルギーを込めれば込めるほど、物の持つエネルギーは宇宙的に大きくなっていくと思います。脳は手に直結していますから、手を使うことによって脳もまた活性化していくからです。そうすると次元はジャンプするように上がっていくでしょう。そのとき私たちが3％しか使っていない脳は、6％を超えると思うのです。進化というのは十進法ではなく、3、6、9というようにジャンプするのではないかと僕は考えています。

そして、かつて僕自身がそうなったのだと思うのです。ということは、僕がそれをいつも使えるような人間になれば、一緒に行動している人もそうなるはずです。そうしたときにこの服は着る人の感覚を鋭敏にしながら応援してくれるでしょう。そういう人は自然発生的に増えていくのではないでしょうか。だからこそ世界中の人に、この服を見て欲しいし、着て欲しいと思っています。

今はその元年みたいなものです。昨年はできる限り世界を回ったのですが、それもそのためでした。人々の意識が実際に進化するのは2、3年後かもしれませんが、そのためには人から言われたり、上からメッセージを受けるだけでなく、自分で実際に行動していくことが大事だと思います。

じつは昨年は僕にとって集大成の年だと思って

いて、春分の日にエジプトへ行こうと思っていました。ところが1月3日に悪夢を見て飛び起き、瞑想を始めたらサナトクマラが現れて、「あなたはどこにも行く必要はないのです。なぜならすべては自分の内にあります」と言われました。それでエジプトに出かけるのをやめました。

2月11日の満月には仲間と一緒に祈り合わせをしようということになり、僕はそのサナトクマラのいる鞍馬山《くらまやま》に出かけました。朝2時に目が覚めて出かけると外は雪でした。タクシーも動きません。それで電車で出かけ、みんなが止めるのも聞かず、地下足袋《じかたび》で山越えをし、そこで祈り合わせをしました。僕はそこにシャンバラの入口があると思っていて、そのシャンバラにはいつか行きたいと思っています。大雪の中そこに出かけたことは意味があったと思います。それからはいっさい、どこかへわざわざ出かけるということはしなくなりました。

生きる上でこの3次元では経済的にもちゃんとしていないと、誰も僕の意見を聞いてくれないと思っています。それまで僕は怪しい人のときもありましたが（笑）、この仕事を20年続けてきたことで、この服を着てくださっている人たちはわかってくださっていて、そういう意味では、僕の伝えたいことはたいてい受け取っていただけていると思います。

もう一つは、これは人と出会うための25年間だったということにも気づいています。自分で仕組んだ出会いはダメですが、自然に出会い、お互いに納得し合う関係は大切です。

志を同じにする仲間と力を合わせ、共にアセンションしたい

うさぶろう　うさとの服を着た「うさとファイブ」という仲間がいます。いつのまにか自然にできた仲間ですが、意識を共有し伝達するためにイベントを一緒にしています。昨年の夏至に小淵沢の身曾岐《みそぎ》神

社でイベントやらせていただいたときに、誰かがそう呼ぶようになりました。そのとき僕は、幣立神社神宮の御神体の五色面にあやかって、五色をテーマに衣装を作りました。僕は黄色で、それ以外に白、赤、黒、青の衣装を作って着てもらったのですが、まるで仮面ライダーのようだと言われましたね（笑）。キレンジャーとかアカレンジャーとかいるのですってね。うさとファイブは今、うさと座になりつつありますが、一緒にいてもまったくストレスを感じない素敵な仲間たちです。

新谷　ワンドロップ聖歌隊２００人の舞台衣装を作られましたね。

うさぶろう　触れて感じること、自分の五感で感じることが大切だと僕は思っていますので、音や映像をとても大事にしています。そういう意味で昨年は、ワンドロップ・プロジェクト（自分の中に神のひとしずくがあることを知るための活動）に共鳴し、「魂の歓びの歌」を歌う聖歌隊２００人の衣装を麻で作りましたし、僕自身も聖歌隊に入って一緒に歌いました。

これまで宇宙からの情報を得ながら行動されてきた方々が今、力を合わせるかのように繋がり始めています。もう一度互いに確認しあって、自分がやるべきところに戻っていけばいいと思います。僕はそういう人たちのための服をつくりたいのです。

そして２０１５年の冬至を迎えたとき、地球は大丈夫だと思いました。

根拠のない自信ですが、もう大丈夫だと思ったのです。２０１２年12月23日というメッセージをかつて受けていて、そのときは仲間と祈り合わせをしましたが、「ごめんなさい、できませんでした」と言ったときに、あと3年の猶予をくれたように感じています。

というのも１９９１年から僕はずっと祈ってきま

した。日本ではいつも新宿の高層ホテルに泊まるのですが、最初の頃は、そこから見える都庁はまるでお墓のモニュメントのようでした。それをどうにかしたいと祈り続けてきたのですが、それも変わりました。それを見た友人も、「もう、ここは大丈夫ね」と同じことを言いました。祈り続けることは大事なことです。そういう意味で、僕はずっと祈ってきていますし、祈りは通じるはずだと思っています。

今は未来を見るのが本当に楽しみです。大きな天変地異はもうないと信じています。あると思ったらありますから、ないと信じて今の自分の環境を大切にして生きればいいと思います。あとは自分のできることを毎日楽しくやっていけばいいかなと思っています。

僕たちの脳は3％しか使われていないと言われていますが、6％の宇宙はすでにありますし、99％の宇宙もあるのではないかと思っています。これまでの地球は15000年の間に6回滅亡したと言われていて、今回が最後だとも言われています。何回か次元のジャンプがあり、そこにもう行っている人たちもいます。今回もまた6％の世界に行ける人と行けない人がいて、行けない人はまた同じことを繰り返すのだと思いますが、それはどっちでもいいのです。とはいえ、やっぱり行きたいですね。一人でも多くの人たちと一緒に行く現実を目にしたいです。それももう近いと思います。本当に近い。2020年くらいまでには大きな変化がある。そんな気がします。

新谷　拝見するかぎり、うさぶろうさんは他の誰よりも仕事をされていらっしゃいますね。

うさぶろう　はい、誰よりもしていますよね。人の5倍くらい働いているかな。僕は毎日が日曜日だと言っているのですが、曜日を気にしなくなったのはこの1年半です。それまでは土日感覚があり、今日は休めるぞなどと思っていましたが、いまはそれも関係がないので毎日が日曜日で、毎日が仕事です。

42歳の時にメッセージをもらったのですが、そのとき「死ぬまで気を抜くな」と言われました。ですから死ぬまで油断できません。そして「働きますから、42歳のままにしてください」と言いました。一緒に仕事をしているソムヨットは僕のことを案じて、チェンマイでは運転もさせてくれません。僕の体をいつも心配してくれるのはありがたいので、それも素直に聞いています。仕事場の拠点、チェンマイは本当にいいところです。

新谷　うさとの服のコンセプトを聞いて、うさとがますます好きになりました。新しいものづくりを通して世界を変えることにチェレンジされているうさぶろうさん、今日はお忙しい中、どうもありがとうございました。

HONMONO

本物の探求者

この特集では、故・船井幸雄が生前伝えていた、すばらしい未来づくりの決め手である〝本物〟を、毎月探究していきます。世の中に埋もれた〝本物〟の技術や商品を拡《ひろ》めることで、明るい未来創造のきっかけを担《にな》います。

〝ほんもの〟とは【5つの選定基準】
1 つき合うものを害さない。
2 つき合うものを良くする。
3 高品質で安全。そして安心できる。
4 単純でしかも万能である。
5 経済的である。

ラジウム温泉を生活の中で活用する

大阪府立大学名誉教授／医学博士

清《し》水《みず》教《のり》永《なが》

1949年滋賀県生まれ。医学博士（和歌山県立医科大学）。大阪府立大学名誉教授。一般社団法人生活健康学研究所理事長。日本放射線ホルミシス協会理事。健康医科学や予防医学の視点から医療関係、スポーツ関係、衣料関係、飲料水関係などの企業顧問として健康・美容・睡眠に関わる製品の安全性と有用性の検証を行ない、独創的な視点から企業との連携によって製品開発を行なっている。著書多数。

私の専門分野は、「生活健康学」です。

「生活健康学」は、健康の保持に有用性があるとされているものが、どのように体に影響を及ぼし作用しているかを科学的に分析し、現代の生活の中で健康の維持や増進、健康に貢献するための方法を専門的に研究して、どうしたら日常生活の中で活かせるかを考えていく分野です。

たとえば「眠りにつくには部屋を暗くして眠るのがよい」といわれますが、実際に眠りにつきやすい明るさはわかっていませんでした。しかし私たちの研究の結果、入眠しやすい明るさは月の光に近い約30ルクスであることがわかり、商品へ活用することとなりました。

このように「生活健康学」の研究とは、先人たちから受け継いできた知恵を分析・立証して、健康効果の高い本物の商品の企画開発につなげることや、また健康効果の高い本物の商品であることを検証することなのです。

今回はラジウム温泉の効果を持つといわれる「ホルミシス寝具」についてお話ししましょう。

ホルミシス寝具との出会い

大阪府立大学での研究を続けていく中で、2001年に「ホルミシス寝具」と出会いました。

ホルミシスという言葉を聞き慣れていないかもしれませんが、日本人にとっていちばん身近なものでいうと、ラジウム温泉やラドン温泉などの放射能泉です。微量放射線の持つプラスの効果のことです。

例えばラジウム温泉というと、秋田県の玉川温泉、山梨県の増富《ますとみ》温泉、新潟県の村杉温泉などがよく知られていて、病気の療養にいい「万病の湯」と呼ばれ、がんや難病の人が湯治に通っています。

ラジウム温泉の効果を、眠っている間に活用しようと考えられたのがホルミシス寝具なのです。

開発者は、タカセン株式会社の深井健二社長です。深井氏は、幼少の頃から体が弱く喘息《ぜんそく》や結核にかかり、48歳のときには、働き過ぎにより脳梗塞で倒れた経験をおもちです。趣味の温泉めぐりができなくなったときに、寝具会社を経営していたことから、「温泉には行けないけれども眠っている間に温泉と同じ効果を得られれば回復も早くなるに違いない」と、各分野の方々の協力を得て2年がかりで商品化をされたそうです。

一体どのような工夫をして快適な寝具にしたのでしょうか？

人間の睡眠時間を8時間とすると、何と人生の3

分の1は眠っていることになります。

この眠っている時間、身体と心を修復する時間を活用して、ラジウム温泉での湯治のような効果を得ることができるならば、その修復にも相乗的な効果を得られるはずです。忙しい現代人にとって時間と費用の節約になります。

この着眼点には、おそれいりました。

しかし、寝具には、寝心地の良さが求められます。ラジウム温泉はラジウム鉱石から放出される放射線による効果ですから、鉱石を寝具に加工するとなると硬さが生じるはずです。鉱石を活用するならば寝心地が悪く、しかも微量放射線の刺激が強過ぎてリラックスできない状態になれば、寝具そのものの機能が否定されてしまいます。とても生活には取り入れることはできません。

日本には、放射線の規制もあり、本当にラジウム温泉と同じような効果が期待できるのだろうかと、生活健康学の観点から興味がわいてきました。

そこで私は、ホルミシス寝具の臨床による検証実験を行うことにしました。

ラジウム温泉の効果 ホルミシス

そもそも、ラジウム温泉には一体どんな働きがあるのでしょうか?

その働きの中心は、地中にあるウランやトリウムなど不安定な放射性元素が何とか安定した形になろうと自ら放射線を放出しながら長い時間をかけて、いくつもの段階を経て原子の構成を変え壊変《かいへん》していく過程で、放出するラジウム、ラドン、トロンなどの微量放射線やアルファ線によるものです。

アルファ線が、電離作用を引き起こすことによって細胞に直接大きなエネルギーを照射し、患部の生物活性を刺激します。その結果、老化や病気の原因である活性酸素を処理する能力が高まる、傷ついたDNAに対する修復酵素が活性化しDNA修復能力が高くなる、P53というがん抑制遺伝子が活性化する、免疫細胞（ナチュラルキラー細胞やキラーT細胞など）を活性化する、熱ショックたんぱく（ヒートショックプロテイン：HSP）を増やし生体防御作用を高めるなど、人間が本来持っている健康であるために欠かせない機能を高めてくれます。

現在、放射能泉の科学的な効果がわかってきましたが、先人たちは放射線の知識さえなかったはるか昔から温泉から放出される微量放射線を健康のために活用してきていたのです。

こうした微量放射線のプラスの効果が得られる領域を「ホルミシス」と呼びます。

微量の放射線が人体に有益であることをみつけたのは、トーマス・D・ラッキー博士です。ラッキー博士は、NASAの依頼を受け、「宇宙飛行士は2週間も地球の何百倍という宇宙線（放射線）を浴びるが、体にどのくらいのダメージを受けるのか」という「人体への放射線の影響」を研究し、宇宙飛行士は宇宙に行くと元気になって帰ってくることに気付きました。そして、微量放射線が人体に対して刺激として働き、生体を活性化させ、生命活動に

玉川温泉(放射能泉)

放射能泉の適応症　尿酸血症、痛風、尿路慢性炎症、糖尿病、下垂体副腎系、卵巣、睾丸の機能を高める作用。入浴により腎機能が改善され、鎮静的に作用するので、神経痛、関節リウマチ、神経麻痺、自律神経過敏状態などにも利用される。入浴により尿から尿酸を出して痛風を改善する効果があるため「痛風の湯」、放射能泉のみが慢性胆のう炎、胆石症に効果が期待できるため「万病の湯」とも呼ばれる。また、入浴だけでなく吸入によっても効果が高まる薬効の最も高い泉質。

とっては有益であるという論文を米国保健物理学会「Health Physics」誌（1982年12月号）に発表し、微弱な放射線による人体への良い効果を、ギリシャ語の「horme（刺激する）」から「放射線ホルミシス」と名づけたのです。

その微量放射線の量はどのくらいなのかということについては、諸説あり論議されるところです。今回は、その量については日本の基準を元に話を進めていきましょう。

日本では、文部科学省によるガイドラインで一般公衆が1年間にさらされてよい人工放射線の限度（被ばく限度）は1ミリシーベルトまでと規制されています。ガイドラインの対象は、放射線の中でもガンマ線のみです。ガンマ線は、エックス線と同じで透過力が強く、体の奥深くまで浸透していくからでしょう。

私が臨床を行ったホルミシス寝具のガンマ線は0・035マイクロシーベルト（1時間あたり）。1日24時間ずっと寝たままで365日間使用しても306・6マイクロシーベルト、単位をかえると、0・3066ミリシーベルトです。掛けふとん、敷きふとんの両方を使用してもガイドラインの1ミリシーベルトにはとても及びません。実際の睡眠時間は、その3分の1ですから年間178・85マイクロシーベルト、0・17885ミリシーベルトです。

トーマス・D・ラッキー博士が提唱しているホルミシス効果がある低線量放射線は100ミリシーベルト、湯治で知られている玉川温泉の浴室の放射線量は0・30〜0・50マイクロシーベルト、岩盤源泉は1〜15マイクロシーベルトです。

ホルミシス寝具の放射線は、極々微量、比較になりません。果たしてこれほどまでに微量な放射線でもホルミシス効果があるのかは疑問です。

しかし、ホルミシス寝具を使った人から寄せられる、冷えや痛みの解消、喘息やアトピー性皮膚炎、甲状腺障害や不定愁訴などの改善、術後の回復などの体験談から考えると、極々微量な放射線であっても何らかの働きがあるに違いありません。

自然放射線量と大差ないこの程度の放射線量でも、バックグランドに加算することで自然放射線量の2倍、3倍になってゆきます。このことが地球環境含め、大地をコンクリートやアスファルトで遮蔽し、地殻からの放射線を抑制してしまった文明による、原因不明の病気等の改善策に繋がっているのではないでしょうか。

放射線ホルミシスの働き

◎老化や病気の原因である活性酸素を処理する能力が高まる

◎傷ついたDNAに対する修復酵素が活性化しDNA修復能力が高くなる

◎P53というがん抑制遺伝子が活性化する

◎免疫細胞（ナチュラルキラー細胞やキラーT細胞など）を活性化する

◎熱ショックたんぱく（ヒートショックプロテイン：HSP）を増やし生体防御作用を高める　など

世界でも数少ない人を対象とした臨床試験

微量放射線のプラスの効果への興味、奇跡的な体験談にひきつけられた私は、人を対象にし、研究テーマを「ホルミシス効果」と「睡眠快適性」の2つに絞り検証することにしました。

とにかく健康な人を対象にホルミシス寝具で検証を行なえば、微量放射線が人体にどのような効果を及ぼしているか、正確な効果を立証できるでしょう。

一般的に医薬品の臨床研究は、二重盲検法（ダブルブラインド法）で行ないます。これは、本来は効果のない成分のものでも、医者やスタッフから効果があると説明されると、「効果がある」と思い込み、良い効果が出ることがあるためです。

そこで、ホルミシス寝具は医療用寝具ではありませんが、思い込みによる効果（別名プラシーボ、偽薬効果）を除くため、医師や協力者ばかりでなくスタッフ全員に、どちらが効果のあるもので、どちらが効果のないものかを知らせない二重盲検法で行ないました。たとえ寝具でも健康効果を説明すると、思い込みによって効果が生じることがあるので、協力者には何も知らせることなく、外観をまったく同じ仕様にした寝具を提供しました。

検証内容とその結果は左に掲載した通りですが、ここでは、特に病気予防や健康維持に欠かせない体温と免疫力、活性酸素を除去する抗酸化システム、そして睡眠の関係を説明しましょう。

①深部体温

まず、体温の関係です。体温は特に免疫力の指標とされます。特に深部体温は、内臓の働きや酵素を活性化させるために一定の温度を必要とします。肛門に専用の体温計をさして測る直腸の温度で測定しました。体内の深部に近い直腸温は、外気の影響を受けないため、誤差がほとんどなく、より正確な体温を測ることができます。

その結果、3ヵ月間継続してホルミシス寝具を使用し1日7時間の睡眠をとったグループは、平均13・9％直腸温が上昇しました。わずか13・9％ですが、深部体温における上昇ですから、血液循環が良くなり、酸素や栄養素を運びやすくなると同時に、二酸化炭素や老廃物を回収しやすくなります。血流が良くなると、免疫力や基礎代謝も上昇し体の中で大きな変化をもたらします。病気の人は低体温の人が多いのですが、体温を上げることは病気と決別するベースです。

②基礎代謝

体温が上がると、基礎代謝が上がります。基礎代

【検証内容とその結果】

内容	検証	結果
①直腸温の影響	体温と免疫力には密接な関係があるといわれる、深部体温をよく反映する「直腸温」が上がるかどうか	ホルミシス寝具約3ヵ月の継続使用で平均13.9%直腸温が上昇
②基礎代謝への影響	体温が上がると、基礎代謝も上昇する。では、その実態はどうか	ホルミシス寝具継続使用の女性の基礎代謝は、2カ月後平均3.9%、4カ月後平均5.1%、6カ月後には平均6.4%増加
③脳の血液循環動態に及ぼす効果	近赤外線分光法による脳内酸素飽和度と総ヘモグロビン量測定器を使用し血流の循環が良くなるかどうか	ホルミシス寝具継続使用によって脳の血液量を増やし、全身の血液循環を促進させる
④活性酸素除去効果、抗酸化力の検証	低線量よりもさらに微量な放射線を放出しているホルミシス寝具に活性酸素量除去効果、抗酸化力向上の効果があるかどうか。	活性酸素量は、ホルミシス寝具6カ月経過時で平均13.7%減少。体内の活性酸素を除去する抗酸化システムが活性化されるのに、必要な期間は4カ月以上かかることが推察される
⑤免疫グロブリンA(sIgA)からリラックスと免疫への影響	低線量放射線は刺激として免疫力を高めるというが、ストレスになっていないか、リラックス状態にあるかどうかを唾液中のsIgAの量の変化から検証	ホルミシス寝具6カ月間継続使用により、IgA抗体の濃度が平均23.7%増加、免疫力が向上する。ストレスに対する耐性も約24%高くなる
⑥テストステロンへの影響	男性ホルモン・テストステロンの低下によって男性更年期(LOH症候群)、睡眠障害、精神的ストレスなどを発症する。ホルミシス寝具がテストステロンの分泌量に変化を及ぼすかどうか	ホルミシス寝具継続使用、男性は6カ月後から、女性は4カ月後からテストステロンの分泌量が有意に増加
⑦睡眠の快適性に及ぼす影響	上質な睡眠、リラックスできる快適な睡眠を得られる寝具かどうかを睡眠時の脳波などの分析から検証	ホルミシス寝具継続使用4カ月経過時で睡眠時間の平均11.4%の顕著な短縮率、6カ月経過時点で平均17.7%と有意な短縮率が認められた。ホルミシス寝具の使用により熟睡時間が増えるとともに、睡眠時間が短縮する結果は、短時間に質の良い睡眠を得られたことを表しているといえる
⑧GDV(気体放電)分析による体内エネルギ−活性への影響	生体内の電子反応を光でとらえて分析することで、体内のエネルギ−変化を数量化して解析する(物理学的評価法)	ホルミシス寝具を6カ月継続使用し、発光面積は平均15.6%、発光強度も平均13.9%と有意に強くなった。電子の励起化により体内エネルギーが向上、活性化し、各機能のバランスが改善し健康状態が高まったことが明らかになった

ホルミシス寝具は、「ワンエムフォー21」の敷布団、掛ふとん羽毛1kgを使用。

謝は、人間が生きていくために最低限必要な生命活動、つまり体温を維持したり、心臓を動かしたり、脳で物事を考えたりする時などに使われるエネルギーです。ホルミシス寝具を継続使用していた女性の基礎代謝は、使用前と比べ、2ヵ月後は平均3・9%、4ヵ月後は平均5・1%、6ヵ月後には平均6・4%増えていました。一方、プラセボ寝具のグループの基礎代謝は6ヵ月後でも、わずか平均2・3%の増加でした。

両者を比較すると増加率の差は4・1%でしたが、カロリーに換算すると約20キロカロリーです。ごくわずかに思えますが、この基礎代謝のアップは、深部体温の上昇だけでなく、睡眠中の代謝機能を高め、脂肪を燃焼する役割がある成長ホルモンの分泌にも関係していると考えられます。基礎代謝は、中性脂肪を分解したエネルギーを使って活動するので、太りにくく、やせやすい健康的な身体づくりにも期待できるでしょう。

③脳の血液循環動態

全身を指令しているのは脳です。脳は血液と一緒に運ばれるたくさんの酸素やブドウ糖を常に必要としています。強い疲労感を感じている人や睡眠不足の人には、前頭葉周辺の脳血流が低下していることが多く、また、脳血流の低下が続くと、精神機能や記憶力が低下してうつ病や自律神経失調症、体調不良などのトラブルを起こしやすくなります。

ホルミシス寝具の継続使用で脳の血液循環の状態はどのようになるのか、組織酸素飽和度（StO2）、総ヘモグロビン量、酸化ヘモグロビン（Oxy-Hb）量を測定しました。

血液中の酸素はヘモグロビンと結びついて酸化ヘモグロビンとなって体内に運ばれています。組織酸素飽和度は、血液中のヘモグロビンがどれだけ酸素と結びついているかを表します。この3項目を測定し、平均値を比較してみると、ホルミシス寝具のほうが三項目とも明らかに高い値が認められました。

ホルミシス寝具は、継続使用によって脳の血液量を増やし、全身の血液循環を促進。つまり脳から健康づくりをすすめることが示唆されます。

④体内活性酸素量、抗酸化力

活性酸素は、万病の元、老化の原因であることは知られています。

ホルミシス寝具の活性酸素量の除去効果について6ヵ月間にわたって検証を行ないました。

使用条件の中に、3日間に1回30分間の快適運動、ウォーキングを実施し、体内に適度な活性酸素を放出。活性酸素処理能力を働かせて、ホルミシス寝具とプラセボ寝具による違いを検証します。

快適運動をする前の活性酸素の量（初期値）には、どちらもその差異は認められませんでした。4ヵ月を経過した時点ではその差は顕著となり、6ヵ月経過時点では両者の間にあきらかに有意な差が認められました。活性酸素量は6ヵ月経過時で平均13・7％減少したことが明らかになりました。活性酸素量が減少することは、抗酸化力が高くなっていることを示しています。念のため、抗酸化力を測定して確認すると、4ヵ月を経過した時点から6ヵ月を経過した時点で有意な差が認められました。

このことからホルミシス寝具による微量放射線により、体内の活性酸素を除去する抗酸化システムが活性化されるのに、必要な期間は4ヵ月以上かかることが推察されます。

ホルミシス寝具を継続して使用することで眠っている間に抗酸化力が高まることは、ストレス過剰の中で生きている現代人にとって、病気や老化の原因になる活性酸素を除去し、病気予防に大きな貢献をすることになります。

⑤免疫力

免疫力を調べる簡単な方法に、唾液中の免疫抗体グロブリンA（secretory immunoglobulin A：

SIgA）、IgA抗体を採取する方法があります。唾液中のIgA抗体は、アレルギーや花粉症・鼻炎などにかかわる抗体として知られ、いうなれば粘膜のバリアです。たとえば花粉が鼻の中に入ると、まずは粘液で捕まえ、IgA抗体は花粉をしっかりと包み込み、鼻の中の繊毛で体外へ運び出します。腸内では、免疫細胞が集ったパイエル板という部分で、腸内に到達した物質を取り込んで、有害物質と判定されると、粘膜にIgA抗体のバリアをはります。アレルギーを抑えるにはIgA抗体を増やすことが近道でしょう。また、IgA抗体は、精神免疫学の分野において慢性ストレスによる免疫力の低下を判断できるマーカーとして活用されています。ストレスがかかると、IgA抗体の濃度が下がり、反対に、IgA抗体の濃度が上昇すると、ストレスの解消、リラクゼーション効果が認められます。

ホルミシス寝具との関係は、6ヵ月間継続使用によって、IgA抗体の濃度が平均23・7％増加し、免疫力が向上しました。つまり、ストレスに対する耐性も約24％高くなると考えられます。

⑥テストステロン

テストステロンは、男性ホルモンです。男性は、血液中のテストステロンの値が低いと、男性更年期障害、別名LOH症候群（late onset hypogonadism syndrome）を招きます。その分泌量の低さが影響を及ぼし、やる気や生きがいを減らす、仕事がうまくいかず社会に適応できなくさせる、その結果LOH症候群になる、そして、病気のリスクを高めることがわかってきました。

テストステロンは、女性にとっても重要で気力や性格、社会性にまで影響を及ぼします。海外での追跡調査の結果、テストステロンの分泌量が低い人は、高い人よりも寿命が短く、また、がんや心臓の病気、糖尿病、メタボリックシンドロームなどの生活習慣病になりやすいことが報告されています。

テストステロンの分泌量をケアすることは、メタボリックシンドロームの改善や、健康長寿に非常に良い作用を及ぼすことがわかっています。

ホルミシス寝具の使用によって、男性は6ヵ月後から、女性は4ヵ月後からテストステロンの分泌量が有意に増えています。長期間にわたってホルミシス寝具を使って眠ることで、テストステロンの分泌量が増え、筋肉や骨密度、意欲にまでその影響が及びます。これは、ホルミシス寝具を使った睡眠が、副交感神経を優位にしてリラックスさせ、ホルモンの分泌を促すことが裏付けられました。

⑦睡眠の快適性

快適な睡眠をとることができたかどうかは、簡単に言うと、寝つきやすさと熟睡感という2つの指標を用いて評価しています。

寝つきやすさは、睡眠潜時という「就寝の状態から睡眠脳波が出現するまでの時間」です。短くなることは、寝つきやすいということです。

2ヵ月ごとに脳波による睡眠潜時の時間を測定した結果、ホルミシス寝具を使用したグループは、4ヵ月経過時で平均10・7％の顕著な短縮率を示し、6ヵ月経過時で平均21・5％と有意な短縮率が認められました。睡眠潜時の時間の短縮、寝つきやすくなると深い睡眠期への誘導につながると考えられます。

熟睡感は、徐波睡眠発現時間という「ノンレム睡眠の中でも脳波の周波数が低い成分（徐波成分）が中心となるステージ3、4が該当し、熟眠感と関連する深い睡眠」です。徐波睡眠は、一晩の睡眠の中で初めの3分の1に多く見られ、その量は加齢とともに減少していくことが知られています。

睡眠時のステージ1～2の睡眠脳波が発現された後、ステージ3～4の深い睡眠を示す徐波成分の脳波が発現するまでの時間が短くなるかどうかで評価します。徐波睡眠脳波がスムーズに出現することと、ステージ3以上の深い睡眠、快適な睡眠には関連性があることがわかってきました。

今回、ホルミシス寝具を使用したグループは4ヵ月経過時で平均11・4％の顕著な短縮率を示し、6ヵ月経過時点で平均17・7％と有意な短縮率が認められました。深い睡眠が早く起きているわけです。

このことから快適な睡眠を得られることが期待されます。しかし、ホルミシス寝具を使用した人の80％以上に睡眠の改善をもたらすための使用期間は、少なくとも4ヵ月間以上の継続的な使用期間が必要であるといえます。

また、ステージ3、4の時間が増加し、熟睡時間が増えています。ホルミシス寝具の使用により熟睡時間が増えるとともに、睡眠時間が短縮する結果が出ています。これは、短時間に質の良い睡眠を得られたことを表しているといえるでしょう。

ホルミシス寝具は現代の湯治療養

今回のホルミシス寝具の臨床によって、日本の電力中央研究所（一般財団法人）が行なったさまざまな報告（動物実験のデータ）が、ほぼ間違いのないものであることを実証することができました。

とにかく、その結果には驚くことばかりでした。ホルミシス寝具の極々微量な放射線にもプラスの効果、体温を上げる、基礎代謝を上げる、免疫力を上げる、活性酸素を除去し抗酸化機能を上げる、テストステロンの分泌を促進する、体内のエネルギーを活性化させるなど、有益な働きがたくさんありました。

また、睡眠時間にホルミシスを活用することで、体を徹底的にリラックスさせ、質の高い睡眠をとることができることもわかりました。しかし、ホルミシス寝具には当然のことながら個人差があり、使用環境、使用方法により差が出る場合があります。

また、ウォーキングやストレッチなど軽度の運動をすることによって放出される活性酸素の処理をきっかけにし、ホルミシス寝具との併用によって抗酸化システムは、運動をしない人よりも効率的に働き始める結果が出ています。そして、ホルミシス寝具は1回使用すれば効果が出るものではなく、その健康効果を得るには、最低でも4ヵ月～6ヵ月間の継続使用が必要です。

一般的に湯治をする場合は、短くて1～2週間、長い場合は6ヵ月～1年以上滞在し、それなりの時間も費用も必要になります。まるでラジウム温泉のようにゆっくり、じっくり体の機能を高める湯治のような役割を果たすホルミシス寝具は、忙しい現代人が睡眠時間を活用して療養する現代版型の湯治といえるものでしょう。

眠っている間に健康になることができるのか？
ホルミシス寝具はホルミシスの効果があるのか？

奇しくもこの答えは、生活健康学の研究を通して明らかにできました。

後にこの研究は、放射線の第一人者中村仁信先生（大阪大学名誉教授）から、世界でも数少ない人を対象にした貴重なホルミシスの臨床研究だと評価いただき、私の生活健康学の研究を代表するものになりました。

今後も、ホルミシス寝具が生活の中で過剰なストレスに悩まされる現代人のために21世紀の進化した寝具としてアンチエイジングやイキイキした生活を過ごす、健康長寿の原動力となることを願っています。

文中に出てきました「ホルミシス寝具」などのお問合せは、
本物研究所(03-3262-1271)まで、お願いいたします。

変化を捉える価値視点

連載：第26回

仮想通貨などインターネット・テクノロジーがもたらすこと

コモンズ投信 会長 渋《しぶ》澤《さわ》 健《けん》

ビットコインなど仮想通貨が話題となっています。平たくいえば、インターネット上に暗号化されて隠れているコインを、高度なコンピュータプログラムで発掘する「マイニング」によって獲得して、通貨のように値上がりを狙って保有することもできれば、売買することもできる仕組みです。

ただ、国家が発行する通貨と異なり、ビットコインの供給は有限に定められています。供給が限られている一方で、新たな参加者が参入し続ける限り需要も高まり続け、ビットコインの値が急上昇する構図です。急上昇する可能性があるということは絶好な投機対象になり、一部のテクノロジーオタクではなく、一般世間まで関心を寄せているほどです。

去年の12月に知り合いの在日外国人の若者が相談を求めてきました。テクノロジーの側面から興味を持った彼はビットコインをたまたま数年間保有していましたが、その時価総額が億円単位になり、それが悩みの原因になっているとのことでした。

ビットコインは有価証券からの利益ではなく雑収入になるので税率が高いのです。本人は税金を納めることが義務であることを理解しているけれども、利益の約半分の数億円が持っていかれることは道義的に受け入れ難いと主張しました。

自分は税の専門家ではありませんが、「日本に居住しているのであれば税金を支払うしか選択肢がない。それに納得しないのであれば、シンガポールなど外国へ居住を移すしかないのではないか」と指摘しました。

幼い子どもをもち、スタートアップ企業の経営者であり、日本が好きだから離れたくないという彼は「そうか、やはり日本を離れるしかないのか」と嘆いていました。

彼によると、ビットコインが発足した初期から保有していて数千億円の利益がある人たちもいて、課税対策のために世界を放浪している生活を送っていると教えてくれました。仮想通貨からの仮想利益を実世界へ持ち込めば、そこにはリアルな税金が待っています。それなら、生活に必要なモノやサービスも仮想通貨で支払えばよい。このような生活を送っている「難民富豪」の存在に驚きを感じました。

ただ、今年に入ってビットコインの雲行きは激変し、値が一気に半減しました。私の知人は、シンガポールへ移住することで悩むより、12月にビットコインを手放して日本政府へ税金を納めればよかったと嘆きが深まっているかもしれません。

ビットコインの供給が有限であったとしても、新たな参加者の参入が途絶え、既存の保有者がビットコインを手放せば、好転していた需給関係は一気に崩れてしまいます。初期に保有した後から他が次々と参入することが値上がりの構図だったので、ビットコインだけでなく、複数の「仮想通貨」が開発されて世に出されています。要は、インターネット・テクノロジーを使った、壮大なババ抜き合戦です。

しかしながら、「仮想」な通貨だから悪というわけでもありません。そもそも通貨が金本位制から離れて国の信用が担保となった時点から、通貨は「仮想化」していました。米国への信用が揺るがない時代が続いたからこそ、ドルが世界の基軸通貨となったのです。

ビットコインの場合、値が上昇していることに「信用」創造があったのです。上昇し続けることがないどころが、一気に値が半減するビットコインへの信用も薄れることになるでしょう。

株式と異なり、仮想通貨は保有しているだけでは価値を生みません。値上がりによる信用創造が崩れた場合、通貨の重要な役割である「資産の保全」も果たせなくなります。信用を失えば、通貨としての機能も失うのです。

ただ、そういう意味では、別に国という発行体でなくても、信用さえ維持できれば通貨を発行できます。かつては、国の信用という土台の上に企業の信用が乗っていたという構造でしたが、現在は異なります。

例えば、グローバルな経済圏を築いているアマゾンの場合、自分たちが暮らす国の政府への信用より、アマゾンへの信用の方が高いと感じる人々は世界で少なくないはずです。

アマゾンは自ら発行する仮想通貨の可能性を研究していることに違いないでしょう。ただ、現時点で踏み切っていないのは、事業拡大へのメリットが高まっていないからではないでしょうか。

通貨にはもうひとつ重要な役割があります。「決済の手段」です。ビットコインのように変動が高い通貨は投機の対象にはなるかもしれませんが、決済の手段としての魅力はありません。

一方、値が変動しない仮想通貨によるグローバル経済圏を実現できるとき。それは、世界の人々にとってメリットになり、「アマゾン・コイン」が基軸通貨になりえるシナリオです。

もちろん仮想通貨だけが変動が高いわけではなく、変動が高いリアルな通貨もあります。例えば、ベネズエラのボリバルにあるブルームバーグ社のミルク入りコーヒー「カフェ・コン・レチェ」の物価指数は今年の1月中旬の時点において12週間で718％上がったようです。年率換算にしますと４４０００％という驚異的なハイパーインフレです。つまり、通貨の購買力という価値が大暴落しているということになります。

そのベネズエラでは市民が大規模な停電に悩ませられているようです。その理由は、ハイパーインフレで自国通貨の価値が著しく下落している中、値が上昇している（と去年までは思われていた）ビットコインのマイニングであるといわれています。

実は、マイニングに使われている高度なプロセッサーが費やす消費電力は桁違いです。2017年の夏の時点で、ビットコインなど仮想通貨のマイニングは31テラワット／時間の電力を費やしたと言われていて、これはアイルランドの消費電力23テラワット／時間を上回っています。その時点では、2019年までにはアメリカ、そして2020年には世界を上回るという予測もあったほどです。

これは仮想通貨のマイニングから生じる問題に留まっていません。AI（人工知能）も高度なプロセッサーが必要です。これに加えてEV（電気自動車）が世界中で広まっています。

AIやEVが当たり前になる未来には、電力供給というリアルな制限要因があることを見逃してはいけません。

Profile

渋澤 健（しぶさわ けん）

コモンズ投信株式会社会長／シブサワ・アンド・カンパニー株式会社代表取締役／公益財団法人 渋沢栄一記念財団業務執行理事。

テキサス大学BS Chemical Engineering 卒業。1987年UCLA MBA 経営大学院卒業。

㈶日本国際交流センターから金融業界へ。ゴールドマン・サックス証券、JPモルガン、米大手ヘッジファンドの日本代表を経て、2001年に独立。2007年にコモンズ㈱を設立し、2008年にコモンズ投信会長に就任。「日本の資本主義の父」といわれる渋沢栄一の子孫ならではの視点とアメリカ育ちのグローバルな感覚で、これからの日本のマーケットを読み解く。

人生に気づきとヒントを与える
船井幸雄 語録

連載【第39回】佐野 浩一

経営の基本は、人間性を高めること

船井 幸雄（ふない ゆきお）
1933年、大阪府生まれ。1956年、京都大学農学部農林経済学科卒業。日本マネジメント協会の経営コンサルタント、理事を経て、1970年に㈱日本マーケティングセンター設立。1985年、同社を㈱船井総合研究所に社名変更。1988年、経営コンサルタント会社として世界ではじめて株式を上場(現在、同社は東証、大証の一部上場会社)。同社の社長、会長を経て、2003年に役員を退任。㈱船井本社の会長、㈱船井総合研究所、㈱船井財産コンサルタンツ、㈱本物研究所、㈱船井メディアなどの最高顧問を歴任。グループ会社の象徴的な存在でもある。著書約400冊。遺作となったのは『未来への言霊』(徳間書店 2014年1月)。2014年1月19日、肺炎のため逝去。

船井幸雄が80年の人生で学び語った、未来に遺した言葉を厳選しました。
今を生き抜く知恵、上手な生き方、そして新時代への道しるべとなります。

船井幸雄は、人として生まれたからには、人間性を高め、少しでも世のため、人のためになることをすることが大事だと、よく話していました。

そのためには、「逃げられない状況」をつくるという観点から、経営者になるのが、もっとも学べて、成長できるとも、よく伝えていました。

船井は、生涯、経営者として時を過ごしたわけですが、常に、社員のこと、社員の家族のこと、お客様、クライアント様のことを考えていたように思います。

今回は、そんな船井幸雄の「覚悟」のようなものを感じられる文章を、**『エヴァへの視点』**（1997年・ビジネス社刊）から引用させていただきました。

今月も、皆さんといっしょに学ばせていただこうと思います。

ともかく経営者は、企業経営を通じて、その経営にたずさわり、あるいはその経営体から影響を受ける人々の人間性を引き出し、高めるために、企業経営を行うべきなのである。ここでは、その理由を説明したい。

まず、人間性を引き出す、というのは、どういうことだろうか？ それは良心にしたがった生き方をする人間をつくるということであり、良心的発想と行為を引き出すと考えればよいであろう。

人の性が、本来、善であるか悪であるかはよく議論の対象となるが、私は一人の人をとってみても、その人の性には善なるところも悪なるところもあると思う。しかし、人は、できれば善なることを多くしたい、とだれもが考えているように思われる。これが総体としての良心であり、それとともに個々の発想、行為のたびに、だれにとっても良心が喜んだり、痛んだりするはずである。

もちろん良心は、人によってはちがっている。ある人は、企業間競争で、他社を叩きつけるのは当然であり、それによって良心を痛めることはないという。しかし、ある人は、叩きつけられた人たちの気持ちになってみると、敗者の名誉ある生き方を考えての勝ち方をしなければ、良心が痛んで仕方がないのだというだろう。私は、これらの相違は各自の人間性によるものであり、人間性が低い人と高い人では「良心」にも大きな差があることを肯定している。人の心とはそんなものである。ともかく、人はその人なりの良心を引き出し、良心にしたがって生きるようにする訓練をくり返していると、人間性が高まるといってよい。

企業経営の場は、もっとも現実的な世界である。努力によっては伸びる。努力しなければみるみる衰退する。それは個々人の収入に関係し、日々の生きざまにも深く関係してくる。それだけに、もっともわかりやすいし、効果もあらわれやすい。私が、真剣に取り組めばもっとも効率的に人間性を引き出し、高められるのが企業経営の場だというのは、このような理由によるのである。

人間は、人間性を高めるために人として生まれてきたといってよいだろう。それは、具体的には愛情を大きくし、知恵を増やし、（神の分身である）自分の本質に気づき、我欲を減らし、反自然行為を減らす努力をすることだが、現実の社会で多くの人がかかわる企業経営の場が、もっとも人間性を高めやすいのだから、おもしろい。

なぜなら、企業経営の世界ほど、日々が不安定で変化に富んでいる世界、そして努力の結果がすぐに出てくる世界は、ほかにはないからである。

そのような意味で、企業経営の第一目的は教育性の追求であり、それが社会性から収益性の追求に連なる……ということを充分に理解し、納得してほしいのである。

船井幸雄

いかがでしたか？ 力のこもった経営者への提言が書かれているようにも思いましたし、私たち一人ひとりに対して、人間性を高めることが、人として生まれてきた使命であることを、強く伝えてくれているようにも感じました。

日々、研鑽していかねば……と、背中を押された気持ちでいます。

Profile

佐野 浩一（さの こういち）
株式会社本物研究所 代表取締役社長
一般財団法人船井幸雄記念館 代表理事

1964年大阪府生まれ。関西学院大学法学部政治学科卒業後、英語教師として13年間、兵庫県の私立中高一貫校に奉職。2001年、㈱船井本社の前身である㈱船井事務所に入社し、㈱船井総合研究所に出向。船井幸雄の直轄プロジェクトチームである会長特命室に配属。2003年4月、㈱本物研究所を設立、代表取締役社長に就任。商品、技術、生き方、人財育成における「本物」を研究開発し、広く啓蒙・普及活動を行う。また、2008年にライフカラーカウンセラー認定協会、2012年に㈱51 Dreams'Company、2015年に㈱51コラボレーションズを設立。2016年、一般財団法人船井幸雄記念館の代表理事となる。著書に、『あなたにとって一番の幸せに気づく幸感力』（ごま書房新社）、『ズバリ船井流人を育てる自分を育てる』（ナナ・コーポレート・コミュニケーション）、『私だけに教えてくれた船井幸雄のすべて』（成甲書房）、船井幸雄との共著『本物の法則』（ビジネス社）、『あなたの悩みを解決する魔法の杖』（総合法令出版）、『幸感力で「スイッチオン!」』（新日本文芸協会）がある。

やまとのこころで読み解く聖書

赤塚流 足裏とやまとのこころで学んだ聖書伝

連載 第5回

エデンの東

赤塚建設株式会社
代表取締役
赤《あか》塚《つか》高《こう》仁《じ》

創世記第1章26節「神はまた言われた、『われわれのかたちに、われわれにかたどって人を造り、これに海の魚と、空の鳥と、家畜と、地のすべての這うものとを治めさせよう』。神は自分のかたちに人を創造された。すなわち、神のかたちに創造し、男と女とに創造された」

私は29歳で初めて『旧約聖書』を読み始めてから30年、読むたびに『聖書』は新しい発見をもたらしてくれます。２０１８年正月、創世記を読んでいた時に不思議なところに気が付きました。

男と女が創造されたと書かれているのに、このあと創世記第2章7節に「主なる神は土のちりで人を造り、命の息をその鼻に吹きいれられた。そこで人は生きた者となった」とあります。

どうして1章で男と女とを創造しているのに、また2章で男を造ったのでしょうか。

それに、なぜ唯一絶対の神が「われわれ」と言うのでしょうか。「われわれにかたどって人を造り」というのは、人を造る前に人と同じかたちの誰かが地上にきていたのでしょうか。神の天地創造の意図を地上に実現するために降臨した誰かが。

神が「われわれ」と呼ぶほどの存在とは一体何でしょう。

また、アダムが造られる前に造られた男と女はどこにいったのでしょうか。このことの詳細は、誌面で伝えるのは容易ではないため、聖書講義で語りたいと思います。

さて、このエデンの園の中央には命の木と、善悪を知る木とが生えていたのですが、主なる神は人に命じて言われます。

「あなたは園のどの木からでも心のままに取って食べてよろしい。

しかし、善悪を知る木からは取って食べてはならない。

それを取って食べると、きっと死ぬであろう」

食べて死ぬようなものを園の真ん中に生やさないでくださいよ、と神様にお願いしたくなります。

しかし、神話はそこに込められた真理を受け取ることが何よりも大切です。

「ところで、人とその妻は、ふたりとも裸であったが、恥ずかしいとは思わなかった」のは、どうしてでしょう。私は、水着を着たカエルも、長靴を履いた猫も見たことはありません。

すべての動物は、生まれたままの姿です。

服を着ていないから恥ずかしくて隠れる豚など、どこにもいません。「恥ずかしい」という感情など、どこにもありません。

彼らには「私」という「自我・エゴ」がなく、あるがままです。

自然そのものだからです。

へびがイブをそそのかす場面では、へびはイブに「食べても死なない」と言うのです。神は「死ぬ」と言いました。神が「死ぬ」と言ったら絶対に死ぬのです。だからこの場面は、神が言っている死と、へびが言っている死は別物だということがわかります。

へびが言う死は、「肉体が滅びること」。

しかし、神の言う死は、神から離れること、つまり「ワンネスからの分離」です。

したがって、私たちが日常で「死」と呼んでいるものは、「本当の死」ではないと『聖書』は伝えます。

「ふたりの目が開け、自分たちの裸であることがわかったので、いちじくの葉をつづり合わせて、腰に巻いた」……そうです、覚醒しました、肉の世界に。覚醒ではなく堕落かも知れませんが……「私」と「他者」に分離が生まれたのです。自我が発生して、「私」は神の中から出てしまいました。

ワンネスの世界にいるときは、裸であることも恥ずかしいことではありませんでしたが、「私」と他の違いが生まれたのです。

（ここも不思議です。人は悪いことをするとそれを隠そうという習性があります。だから、食べたことを隠そうとするなら口を隠すはずなのに、何故葉っぱを腰に巻いて隠すのでしょう）

「私」という分離。それが、苦しみの始まりでしょうか。なぜなら苦しみとは「私について考えている」ことに尽きるからです。

エデンの園を追放された人が、再び神のもとへつながる道。その道を探す旅が始まりました。

「神は人を追い出し、エデンの園の東に、ケルビムと、回る炎のつるぎとを置いて、命の木の道を守らせられた」

すべてが一つである、エデンの園（ワンネスの世界）に戻るには、思考ではたどり着くことはできません。回る炎のつるぎとは、私たちの留まることを知らない思考のことでしょうか。感じ、思い出し、初めにかえりましょう。

Profile

赤塚 高仁（あかつか こうじ）

1959年三重県生まれ、明治大学経済学部卒業。大手ゼネコンで営業を務めたあと、赤塚建設代表取締役。「所有から使用へ」というコンセプトで、定期借地権による世界標準の街づくりを事業化する。生体エネルギー、「住めば住むほど元気になる究極のECOハウス」を普及すべく伝道活動中。日本の宇宙開発の父、ロケット博士として世界に名高い、糸川英夫博士の一番の思想後継者であり、日本とイスラエルの交流に人生を捧（ささ）げた糸川博士の遺志を継ぐために『日本テクニオン協会』の会長も務め、イスラエルを十数回訪れ、鍵山秀三郎氏をはじめ、500名を超える人々の導き手にもなってきた。「民族の歴史を忘れた民族は、必ず滅びる」というユダヤの格言からも、イスラエルとの交流を通して、祖国日本を洞察。日本の神話についての講演会を全国各地で行っている。

イスラエルがわかると日本がわかる

第3回：最終回

魚には水が見えない

本誌主幹　舩《ふな》井《い》　勝《かつ》仁《ひと》

イスラエルは観光地の宝庫です。日本人にはそんな認識がありませんが、欧米や韓国などクリスチャンの数が多い国の人にとっては、ぜひ訪れたい場所が山ほどあるのです。アメリカが２０１９年末までに大使館を移転すると決めたエルサレムは、キリスト教、イスラム教、ユダヤ教の聖地だらけですし、イエス・キリストの痕跡が至るところに残っています。さらに、『旧約聖書』の時代のお話の舞台もたくさんあり、モーセに率いられて脱エジプトを果たした民の足跡も感じられるのです。

　そして忘れてはならないのは、イスラエルに行くと自然の奇跡にも数多く触れることができます。海抜マイナス４００メートルという世界で一番低い場所にある死海。スピリチュアル的な感性が鋭い方には、死海やその周辺の砂漠でいろいろな啓示を感じられるかもしれないという場所（例えば、死海のすぐそばにあるイスラエルが滅亡したマサダでは、私はいろいろなことを感じました）が多数あります。一方、イエスが主に布教活動をしたガリラヤ湖は、豊かな緑にあふれたステキな場所です。そのコントラストを楽しんでいただければと思います。

　さらに、ちょうど建国70周年に当たる今年は、「イスラエルという国をなぜつくることができたのか」という大きな課題を直視するにはいいタイミングになります。２０００年近く国がなかった民族の建国の過程を見つめると、2000年以上国が続いている大和民族が、何をしなければいけないのか、何をしてはいけないのかが感じられるようになるのではないかと思います。

今年5月に予定しているイスラエルツアーでは、ホロコーストの悲劇にもヤドバシェム（ホロコースト記念館）や、ご高齢ではありますが実際にホロコーストの悲劇を生き抜いてこられたイリット・アミエルさんのお話を聞く機会も設けようと思っています。直視するのは辛いことなのですが、ホロコーストがなければおそらくイスラエルが建国されることはありませんでした。逆に言うと、日本が平和な状態を守っているのは奇跡的なことだということを感じていただくことも今回のツアーの大切な目的だと思っています。

イスラエルと日本は正反対のところと、よく似ているところが混在している不思議な関係にあると考えています。

例えば、エルサレムはヘブライ語で「平安の都」という意味ですし、ガリラヤ湖は「竪琴の海」という意味で、それぞれ平安京（京都）と琵琶湖にシンクロしているとも考えられます。そして、イスラエルは地理的にはアジアの西の端に当たり、日本は東の端になりますし、戦後の日本が占領下から独立を果たしたときに最初に承認をしてくれたのは建国したばかりのイスラエルだったのです。

今回の旅の団長を務めてくださる赤塚高仁さんは、よく「魚には水が見えないように、日本人には日本のことが見えていない」という話をしてくれます。自然環境や霊性の高さなど、日本がいかに恵まれた国なのかということを深い所で感じてもらうことができるのが、今回の旅に参加してくださった方への最大の贈り物になると確信しています。

受胎告知教会

はせくらみゆきの陽だまり通信

連載
第13回

こころに おひさま ありがとう
きらめき ひらめき 光のなかで
内なる眼を ひらいて 生きよう

2014 Miyuki Hasekura

「Enlightment」

あるがままに　ありのままに
あなたのままに　光のままに

当たり前の中にある希望

私には三人の子どもがおります。今は成人している長男は未熟児で生まれ、とても体の弱い子でした。一歳の誕生日を迎え、餅を背負わせながらお祝いをしたのも束《つか》の間、彼は中耳炎《ちゅうじえん》から肺炎を併発し、病院に入院することになりました。

具合が悪いせいか、常にぐずっている長男の、痛々しい点滴が抜けやしないかとヒヤヒヤしながら母子入院をしました。といっても、もし、夜中にむずがって点滴が外れたら大変だと思い、ちょっとの仮眠しかできませんでした。

そうして一週間経ったころでしょうか。私自身もいつのまにか肺炎にかかってしまい、ヘロヘロの状況でしたが、それでも言葉を超えて、嬉しかったことがあります。

それは、暗い夜を抜けた後は、必ず朝日が昇るという事実です。

言ってみれば当たり前のことなのですが、その当たり前の中に、私は希望を見出したのでした。

ある朝、ベッドの中にいる長男の寝顔が、夜のとばりのなかから、ゆるやかに夜明け前の黄金色の光に照らされて、柔らかい髪にキラリとひかりがあたっているのを見ました。その姿をじーっとみていたら、身体が弱かろうが、病だろうが、そんなことをものともしない、圧倒的な命の力を感じました。得も言えぬ力におののいていると、病室の窓から、夜明けを告げる一条の光が、太陽の訪れとともにまぶしく息子の顔を照らしていたのです。私は、太陽と息子の顔をかわるがわる見ながら、ただただ胸がいっぱいになって、泣きました。

人は、どんなときでも、光の方を向かうようになっている。そして、夜のあとには必ず朝がやってくるものなんだな。……そう、思いながら朝を迎えました。

不思議なことに、その日から息子の調子がよくなり、ほどなく退院できることになりました。奇しくも同じ日に、私が以前出展していた絵が大きな賞を受賞し、その日から、私はイラストレーター&画家としての道が開けたのでした。もう二十年以上前のお話ですが、「光」について思いを馳せるとき、いつだって蘇るのが、あのときに観た一条の光と、その光に照らされた赤子のほっぺの輝きです。

Profile

はせくらみゆき

画家、作家、教育家。芸術や科学まで、ジャンルに囚われない幅広い活動からミラクルアーティストと呼ばれる。とりわけ詩情あふれる絵画は、日本を代表する画家の一人として選出され、国立新美術館、上野の森美術館他、アメリカ、ヨーロッパ等、世界の美術シーンで活躍中。2017年には芸術文化部門における国際平和褒章を受章。次世代型学習法「インサイト・リーディング」及び日本語教育「おとひめカード」開発者。主な著書に『こうすれば、夢はあっさりかないます！』(サンマーク出版)、「お金は五次元の生きものです！」(ヒカルランド) 他著書多数。一般社団法人あけのうた雅楽振興会代表理事。英国王立美術家協会名誉会員。

はせくらみゆき公式HP：http://hasekura-miyuki.com/

旅の団長:赤塚高仁・船井勝仁

ザ・ホーリーランド、イスラエルへ行こう！

✡ キング・オブ・聖地！エルサレム

✡ イエスの足跡をたどる旅路

✡ ユダヤ、古代の風に触れる

死海文書

マサダ（要塞）

✡ 圧倒される大自然

死海

枯れることのない
不思議なオブダッドの泉

ラモンクレーター

✡ ユダヤの文化を体験

日本人団体客の参加は超レア！

・来賓：イスラエルからの代表者、イスラエル日本大使館員が出席予定
・国家斉唱
・ライブ：シューリー・ナタン
・ゲスト：イリット・アミエル

キブツ

✡ 豪華ホテルとイスラエル料理

ウォルドルフ アストリア エルサレム

クレーターの上に建つホテル

中近東料理をベースに、世界の料理がミックスされたイスラエル料理は日本人の口に合うと言われている

※写真はすべてイメージです。@IMOT

企画の内容は51コラボのHPで **http://51collabo.com**

51コラボで検索！→ 51コラボ

〒102-0083　東京都千代田区麹町6-2-1 麹町サイトビル5F
株式会社51コラボレーションズ　TEL:03-3262-1271

運を味方にするなら
51《ゴーイチ》コラボ

information

聴いて学ぶ

感動と真実の情報を
ゲストのナマの声で
そのまま伝える月刊CDマガジン

Just

月刊CDマガジン『Just』とは?

Justは、創刊から21年休むことなく、多くのお客様に熱く支持され続けてきた長寿番組音声CDです。故船井幸雄と同じ生き方考え方や哲学を汲むゲストの方々が毎月登場し、テレビや新聞では聴くことのできない「ドラマチックで感動的な激動の人生」「びっくりする情報」「人生の乗り越え方」など、深く胸に残るお話が多くのファンを惹き付けます。ぜひ移動中の車や電車の中で素晴らしい60分の学びをして、人生の羅針盤としてください。

CDマガジン コンテンツ一覧

船井流★ワールドワイド/スペシャルインタビュー
船井流の考え方、運のよくなる上手な生き方、
真実の最新情報

ビッグトーク
苦難を乗り越えたゲストの方々の生き方や考え方から、
人生の深さを学ぶ感動の60分。
何度も繰り返し聴きたくなる珠玉のCD。

小山政彦のビジネス・イノベーション
ビジネスマンなら、必聴の70分!
株式会社船井総合研究所 元会長の
小山政彦がビジネスの真髄を語ります。

単品 各3,240円(税込)

〈定期購読(半年)〉
1巻 19,440円(税込)、2巻セット 32,400円、3巻セット 46,656円
〈定期購読(1年)〉
1巻 38,880円(税込)、2巻セット 64,800円、3巻セット 93,312円
〈送料〉送料・代引き手数料サービス

■お問合せ
株式会社船井本社
TEL:03-3239-7271 (0120-271-374)

月刊 Just 検索

セミナーで学ぶ

セミナー

知らないことを学べば、対処法が見えてくる。

メシアメジャーからの予告と予言

村中愛氏×小川雅弘
メッセンジャー/株式会社エヴァ・ビジョン代表取締役

講演会
2018年 1月14日(日)〜毎月第二日曜日

村中愛氏の個人セッション
2018年 1月15日(月)〜毎月第二月曜日

ヤマト人の聖書

赤塚高仁氏

2018年2月〜毎月第一土曜日
(※5月は休み)

「秘密タントラ瞑想法&真我覚醒 アートマヨーガ 2018」 1月〜6月【6回シリーズ】

荒井秀幸氏
気の達人養成講座「荒井塾」師範/
インド・ヨーガ研究会 代表

・~~1月20日(土)~~ ・~~2月17日(土)~~
・3月17日(土) ・4月21日(土)
・5月19日(土) ・6月16日(土)

お問合せ 株式会社エヴァ・ビジョン TEL:03-3239-7271(0120-271-374)

information

次号予告

マス・メディアには載らない本当の情報

ザ・フナイ

VOL. 127 2018 5月

2018年4月初旬発売予定

特集 自由な生き方

〈巻頭対談〉

本田 健 作家 × **船井 勝仁** 本誌主幹

読んで学ぶ

マス・メディアには載らない本当の情報

ザ・フナイ

マス・メディアには
載らない
本当の情報が
ここにある。

月刊『ザ・フナイ』とは？

故・船井幸雄が何千社もの会社経営をコンサルタントしていく中で知った、隠された多くの情報。そのようなマス・メディアには載らない本当の情報を多くの人に知ってもらうための媒体が必要だと考え、2007年に月刊『ザ・フナイ』を創刊しました。船井が選りすぐった豪華執筆陣からの真実の情報をはじめとして、まだ広く知られていない先駆けた情報を、様々な視点を用いて、毎月お届けしています。

選りすぐりの豪華連載執筆陣

評論家、副島国家戦略研究所〈SNSI〉主宰
副島隆彦
誰も書かない世の中の裏側

フリージャーナリスト
古歩道ベンジャミン
新しい時代への突入

サイエンスエンターテイナー
飛鳥昭雄
情報最前線―未来への指針

Y.H.C矢山クリニック院長
矢山利彦
空海の人間学

地球環境評論家
船瀬俊介
マスコミのタブー 100連発

政治評論家 国際政治アナリスト
片桐勇治
日本と世界を読み解く

その他多数!!

単品 各1,650円（税込）

〈年間購読価格〉
1年12冊 17,892円（税込・送料込み）

単品購入より年間2,000円お得!

■お問合せ
株式会社船井本社
TEL:03-3239-7271（0120-271-374）

ザ・フナイ 検索

『ザ・フナイ』発刊の趣旨に関しまして

月刊『ザ・フナイ』は、2007年10月に創刊いたしました。
おかげさまで皆さまから多くの御支持をいただいております。心から御礼申しあげます。
ところで、『ザ・フナイ』では、一般の新聞やテレビでは報道していない内容を取り上げることが多いためでしょうか、「勉強になります」とのお声の一方、「このような内容の文書を掲載しても大丈夫でしょうか？」とのお声も寄せられています。ご配慮くださいますお気持ちに心から感謝申しあげます。私どもは『ザ・フナイ』の発刊の意義として次のように考えております。

① ご執筆は、情報力、分析力はもとより、人間性も安心できる方々にご依頼しております。ご執筆者の皆さまには、その時点において「真実に違いない」と確信されることを、誠意をもって発表いただいております。

② 船井幸雄のスタンスは、「否定も肯定もできないことは、否定も肯定もしない」という姿勢に、一貫しております。
「現時点では少数意見かもしれませんが、世の中には、このような見方もございます。さまざまな考え・視点があることを知ったうえで、そこから先は、あなたさまご自身の責任で判断し、取捨選択ください。あなたの選んだことが、次の世界をつくるのです」と、申しあげたいと存じます。

③ 記名記事に対して〝こんなことを書いてはいけない〟と内容を規制し、「言論の自由」を破ることは、あってはならないことと考えております。基本的には、制約を加えないで自由に書いていただくのが、マクロにはすべての人のためにも、よいことであると確信しております。
また、「言論の自由」をはじめとする「表現の自由」のない世の中にしてはならないと考えます。表現の自由・選択の自由のないところには、ひとりひとりの真の成長と発展は望めないと考えています。

『ザ・フナイ』を発刊する目的は、日本と世界の将来、地球と人類の行く末を真剣に考える人たちの意見を自由に掲載し、さまざまな見方、意見、視点があることを読者の皆さまに、充分にお知りいただいたうえで、どのような世界に自分は住みたいのか等をご自身で判断していく材料にしていただくためでございます。

私どもは、「自主」「自己責任」、そして、それらを踏まえた「自由」が最も大事だと考えております。よろしく御承知をいただければ、幸いにございます。

『ザ・フナイ』創刊主幹　船井幸雄
『ザ・フナイ』2代目主幹　船井勝仁
『ザ・フナイ』編集長　佐野浩一

船井幸雄（ふないゆきお）

1933（昭和8）年、大阪府生まれ。1956年、京都大学農学部農林経済学科卒業。日本マネジメント協会経営指導部長などを経て、1970年に㈱日本マーケティングセンター【現・㈱船井総合研究所】を設立。88年、経営コンサルティング会社として世界初の株式上場を果たす（現在、同社は東証、大証の一部上場会社）。近年は、㈱船井本社会長をはじめ、㈱船井総合研究所、㈱本物研究所、㈱船井メディアの最高顧問などを務めた。2014年1月19日、永眠。享年81歳。

編集後記

正直、現在の世界の動向を見ると「いつになったら船井幸雄が言っていた“エゴからエヴァ”になった世の中になるのだろう」、「ミロクの世はまだまだ遠いのではないか」と思わないかといったら嘘になります。世の中はまだまだエゴで回っていて、そのエゴはより深く濃いものになってきていると感じることがあります。

ですが、この世界は“両極の世界”だという捉え方があるそうです。陰陽はどちらかの力に偏ることがなく常にバランスを取っているように、闇がハッキリとあらわれるときは光が強く輝いていて、男性性が強くなるときには女性性も同じように強くなります。そのため、エゴが強くなっていると感じたら、その分、エヴァも強くなっているのかもしれません。相反するものですが善い悪いがあるのではなく、両極があってそのものです。

今号では、数名の方に近未来予測をしていただきました。その視点は自然の理、過去の歴史から見た動向などさまざまでしたね。船井幸雄の視点を伝えさせていただくと、船井幸雄は過去を振り返ることをしない人間でした。過去よりも未来から物事を考える方が好きでした。「振り返るばかりが歴史ではない。これから始まろうとする未来から、現在を起点とする歴史を振り返ると、見えてくるものがある」というようなことを書いていました。船井幸雄は生前さまざまな近未来予測をしてきました。その予測の中には来てほしくないような未来もありましたが、最後には必ず、船井幸雄はこう言っていました。「未来は明るい」。

過去と未来、そして自然の理を知り、いま生きている人々がこれからの歴史をつくっていくという自覚を持つと、新しい歴史が拓《ひら》かれるように思います。

（船井かおり）

ザ・フナイ　vol.126　2018年4月
2018年3月15日　初版発行

創刊主幹　船井幸雄
主　幹　船井勝仁
発行人　佐野浩一
編集長　佐野浩一
副編集長　船井かおり
本文レイアウト／DTP制作　山田愛子・木村宏子・野口恭子
表紙イラストレーション　はせくらみゆき
表紙デザイン　茂山登志男
発　行　株式会社 船井本社
〒102-0083　東京都千代田区麹町6-2-1 麹町サイトビル6階
電話 03-3239-7271　Fax 03-3239-8280
発　売　株式会社 ビジネス社
〒162-0805　東京都新宿区矢来町114 神楽坂高橋ビル5階
電話 03-5227-1602　Fax 03-5227-1603
印刷・製本　岩橋印刷株式会社

『ザ・フナイ』購読会員
サポートスタッフ
井門英子　越水ひろ子
清本恵理　島村喜美江
佐藤邦彦　山田陽子
松本和子
（順不同）

ISBN 978-4-8284-2012-7

【『ザ・フナイ』発売元変更のお知らせ】

本号より、『ザ・フナイ』の発売元が株式会社メディアパルから株式会社ビジネス社へ変更いたしました。それに伴い、全国書店での取り扱いが、月刊誌ではなく書籍となります。変更にあたっての本誌内容の変更はございません。これまでと変わらず、創刊当初からのコンセプトである“マス・メディアには載らない本当の情報”をお届けできるように邁進してまいります。書店での発売日も変わらず、毎月3日頃となります。今後とも『ザ・フナイ』を、よろしくお願い致します。

【お願い】　年間購読の皆様にお願いです。ご転居の際は、お手数ながらご一報くださいませ。
発送はメール便を使い、郵便ではないため、仮に郵便局に移転通知を出されていても、
転送されません。よろしくお願い申し上げます。

月刊『ザ・フナイ』 お客様のお声を、このハガキかFAXでお聞かせください。 FAX 03-3239-8280

―― マス・メディアには載らない本当の情報 ――

過去、旧ソ連の崩壊や資本主義の行き詰まりをはじめとする未来予測を的中させてきた故・船井幸雄。月刊『ザ・フナイ』は、2007年に船井幸雄が創刊し、現在は2代目の船井勝仁が主幹となり、数ある人脈の中から選りすぐった執筆陣に連載・寄稿をいただいています。新聞・TVなどが報道しないような世界の裏の動き・情報をお届けしています。

月刊『ザ・フナイ』へのアンケートご協力のお願い

月刊『ザ・フナイ』をご愛読いただき、ありがとうございます。
よりお喜びいただける冊子にしていくために、ぜひ皆さまの本音やご感想をお聞かせください。

月刊『ザ・フナイ』お客様のお声をお聞かせください

フリガナ			
お名前	（姓） （名）		
ご職業		年齢	歳
電話番号	（ ） −		

◇記事内で、印象深かったことを教えてください。

◇ご意見を自由にお書きください。

☆**年間購読お申込みの方は本面は無記名で裏面にご記入くださいませ。**

※尚、いただいたご感想は、当社ホームページ、メルマガ、紙面等に匿名又は、イニシャルで掲載する場合がございます。ご了承くださいませ。

いただきました個人情報は、船井本社グループのご案内目的に限って使用させていただきます。個人情報の取り扱いにつきましては、当社個人情報保護方針に則り厳重に管理し、第三者への提供、社外への業務委託は行いません。

年間購読お申し込み

このハガキ、もしくはFAXでお申込みください。
FAX 03-3239-8280

<お電話、ホームページ、E-mailでもお申し込みいただけます>

お電話　フリーダイヤル **0120-271-374** または **03-3239-7271**

ホームページ **http://船井本社.com**

E-mail **info@evavision.jp**

・お申し込みは、年間購読にて承ります。年間購読料17,892円（税込・年間送料込・代引手数料込）
・定期購読開始後の途中解約はお受けできません。予めご了承ください。
・年間購読料17,892円は、初回の配達時に「代金引換」をさせていただきます。
・電子書籍でのお申し込みも承っております。詳しくは、㈱船井本社のホームページ（上記）を御覧くださいませ。

料金受取人払郵便

麹町局承認

3672

差出有効期間
2019年2月
28日まで
（切手不要）

郵便はがき

102-8790

2 2 2

東京都千代田区麹町6-2-1
麹町サイトビル6階
株式会社 船井本社
ザ・フナイ係 行

ザ・フナイ年間定期購読申込書

※全項目にご記入願います。記入漏れがございますと送本開始が遅れる場合がございます。

フリガナ ご契約者 お名前		性別	男・女	年齢	歳
お届け先	□□□-□□□□				
TEL	− −	携帯電話	− −		
Eメール アドレス	@				
フリガナ 会社名					
職　種		定期購読 開始号	平成＿年＿月号から		

※切り取って、切手を貼らずにご投函ください。